AF145101

Derrick Widmer

KUNST in HOLDERBANK

Begegnungen mit großen Künstlern
und ihren Werken – **20 Kunstausstellungen**

novum pro

www.novumverlag.com

© 2015 novum Verlag

Bibliografische Information
der Deutschen Nationalbibliothek:

Die Deutsche Nationalbibliothek
verzeichnet diese Publikation in
der Deutschen Nationalbibliografie.
Detaillierte bibliografische Daten
sind im Internet über
http://www.d-nb.de abrufbar.

ISBN 978-3-99048-074-8
Lektorat: Dr. Annette Debold
Umschlaggestaltung: novum Verlag
Umschlagfotos:
Vorderseite: Eine Holderbank-Werkhalle als
Atelier von Bernhard Luginbühl, 1982,
© Leonardo Bezzola
Rückseite: Dieter Roth und Derrick Widmer,
© Siegfried Kuhn
Innenabbildungen: siehe Bildunterschriften

Gedruckt in der Europäischen Union
auf umweltfreundlichem, chlor- und
säurefrei gebleichtem Papier.

www.novumverlag.com

Eine „Holderbank"-Werkhalle als Atelier von Bernhard Luginbühl, 1982 © Leonardo Bezzola

Mit Dank an Thomas Schmidheiny,
dessen großzügige Unterstützung
dieses Buch ermöglicht hat.

INHALTSVERZEICHNIS

Vorwort 13

Erste Begegnungen mit der Kunst 17

Rolf Iseli 25

Bernhard Luginbühl 33

Dieter Roth 49

André Thomkins 65

Daniel Spoerri 77

Dieter Roth & Ingrid Wiener (1942) &
Björn und Vera Roth 93

Karl Gerstner 113

Alfred Hofkunst 123

Robert Müller 141

„Kunstzug in Holderbank" 153

Dieter Roth – Björn Roth und Collaborations
mit Ingrid Wiener & Richard Hamilton 163

Hedi-Katharina Ernst 185

Bernhard Luginbühl 191

Der geduldige Planet 207

Hedi-Katharina Ernst, Raymond Saunders 217

Christo und Jeanne-Claude 223

„Kunst der 80er- und 90er Jahre" 237

John Armleder 247

Antony Cragg 259

Wie kam es zur 20. Kunstausstellung 2005? 267

Mahjong – Chinesische Gegenwartskunst
aus der Sammlung Sigg 273
Rückblick 291
Nachwort 297

Ursi Luginbühl, Karl Gerstner, Bernhard Luginbühl, Daniel Spoerri und Dieter Roth in der Ausstellung der Familie Luginbühl, 1994 © Paul F. Talman

VORWORT

Es geht mir bei der Schilderung dieser höchst spannenden persönlichen Begegnungen mit bekannten Künstlern und ihren Werken darum, zu zeigen, wie solche Beziehungen anderer Art auch für einen Geschäftsmann äußerst fruchtbar sind und noch Jahre danach anregende Impulse vermitteln; vielleicht sogar nachhaltiger sind als viele geschäftliche Begegnungen im beruflichen Leben. Die Künstler können in der modernen Management-Sprache als die Verkörperung von „Changemanagement" bezeichnet werden, weshalb man von ihnen lernen kann.

Im vorliegenden Buch habe ich vor allem die Bekanntschaften und Freundschaften mit Künstlern festgehalten, die sich in den von mir organisierten Kunstveranstaltungen bei der Firma „Holderbank" (heute „Holcim") in Holderbank (Kanton Aargau) in den Jahren 1981 bis 2000 – also bis zu meiner Pensionierung – und dann nochmals im Jahr 2005 ergeben haben. Natürlich traf ich viele Kunstschaffende an Vernissagen, in Museen und Galerien. Meistens waren diese Beziehungen aber nicht von der gleichen Intensität wie diejenigen, die sich in Holderbank ergaben. Diese Beziehungen wurden im Verlaufe einer Ausstellung immer enger, sodass sich daraus in vielen Fällen echte Freundschaften entwickelten. Dadurch, dass wir die Ausstellungen an einem Ort organisierten, der überhaupt nicht dafür gedacht war, konzentrierten sich die ganzen Vorbereitungsarbeiten personell auf meine Assistentin und mich sowie auf zwei kunstinteressierte Mitarbeiter.

Weder in meiner Stellenbeschreibung (job description) noch in derjenigen meiner kunstinteressierten Mitarbeiter – Willi Walser, Klaus Kayatz und Heidi Häfeli (ab September 1984) – stand irgendetwas von Kunst. Wir alle merkten aber nach den ersten Ausstellungen, dass wir bei diesen nebenamtlichen Tätigkeiten kurzfristig in eine andere Welt eintauchen konnten, und wir empfanden dabei eine große Befriedigung und innere Bereicherung.

Beim Schreiben dieser Erinnerungen konnte ich mich auf zwei von mir herausgegebene Bücher über diese zwanzig Holderbank-Ausstellungen, auf die begleitenden Kataloge, auf sonstige Publikationen und auf die Korrespondenz mit den Künstlern sowie persönliche Erinnerungen stützen.

Im Jahre 1994, zum 25-jährigen Bestehen der „Holderbank" Management und Beratung AG (HMB) – später Holcim Group Services (HGRS) genannt – erschien ein von mir herausgegebenes Buch „Holderbank"-Kunstausstellungen mit Schuber, als Rückschau auf die vergangenen vierzehn Jahre. Nach dieser ersten Publikation folgten sechs weitere Ausstellungen. Die erste Ausstellung im neuen Millennium 2000 mit Anthony Cragg – war gleichzeitig die letzte von mir als aktivem „Holderbank"-Mitarbeiter organisierte.
Das zweite, im Jahr 2000 ebenfalls von mir herausgegebene Buch „Kunstausstellungen ‚Holderbank'/2" wurde den zwischen 1995 bis 2000 ausgestellten Künstlern gewidmet, ergänzt durch einen Rückblick auf die vierzehn früheren Ausstellungen.

2004 erarbeitete ich auf Wunsch des Holcim-CEOs, Markus Akermann, nochmals eine Ausstellung. Die Gruppe „Holderbank" wurde 2001 in Holcim umbenannt.

In einem Gespräch mit dem Direktor des Kunstmuseums Bern, Matthias Frehner, entstand die Idee, die großen Formate chinesischer Malerei der Sammlung Sigg – für die kein Platz im Kunstmuseum Bern vorhanden war – in den beiden großen Lagerhallen in Holderbank 2005 zu zeigen. Es fanden deshalb zwei Ausstellungen chinesischer Gegenwartskunst aus der Sammlung Sigg fast gleichzeitig statt: in Holderbank und im Kunstmuseum Bern.

André Kamber, der langjährige Leiter des Kunstmuseums Solothurn, hat mich bei einigen dieser Ausstellungen künstlerisch beraten und an der Herausgabe der beiden großformatigen Bücher mitgewirkt.

Der bekannte Fotograf Leonardo Bezzola – Verfasser von Kunstbüchern und vielfacher Teilnehmer an Einzel- und Gruppenausstellungen – hat über all die

Jahre nicht nur die Kunstwerke und ihre Künstler, sondern auch die Gäste an den Vernissagen mit großem Einfühlungsvermögen fotografiert und so die Stimmung und die Atmosphäre der jeweiligen Ausstellungseröffnungen in diesen beiden Kunstbüchern hervorragend eingefangen.

Tobia Bezzola, der Sohn von Leonardo Bezzola, Kunsthistoriker und Philosoph, hat über die einzelnen Künstler der Ausstellungen jeweils ausgezeichnete Zusammenfassungen geschrieben. Diese präzisen Beschreibungen des ehemaligen Kurators des Kunsthauses Zürich und heutigen Direktors des Kunstmuseums Folkwang in Essen verwende ich im vorliegenden Buch erneut.

ERSTE BEGEGNUNGEN MIT DER KUNST

Am Ende des Zweiten Weltkriegs, als meine kleine Schwester Silvia sechs und ich neun Jahre alt waren, bat unser Vater den Künstler **Albert Neuenschwander** (1902–1984), von dem er bereits ein Ölbild gekauft hatte und der nur einige Minuten von unserem Haus in Bern entfernt wohnte, uns Mal- und Zeichnungsunterricht zu erteilen. Zum Anfangen erhielten wir einen Stapel braunes, 50 mal 50 Zentimeter großes Packpapier.

Dann ging es los: Wir mussten zur Lockerung unserer Finger einige Gegenstände mit Bleistift abzeichnen. Es dauerte lange, bis auf dem riesigen Blatt vernünftige Konturen zu sehen waren. Neuenschwander verstand es ausgezeichnet, uns anzuregen und immer lockerer mit Bleistift und Farbstiften umgehen zu lassen. Mit der Zeit hatten wir große Freude an diesem Malunterricht und wurden recht gute Zeichner. Von der Primarschule bis zur Matura hatte ich jedenfalls immer gute Noten im Zeichnungsunterricht! Und meine Schwester durchlief später als ausgebildete Sekundarlehrerin noch ein dreijähriges Studium an der Schule für Gestaltung in Bern und wurde dann Zeichnungslehrerin an einem Gymnasium.

Unser Vater zeichnete und malte als Hobby. Er stellte an der Weihnachtsausstellung 1964 in der Kunsthalle Bern eine Zeichnung mit einem alten Jauchewagen aus. Einer meiner Freunde meinte, man könne – beim Betrachten der Zeichnung – die Jauche noch förmlich riechen. Vater hatte eine eigenständige Art, mit den Mitteln der Malerei eine exakte Wiedergabe der Wirklichkeit zu erreichen. Er strebte nach einer Kunstform, die 1972 an der 5. Kasseler „documenta" in verschiedenen ähnlichen Formen bekannt wurde (Fotorealismus).

Mit dem Vater und meinem Onkel Max Widmer, der im Aargau als Maler lebte, konnte ich von Zeit zu Zeit auch Kunstausstellungen besuchen, was mir neue Anregungen und mehr und mehr Freude an der Kunst vermittelte. In seiner Malerei wählte Max Widmer die Aargauer Landschaft zu seinem Thema, schilderte Bauerndörfer, die Wynenauen, das Wynental.

Mein Vater sammelte auch Bilder von zum Teil bekannten Malern. Abgesehen von meinem privaten Zeichnungslehrer Neuenschwander, der oft in unserem Haus verkehrte, lud mein Vater ab und zu andere Künstler zum Essen nach Hause ein und unterstützte diese durch den Kauf von Bildern.

So auch **Anton Räderscheidt** (1892–1970) aus Köln, ein deutscher Künstler, der zu den bedeutendsten Vertretern der „Neuen Sachlichkeit" zählt. Als die Nationalsozialisten die deutschen Modernen als entartet ansahen und ihre Bilder aus den Museen verbannten, vernichteten oder verkauften, verließ Räderscheidt seine Familie in Köln und flüchtete mit seiner neuen Lebensgefährtin, die Jüdin war, nach Paris ins Exil. Er lebte dort ständig in der Furcht, dass die Nationalsozialisten auch in Frankreich die Macht übernehmen könnten. Nach einer längeren Internierung im Lager „Les Milles" gelangte er nach einer dramatischen Flucht mit seiner neuen Familie in die Schweiz. Hier war er ein unbekannter Maler und deshalb sehr auf moralische und finanzielle Unterstützung angewiesen. So porträtierte Anton Räderscheidt zum Beispiel meinen damals zweijährigen Bruder Max mitsamt seinen Spielsachen, und mein Vater kaufte ihm immer wieder Bilder ab, die der Künstler in Paris oder der Schweiz gemalt hatte.

Auch **Heinrich Wassmuth** (1870–1959) aus Wien ging zu dieser Zeit bei uns ein und aus. Dieser hatte 1915 ein Gemälde von Kaiser Franz Joseph (1830–1916) gemalt, das heute in der Hofburg in Wien ausgestellt ist. In Perchtoldsdorf bei Wien wurde später eine Straße nach ihm benannt. Auch Werke von Wassmuth kamen in die Sammlung meines Vaters. Er beauftragte ihn zudem mit Porträts meiner Eltern und meiner Schwester Silvia. In einer Notiz vom 3. August 1953 schrieb Wassmuth meinen Eltern: *„Habe Fräulein Silvia Widmer, sechzehn Jahre, ein sehr liebes, reizendes Mädchen, auch nach dem Leben gemalt, und zwar in meinem dreiundachtzigsten Jahr. Heinrich Wassmuth, Akad. Maler aus Wien."*

Einem handschriftlichen Brief Wassmuths ist zu entnehmen, dass dieser meinem Vater ein Foto eines seiner Aquarelle beigelegt hatte und dazu Folgendes schrieb:

„Sollte Herr Widmer die Ansicht gefallen, so würde ich die Original-Aquarelle einsenden oder persönlich im Frühjahr (1954) mitbringen! Der Ort Dürnstein an der Donau (fünfhundert Einwohner) ist die kleinste ‚Stadt' Österreichs. Ein altes Privilegium! Die Ruine (auf dem Aquarell) ist der Überrest der Burg, in der seinerzeit (1193) der englische König Richard Löwenherz gefangen war und durch seinen Sänger Blondel gefunden wurde! Bitte, lieber Herr Widmer, lassen Sie es mich gelegentlich wissen, ob Ihnen die Motive gefallen."

In meiner Jugend hing in unserer Wohnung in Bern – neben Gemälden verschiedener Zeitepochen – auch ein größeres Landschaftsbild von **Cuno Amiet**. Meine Schwester Silvia entdeckte 1985 ein zusammengefaltetes handschriftliches Schreiben – eingeklemmt in den Bilderrahmen – von diesem heute berühmten Künstler:

„Oschwand, 9. August 1945

Sehr geehrter Herr Widmer!
Für Ihren soeben empfangenen freundlichen Brief danke ich Ihnen bestens. Bei meinem nächsten Besuch in Bern werde ich Ihrer Einladung gerne Folge leisten.

Zum Voraus möchte ich Ihnen sagen: Es ist unmöglich, dass **alle** *Bilder eines Malers die gleiche Qualität haben können. Ich kann Ihnen aber auch sagen, dass ich kaum je ein Bild ohne Begeisterung gemalt habe. Auch bei geringerer Qualität wird ein solches Bild Wertvolles enthalten. Ein Mensch und seine Äußerung werden immer Für und Wider hervorrufen. Ein guter Kenner wird* **die** *Sache lieber haben, die ein anderer guter Kenner weniger schätzt.*
Wenn man etwas erworben hat, soll man dazu stehen und sich von anderer Leute Urteil nicht beirren lassen.

Auch wenn ich Ihr Bild eventuell weniger gut finden sollte, so sollen Sie sich deshalb nicht grämen, an irgendeinem andern Tag werde ich es vielleicht wieder besser finden. Sollte Ihnen Ihr Bild eines Tages nicht mehr so recht gefallen, so warten Sie ruhig ab, es kommt ein Tag, da es Ihnen wieder gefällt.

Ich freue mich Ihre Bekanntschaft zu machen, werde Sie vor meinem Besuch benachrichtigen und grüße Sie inzwischen hochachtungsvoll als

Ihr ergebener
C. Amiet."

In einer Ansprache vom 4. Dezember 1983 sagte Heini Widmer (Direktor des Kunsthauses Aarau): *„Da gab es Cuno Amiet, der als Grandseigneur auf der Oschwand lebte, sich virtuos seiner Kundschaft und den Zeitabläufen anpassend, Heiterkeit, bernische Solidität verkörperte, gastfreundlich alles, was Rang und Namen hatte, bei sich empfing …"*

Anfangs der 1950er-Jahre flog unser Vater mit einem Freund, der Pilot war, vom kleinen Flugplatz Belpmoos bei Bern in einem nur mit zwei Sitzen versehenen einmotorigem Piper-Flugzeug nach Paris. Bei seiner Rückkehr hatte er hinten im Flugzeug als Rolle versteckt ein Ölbild, das er in Paris gekauft hatte. Es handelte sich um ein Bild mit ziemlich dick aufgetragenen Farben (ein Kotelett auf einem Teller und daneben ein großer und ein kleiner Krug) des berühmten Malers **Maurice de Vlaminck** (1876–1958). Das Bild hing bis 1967 in unserer Wohnung. Dann verkaufte ich es im Auftrag meines Vaters bei Jan Krugier in Genf für einen damals stolzen Preis. Krugier gilt als Weltklassespezialist für Picasso; er betreute seit 1973 die Sammlung der Picasso-Enkelin Marina. Ein Traum für jeden Händler. Mit einem Mal befand er sich in einer Liga mit Ernst Beyeler und Heinz Berggruen.

Mit meiner Frau Suzanne besuchten wir in den 70er-Jahren Vernissagen der damals noch wenigen international tätigen Galerien für moderne Kunst in Zürich. Gelegentlich kauften wir für bescheidene Summen kleinere Kunstwerke. Insbesondere mit der sympathischen Galeristin Anne Rotzler (Galerie Gimpel & Hannover) hatten wir eine enge Beziehung. Auch ihr Mann, der bekannte Kunstkritiker und Kunstbuchautor Willi Rotzler, hatte großen Einfluss auf unser Kunstverständnis der Moderne. Jedenfalls war damals unser Interesse an moderner Kunst endgültig entfacht, und es ließ mich bis heute nie mehr los.

Auf einer Geschäftsreise anfangs 1970 hatte ich Gelegenheit, im „Metropolitan Museum of Art" in New York die Ausstellung „New York Painting and Sculpture: 1940–1970" zu sehen. Ich war so überwältigt von dieser Ausstellung mit den zum Teil riesigen Formaten der amerikanischen Künstler – unter anderem von Willem de Kooning, Dan Flavin, Hans Hofmann, Jackson Pollock, Roy Lichtenstein, Frank Stella, Andy Warhol und Morris Louis –, die heute allesamt weltberühmt sind. Sogleich ging ich mit dem Ausstellungskatalog des Kurators Henry Geldzahler zu Willi Rotzler, um ihm davon zu erzählen. Für mich war damals klar: Die amerikanischen Künstler der Gegenwart hatten in der bildenden Kunst die Europäer überrundet (asiatische, afrikanische und auch lateinamerikanische Künstler standen zu dieser

Zeit noch nicht im Vordergrund des Interesses der Kunstwelt). Die Europäer holten in den 80er-Jahren wieder auf.

Von 1969–1972 arbeitete ich für die „Holderbank" an der Talstraße 81 in Zürich, wo mein Chef, Anton E. Schrafl, sein Büro hatte. In dieser Zeit wurde ein bestehendes neueres Bürogebäude auf dem Areal der alten Zementfabrik Holderbank um einen Stock erweitert, und so musste ich wohl oder übel im Sommer 1972 ins „Exil" nach Holderbank, was für mich hieß, im Vergleich zu Zürich in eine kulturelle Einöde zu ziehen. Vor diesem Ort hatte ich bereits in meiner frühen Jugend einen Schrecken, da man im Zug von Zürich nach Bern in Holderbank plötzlich alles grau in grau sah: graue Bäume, die wie abgestorben aussahen, und triste Häuserdächer, komplett grau vom vielen Zementstaub. Moderne Staubfilter wurden erst später entwickelt und eingebaut.

Die erste Zementfabrik der Holderbank Gruppe wurde 1912 in Holderbank erbaut und gab bis 2001 der weltweit operierenden Zementgruppe den Namen. Das Dorf Holderbank liegt am Westabhang des bewaldeten Kestenbergs im Kanton Aargau in unmittelbarer Nähe der Aare. Das Dorf säumt die Straße, die von Wildegg nach Brugg führt. Seinen Namen verdankt das Dorf seiner topografischen Lage. Dieser Name setzt sich aus den althochdeutschen Wörtern holuntar (Holunder) und wang (Abhang) zusammen und bedeutet nichts anderes als „Holunder-Abhang".

Ab 1972 bis zu meiner Pensionierung im Jahr 2000 arbeitete ich in einem neueren Verwaltungsgebäude neben der alten Zementfabrik Holderbank in unmittelbarer Nähe der Aare. 1980 wurde die alte Fabrik abgerissen und durch eine neue, größere und wesentlich effizientere in Rekingen am Rhein ersetzt. Als Erstes wurde der hohe Kamin gesprengt, wobei Hunderte von Schaulustigen dem aufregenden Spektakel zuschauten. Leider legte sich dieser nicht genau am vorgesehenen Platz hin, sondern stürzte teilweise auf eine große Lagerhalle und zerstörte dort ein Drittel dieser schönen Holz-Lagerhalle. Just im betroffenen Teil hatte ich meine inzwischen recht große Sammlung an Kunstbüchern gelagert, weil ich zu Hause in Baden keinen Platz gefunden hatte. Durch die Wucht der heruntergefallenen Trümmer wurden alle Bücher zerstört. Die übrigen Gebäude und die ehemalige Werkstatt blieben unversehrt. Längere Zeit bestand kein Wille, das ganze riesige Gelände neu zu gestalten, mit Ausnahme eines neuen Trainingscenters in unmittelbarer Nähe des Hauptgebäudes.

Rolf Iseli im Atelier Bern/Altenberg, 1959
© Leonardo Bezzola

ROLF ISELI

(1934 IN BERN GEBOREN)
AUSSTELLUNG 1981 – NR. 1

Begrüßung und Einführung:
Ernst Schegg: fotokopierter Katalog

Ende 1980 war dann das neue Trainingscenter fertig erstellt. Schon während des Baus dieses Ausbildungszentrums erkannte ich, dass die vielen leeren Wände in den Gängen und den Schulungsräumen eine nahezu ideale Möglichkeit für Kunstausstellungen darstellten. Ich hatte schon immer davon geträumt, selbst einmal Kunstausstellungen zu organisieren. Mit der feierlichen Eröffnung unseres Ausbildungszentrums im Januar 1981 bot sich Anlass, mir diesen alten Wunsch zu erfüllen. Ich hatte die Überzeugung gewonnen, dass die Begegnung mit zeitgenössischem Kunstschaffen zu einer Bereicherung werden könnte, für die Besucher unserer Trainingsprogramme und unsere Mitarbeiter. Die Förderung des lateralen Denkens, der Kreativität und des Ausbrechens aus den gewohnten Denkbahnen waren neben der fachtechnischen Management-Schulung schon damals unsere erklärten Schulungsziele. Und was konnte diesen Zielen besser dienen als die Nutzung der Möglichkeiten in unserem Gebäude!

Dass diese erste Ausstellung mit der Druckgrafik von Rolf Iseli stattfinden konnte, verdanke ich einem Zufall: Mein damaliger Mitarbeiter, Ernst Schegg, kannte Rolf Iseli und sammelte dessen Arbeiten. Er vermittelte mir den Kontakt zu dem Berner Maler und Grafiker, und Iseli war bereit für eine Ausstellung in der „Holderbank" Management und Beratung AG (HMB, später Holcim Group Support genannt). Ernst Schegg (Galerie Schloss Greifenstein, Staad) verfasste den ersten der für die späteren Holderbank-Ausstellungen typischen, in Schwarz-Weiß und A4-Format kopierten Kataloge.

Anlässlich der Eröffnung des Ausbildungszentrums am 21. Januar 1981 erklärte Schegg unter anderem:

„Rolf Iseli begann als Maler, wandte sich dem Objektmachen zu, nahm sogar Plastiken in seine künstlerische Arbeit auf und ist heute wiederum Maler. In der internationalen Kunstszene hat er eine ganz eigene Position bezogen, sich kaum an eine Kunstströmung anzugliedern, sich nicht mit einem Zeitstil zu identifizieren. Und doch leben diese Bilder ganz aus unserer Zeit heraus – ja, sie sind vielleicht eine Antwort auf unsere Zeitsituation, in manchem sogar ein Warnzeichen an unsere Gesellschaft, welche dieses möglicherweise in seiner Bedeutung erst erkennen wird, wenn sie selbst ganz – mit einem Wort des Künstlers persönlich – „einbetoniert" ist. Rolf Iseli malt seit einigen Jahren Erdbilder, das heißt Bilder, bei denen er Sand und Erde sowie Binsen und Nägel einsetzt. Und er kombiniert diese Erde mit Wasserfarben und überantwortet beides dem empfindlichen Papier als Träger. Transparenz und Materie verbinden sich zu einer Einheit. Er ist nicht figurativ, nicht naturalistisch, nicht abstrakt. Was ist Iseli? Er selbst. Er gibt Rätsel auf. Vielleicht gelingt es uns, sie zu beantworten."

Die Eröffnung der Rolf-Iseli-Kunstausstellung wickelte sich in relativ bescheidenem Rahmen ab, da wir für solche Aktivitäten damals kein Budget hatten.

Rolf Iseli war gerade dreiundzwanzig Jahre alt, als ihm 1957 das Eidgenössische Kunststipendium zugesprochen wurde. Nicht bloß sein zartes Alter führte damals zu Kontroversen. Iseli vertrat einen Stil, der in den Fünfzigerjahren die Gemüter erhitzte: „Informel" und „Tachismus" lauteten die Bezeichnungen für eine Malerei, die die Ausdrucksmöglichkeiten der Farbe in der Fläche, jenseits formaler Referenzen oder räumlicher Illusionen auszuloten versuchte. Mit Strukturbildern und subtilen Variationen über Farben, plastisch-chromatischen Verfestigungen gestischer Expression, setzte sich der junge Iseli über die heimische Tradition hinweg an die Spitze der europäischen Avantgarde.

Rolf Iseli besuchte von 1950 bis 1954 die Kunstgewerbeschule in Bern und absolvierte eine Ausbildung zum Lithografen. Danach erhielt er 1955 ein Stipendium für einen einjährigen Aufenthalt in Paris. Durch die Vermittlung des damaligen Direktors der Berner Kunsthalle, Arnold Rüdlinger, den er auf einer Reise nach New York begleiten konnte, fand er Kontakte zu jungen amerikanischen Künstlern wie Sam Francis und anderen. 1957 hatte Iseli seine erste Einzelausstellung in der „Galerie 33" in Bern. Später erwarb er ein Grundstück in Saint-Romain (Burgund)

Rolf Iseli im (neuen) Atelier Bern/Altenberg, 2000
© Leonardo Bezzola

in Frankreich und lebte fortan abwechselnd dort und in Bern. Rolf Iseli gehört zu den wichtigsten Vertretern der künstlerischen Avantgarde der Schweiz in der Nachkriegszeit. Er konnte später in großen Museen in Amerika, Brasilien, Russland und Deutschland ausstellen und war in Kassel beteiligt an der documenta 2, 1959, und 5, 1972.

Infolge einer längeren Auslandsreise war es mir nicht möglich gewesen, Iselis Ausstellung 1991 in Lausanne zu besuchen, an die ich mein ganz kleines Bild „Fliegender Stockschwamm" (aus der Boyard-Serie) ausgeliehen hatte. Bei der Boyard-Serie handelt es sich um Malereien auf auseinandergefalteten Zigarettenschachteln von Iselis Hausmarke Boyard.

Der wunderschöne Katalog seiner großen Ausstellung (den ich für meine bescheidene Leihgabe zugestellt erhielt) ermunterte mich, am 4. März 1991, also zehn Jahre nach der ersten Iseli-Ausstellung, den inzwischen allgemein anerkannt gewordenen Rolf Iseli anzufragen, ob er im Frühling oder Herbst 1992 eine Möglichkeit sehe zu einer zweiten Ausstellung in Holderbank. Es wäre mir eine große Freude, unsere Reihe der Ausstellungen zeitgenössischer Kunst mit ihm fortzusetzen. Am 30.3.1991 antwortete mir Iseli Folgendes: „… *Mein Ausstellungsprogramm ist bis Ende 93 festgelegt und darüber hinaus möchte ich nichts abmachen. Daher kann ich Ihnen leider keine Zusage für eine Ausstellung geben …"*

Deshalb fand in Holderbank eine zweite, große Iseli-Ausstellung nie statt.

Der große Berner Kunstsammler Donald Hess betreibt erfolgreich Weinbau in Kalifornien, Südafrika, Australien und Argentinien. Als er vor dreißig Jahren Rolf Iseli ein Bild abkaufen wollte, verweigerte der Künstler – obwohl damals noch arm – diesen Verkauf mit der Begründung, dass der Unternehmer Donald Hess mit seinen Geschäften „die Umwelt kaputtmache". Für so einen gebe es kein Bild. Die Begegnung mit diesem Künstler hatte Folgen. Hess richtete sein Geschäft nachhaltig aus, Rolf Iseli ist heute in den Auktionshäusern gefragt – und Hess besitzt fünfundvierzig Bilder von ihm (Bilanz 24/2013).

Ich konnte mich vor einigen Jahren in Argentinien (in der Provinz Salta) bei einem Besuch des höchstgelegenen Weinguts der Welt (zwischen 2300 bis 3111 Meter über Meer gelegen) mit 350 Hektar Land, der Bodega Colomé – weit ab von jeder Zivilisation und am Ende eines unberührten Tals – selber davon überzeugen, dass der Weinbau und der für die Gäste eines von Hess gebauten Gästehauses sorgsam betriebene Gemüseanbau samt Tierzucht umweltfreundlich und naturnah (biodynamisch) erfolgen. Es sei noch erwähnt, dass ganz in der Nähe dieses kleinen Hotels und der Anlagen für die Weinkelterung Donald Hess ein Museum für den kalifornischen Lichtkünstler James Turrell gebaut hat, obschon in dieser wunderschönen, aber gottverlassenen Gegend fast keine nennenswerte Anzahl von Museumsbesuchern auftaucht.

Iselis Druckgrafik verdankt ihre überragende Differenziertheit und Ausdruckskraft vierzig Jahren Erfahrung mit der Lithografie und zwanzig Jahren Beschäftigung mit der Kaltnadelradierung. Techniken, die der Künstler auch gerne kombiniert.

Bernhard Luginbühl in seinem
Atelier in Holderbank, 1982
© Leonardo Bezzola

BERNHARD LUGINBÜHL

(1929 BIS 2012)
AUSSTELLUNG 1982 – NR. 2

Begrüßung und Einführung: Derrick Widmer;
vom Künstler gestalteter fotokopierter Katalog
„Skizzen, Dokumente, Fotos zum ‚Holderbanker DING 1982'"

1981 lagen immer noch eine Menge alter eiserner Maschinen-Ersatzteile der ehemaligen Holderbank-Zementfabrik als Zeugen einer vergangenen Zeit in den
weiterhin bestehenden Lagerhallen herum.

Auf diesem Hintergrund kam mir die Idee, am 9. Juni 1981 Bernhard Luginbühl
einen Brief zu schreiben:

„Wir bauen im Moment einen Teil der alten Werkstatt in ein modernes Schulungs-
zentrum um, wobei wir zum Beispiel die alte Schmiede wieder eingebaut haben,
sodass der Charakter der Fabrik bis zu einem gewissen Grad erhalten geblieben ist.
Was uns noch fehlt, ist ein echter Luginbühl, das heißt ein Kunstwerk von Ihnen, und
zwar auf dem Platz vor dem Schulungsgebäude oder im Trainingscenter selber. Ich
weiß, dass Sie ein sehr begehrter und stark beschäftigter Künstler sind und nicht mehr
alle Aufträge annehmen. Was die Arbeit für Sie jedoch attraktiv machen könnte, ist
Folgendes: In der Lagerhalle der alten Fabrik hat es jede Menge von alten Ersatzteilen,
zum Teil riesige formschöne Stücke (Riesenmuttern und so weiter), die Sie möglicher-
weise faszinieren könnten; zudem könnte alles in der Werkstatt der alten Fabrik gebaut
werden. Im Übrigen möchte ich darauf hinweisen, dass ich selber ein ‚Luginbühl-Fan'
bin: Vor zehn Jahren habe ich an Ihrer großen Ausstellung im Kunsthaus Zürich einen
kleinen ‚Atlas' gekauft und ein Jahr später eine Schokoladen-Plastik mit Kupferstich."

Die in meinem Schreiben erwähnte große Ausstellung von Luginbühl fand 1972
im Kunsthaus Zürich statt. Erstmals durfte man ausdrücklich alle Eisenplastiken
berühren, und auf einer großen Figur, dem „großen Boss", mit eingebauter Rutsch-

bahn konnten die Kinder sogar hinunterrutschen. Die Stimmung im altehrwürdigen Kunsthaus war erstmals nicht feierliche Stille, sondern ein Getöse und Geschrei, vergleichbar mit demjenigen von fröhlichen und lauten Kindern in einem Schwimmbad. Zum ersten Mal durfte man an einer Kunstausstellung in Zürich laut sprechen, durften Kinder sogar schreien, die Kunstwerke berühren oder auch besteigen. Luginbühl erzählte mir allerdings zehn Jahre später, dass viele Schrauben an Kunstwerken am Schluss der Ausstellung gefehlt hätten, das heißt abmontiert und als Souvenir nach Hause mitgenommen worden seien.

Ich schickte Bernhard Luginbühl kurz nach meinem erwähnten Schreiben noch eine große und schwere Geschenkschachtel an seinen Wohn- und Arbeitsort in Mötschwil bei Burgdorf (großer alter Bauernhof). Diese Schachtel enthielt aber nicht etwa Schokolade, sondern große Schrauben und Muttern aus der Werkstatt. Auf einer Postkarte schrieb er mir mit *Filzstift am 26.7.1981: „schrauben-dank komme anfangs sept. wegen dem DING alles gute aus Berlin."* Jedenfalls verfehlte die Geschenkschachtel die gewünschte Wirkung nicht, und Luginbühl erschien plötzlich mit seiner Frau Ursi in Holderbank. Mit großem Interesse besichtigte er die halbwegs abgerissenen Gebäuderuinen und war sofort von der Idee begeistert, aus den Massen herumliegender alter Maschinen – und Ersatzteilen einer vergangenen Zeit – ein neues Kunstwerk in der „Holderbank"-Werkstatt neben dem Trainingscenter zu kreieren. Weder über die Größe noch über das mögliche Aussehen des neuen Werks erhielt er von mir irgendwelche Richtlinien.

Am Schluss des Rundgangs durch die Lagerhallen bemerkte Luginbühl nebenbei, dass er eigentlich mehr Eisen erwartet hätte in einer stillgelegten Zementfabrik.

Willi Walser und ich erzählten ihm, dass es noch zwei andere, kürzlich stillgelegte Zementfabriken gäbe und er vielleicht dort noch mehr passende Eisenteile finden könnte.

Er war sofort begeistert, und eine Woche später, nachdem ich von den zuständigen Herren der Zementfabriken Unterterzen und Liesberg ihr Einverständnis erhalten hatte, besuchte Bernhard Luginbühl zusammen mit meinem Mitarbeiter Willi Walser (Schulungsleiter des Konzerns) zuerst Unterterzen, dann Liesberg. Von beiden Orten transportierte Luginbühl große Mengen von Eisenteilen zum Teil in die Werkstatt nach Holderbank, zum Teil nach Mötschwil auf sein Bauerngut.

Ganz besonders ist aber zu erwähnen, dass Willi Walser dem Eisenkünstler auch die Kellergeschosse der Fabrik in Liesberg zeigte, wo Tonnen von alten Holzmodellen lagerten, welche seinerzeit in den frühen Anfängen der Zementindustrie für die Herstellung von Gussformen dienten, denn damals wurden viele Ersatzteile in der Fabrik vor Ort gegossen. Diese lagen umher, weil die Arbeiter diese nicht mehr zum Heizen heimnahmen.

Luginbühl flippte, gemäß seinem Temperament, aus vor Freude und fragte, ob er sich da wie bei den Eisenteilen auch bedienen könne. Willi Walser fragte rasch bei der ehemaligen Werksleitung nach, welche sagte: „Er soll sich nehmen was und so viel er will!"

In der Folge transportierte Luginbühl drei Lastwagen voll mit Holzmodellen beladen nach Mötschwil. Er hatte nämlich die Gepflogenheit, bei gewissen Enthüllungen seiner Eisenplastiken, zuerst eine Holzmodell-Plastik zu zeigen, diese dann mit Benzin zu begießen und anzuzünden. Dadurch machte Bernhard Luginbühl aus einer eher ruhigen Eröffnungsfeier ein aufregendes, unvergessliches und dynamisches Happening!

Ab Herbst 1981 tauchte Bernhard Luginbühl immer häufiger in Holderbank auf und arbeitete viel mit seinen Söhnen Ywan und Basil zusammen, die sich auch als Schweißer betätigten. Der ungeheure Formenfundus des von ihm bereitgestellten Schrottmaterials stammte, wie erwähnt, zum Teil noch aus den Gründerjahren der drei „Holderbank"-Werke, Unterterzen und Liesberg, und war Zeuge längst veralteter Ingenieurkunst. Das alles reizte Luginbühl sehr. Er machte die damals noch existierende geheizte Werkstatt mit dickem Holzboden in Holderbank für mehrere Monate im Winter 1981/82 zu seinem Atelier, bis die interessantesten Stücke verarbeitet waren. So entstanden die „Wellenfiguren" und das zehn Tonnen schwere „Holderbankding", eine Komposition aus veralteten und vom Verschleiß gekennzeichneten Ersatzteilen aus der Zementfabrik. Noch heute steht das „Holderbankding" quasi als Wahrzeichen in Holderbank. Vom künstlerischen Standpunkt aus betrachtet, entwickelte sich alles besser als erhofft. Es entstanden aber unerwartete finanzielle Probleme: Die schweizerischen Konzerngesellschaften stellten uns stets recht hohe Rechnungen für das Alteisen. Dazu kamen die Transportkosten für das Herbeischaffen des Materials aus der ganzen Schweiz nach Holderbank. Da wir – wie bereits erwähnt – kein Budget für solche außergewöhnlichen Aktivitäten besaßen und ich überdies Bärni –

so nannten wir Luginbühl unterdessen – ein substanzielles Honorar in Aussicht gestellt hatte, begannen aus finanzieller Sicht am Horizont Gewitterwolken aufzuziehen. Für diese Kunstaktion hatte ich nie eine Genehmigung eingeholt, wohl wissend, dass sie sowieso abgelehnt worden wäre. Unsere Budgets wurden nämlich am Ende des Jahres streng kontrolliert, und die Kunstaktivitäten fanden nicht überall Anklang und erregten zum Teil auch Neid. Das Honorar war im Jahr 1982 fällig, und ich wusste noch am Tag der Einweihung des Holderbankdings nicht, wie ich mich aus der bedrohlichen finanziellen Schlinge der streng die Ausgaben kontrollierenden Finanzabteilung herausziehen konnte.

Am 12. März schrieb Bärni Luginbühl das Folgende:

„… versuche ich hier auf der schnellen Schlagschreibmaschine von Fräulein Urech (Sekretärin des Autors) ein kleines Berichtchen zum EisenDING zu diktieren. Ohne viel Präzision und so schnell, weil das Mittagessen schon angekommen ist. So habe ich also hier in Holderbank dieses seltsame Gefährt zusammengebaut. Flüchtete vom Winter in eine geheizte Werkstatt der stillgelegten Zementfabrik Holderbank. Zwischendurch war ich noch in Hamburg und Berlin, kehrte dann aber schnell wieder in die geheizte Werkstatt zurück. Ich baute diesen mehrere Tonnen schweren Wagen in relativ kurzer Zeit zusammen, und trotzdem war schon bald ein Jahr vergangen, als ich von Direktor Widmer den Brief bekam, der mir die Werkstatt zum Bau eines DINGS zur Verfügung stellte. Ich holte sozusagen aus der ganzen Schweiz ausgediente Teile von Zementöfen. Besondern Dank möchte ich Herrn Direktor Walser aussprechen, der mir die eisernen Schrotthaufen und die Holzmodelle der Zementfabriken zeigte. Hiermit möchte ich auch allen Leuten in Holderbank danken, die mir geholfen und mir die Arbeit erleichtert haben. Die ganze Aktion um das Holderbanker DING verlief ohne Stockungen und Komplikationen. Der Melkstuhl hat mir wieder einmal gekalbt …"

Neben diesem Gefährt, einer tonnenschweren Riesenplastik, schlussendlich als „HolderbankDing" von Luginbühl bezeichnet beziehungsweise getauft, entstanden in der Werkstatt eine erstaunlich große Anzahl von anderen, kleineren Figuren aus Alteisen der abgebrochenen Zementfabrik und auch wunderschöne Zeichnungen und Grafiken.

Am Freitag, 26. März 1982 fand die Vernissage des „Holderdings" statt. Dazu hatten wir Einladungen verschickt und einen von Luginbühl selber gestalteten fotokopierten Schwarz-Weiß-Katalog, „Skizzen, Dokumente, Fotos zum ‚Holderbanker DING 1982'", an die Gäste verteilt. Anwesend waren neben der ganzen Familie Luginbühl auch Thomas Schmidheiny, Anton E. Schrafl und weitere Persönlichkeiten des Holderbank-Konzerns; ferner Hanni Grob und ihr Mann – mein bester Freund, Felix Grob (Präsident des aargauischen Kunstvereins und Chefarzt in Muri), der bekannte Zürcher Architekt und Kunstsammler Theo Hotz mit seiner Frau Elsi sowie das Galeristenehepaar Maurice und Renée Ziegler, Heini Widmer, Direktor Kunsthaus Aargau, und viele weitere bekannte Persönlichkeiten aus Kunst, Politik und Wirtschaft.

Im unteren Klassenzimmer des Ausbildungszentrums wurde der Film über die Entstehung des Holderdings gezeigt und im oberen Stock der Luginbühl-Dokumentarfilm (1970) „Kleiner Emmentalfilm".

„Wenn zwei Sterne sich küssen, gehen zwei Welten unter": Mit diesem Goethe-Zitat versinnbildlichte Heini Widmer in seiner Eröffnungsrede die zwischen der „Holderbank" und dem Berner Eisenplastiker-Giganten geschlossene Ehe. Er spann das Goethe-Wort weiter und merkte an, dass zwar zwei Welten unter-, aber auch ineinander aufgegangen wären. Mittlerweile hatte ich so viel mit Bärni zusammengearbeitet, dass ich mich sicher genug fühlte, neben Heini Widmer selber eine kurze Dankesrede an den Künstler zu halten. Ich erklärte, dass das „HolderbankDING 1982" als Konstruktion auf drei riesigen Ofenrollen à je circa zwei Tonnen ruhe. Ein zweiteiliger Zahnkranz im Gewicht von 1'400 Kilogramm, ein 4 Tonnen schwerer Ofenring und ein 2'000 Kilogramm schweres Zahnrad seien alles Schwerpunkte, die durch Eisenträger verbunden seien, mit denen einst Rangierlokomotiven für Reparaturen auf den Geleisen in Holderbank gehoben wurden; nun seien sie selbst zu einem Gefährt geworden. Der Aufbau der Plastik erzähle von der Zementherstellung: *„Da gibt es mächtige Flügelräder aus Drehöfen, formschöne Trennringe und maskenartige Siebwände aus der Zementmühle, handwerklich meisterhaft gearbeitete Ofenketten, eine zur T-Form geschnittene Ofenwand und eine Vielzahl von gewaltigen Schrauben, Muttern und Rädern. Von Letzteren bewegt sich eines der Räder in diskreter, elektrisch gesteuerter Tinguely-Manier, während ein anderes das zahnradförmige Firmensignet symbolisiert."*

Dieter Roth, Derrick Widmer und Bernhard Luginbühl.
Holderbank, 1982 © Leonardo Bezzola

Anschließend an die Reden fand ein lukullisches Mahl unter der Regie von Bärni
und Ursi Luginbühl und dem ganzen Familienclan in der damals einfachen Kantine
statt. Das meiste wurde von den Luginbühls zu Hause vorbereitet und mit Unterstützung des Kantinenkochs Gerber und seines Teams mit dem letzten Schliff versehen. Im Zentrum des Gerichts war ein riesiger „Eberkopf", mit großen Ohren und
Augen sowie einer furchterregenden riesigen Schnauze mit gelblichen Zähnen,
die weit über den metallenen runden Zuber hervorragte. Der Eberkopf wurde
in Mötschwil zuerst vom Hirn und der Schädeldecke befreit und mit neuem
Inhalt versehen und dann am Schluss wieder zusammengenäht. Dabei dienten
als Füllung gehacktes Eberfleisch, Totentrompeten, Preiselbeeren, Eier, Brot und
gesalzene Mandeln, die gemäß Luginbühl in Griechenland von den Ästen gefallen waren. Ein Foto des angsteinflößenden riesigen Eberkopfs, der aus einer
großen metallenen Schüssel herausragte, klebte Luginbühl auf ein großes Blatt
Papier und schrieb mit einem Filzstift eine präzise Beschreibung des Inhalts dieses
grässlichen umgebauten Kopfs; dazu kam eine Skizze des Holderdings. Kopien
des Originalblatts dienten allen Gästen als Papieruntersatz für den Teller und das
Besteck. Der Wein floss in Strömen, und die Urgewalt eines Luginbühls, der den
feinen Wein zu schätzen wusste, fing gegen Mitternacht an, immer energischer

zu werden. Mit seinem massiven starken Körper, einem runden Bauch und einem gleichfalls runden Kopf mit scharf geschnittener Nase klopfte er nun plötzlich mit der kräftigen Faust mehrmals auf den Tisch, dass es nur so lärmte, und gab lauten Kommentar von sich. Dies machte den Gästen ziemlich Eindruck und einigen elegant angezogenen Damen sogar etwas Angst. An diesem Abend kam schon nach kurzer Zeit eine Bombenstimmung auf. Thomas Schmidheiny schien der Anlass bestens zu gefallen, jedenfalls ließ er mir noch am Abend ausrichten, ich solle mir keine Sorgen wegen des Honorars für die Plastik und der Kosten des Abends machen, er werde dies regeln. Ein großer Stein fiel mir vom Herzen, und ich war jetzt überzeugt, dass ich mich vom strengen Finanzdienst nicht mehr zu fürchten brauchte, meine Karriere als Manager nicht gefährdet war und weitere Ausstellungen mit Vernissagen möglich sein sollten. Vor Freude über diesen guten Ausgang lief ich selber zu einer Höchstform auf.

Es sei noch nachgetragen, dass ein Teil der Weinflaschen aus dem Rebberg von Max Schmidheiny in Heerbrugg stammte. Gemäß einem „Bonmot" der Mitarbeiter gehörte dieser Wein aufgrund seiner nicht besonders guten Qualität zum Pflichtlager des Kantinenchefs. Bei Besuchen von Dr. h. c. Max Schmidheiny wurde dieser Wein in aller Eile aus dem Keller geholt. Thomas Schmidheiny konnte ihn später qualitativ stark verbessern. Heute ist der Wein mit der Etikette „Zeus" des Schmidheiny Weinguts die Krönung der Rotweinserie; er wird auf dem Balgacher Rebberg kultiviert.

Kalt ist es gewesen, als Bernhard Luginbühl am 16.2.1929 am Centralweg im Berner Lorraine-Quartier geboren wurde. Eiskalt. Die *Schweizer Illustrierte Zeitung* widmete diesem Thema am 21.2.1992 sogar ein Titelblatt. Luginbühl schrieb bereits am 1.6.1992 in derselben Illustrierten, und zwar als „Chefredaktor" für nur diese Ausgabe: *„In der Küche waren Eiszapfen, die man zu Wasser hätte kochen müssen, um mich ein erstes Mal im Leben zu baden. Das Jahr 1929 begann kalt, und bei meiner Geburt gefroren nicht nur alle Seen, sondern auch Aare und Rhein. Im Eiswasser zu baden macht mir heute noch Spass, so wie das Sammeln."*
Aus dem von mir 1994 veröffentlichten Buch Kunstausstellungen in der „Holderbank" möchte ich auf den einführenden Text von Tobia Bezzola für jeden in diesem Buch erwähnten Künstler der ersten vierzehn Kunstausstellungen verweisen. Zu Bernhard Luginbühl schrieb Bezzola unter anderem:

„Retrospektiven in internationalen Museen und Aufträge in mehreren Kontinenten bestätigen den Weltrang von Luginbühls Arbeit. Die Entstehung der Plastiken wird von

Anbeginn begleitet durch intensive zeichnerische Kontrolle und Variation in Tusche, Bleistift und Filzstift sowie mittels Lithografien und Kupferstichen; das grafische Werk legt den Kern von Luginbühls Kreativität frei: eine ursprüngliche zeichnerische Meisterschaft. Ab Mitte der Siebzigerjahre konsolidieren sich die plastischen Bestände; ‚Skarabäus‘ (1978) und ‚Sisyphus‘ (1978) entwickeln das Atlas-Motiv weiter; es regt sich ein Hang zu Assemblagen, zu spätbarocken Formen. Den spiegeln auch große bunte Arbeiten; aus hölzernen Gussformen entstehen Figuren wie ‚Stucki‘ (1975), ‚Kulturkarette‘ (1975), ‚Blauer Ritter‘ (1976) oder ‚Tischlein, deck dich‘ (1976). Diese eigentliche ‚Holzphase‘ produziert zudem kleinere, feinteilige, vielgliedrige Reliefs, Assemblagen und Skulpturen.“

Natürlich ist damit auch klar, warum sich Bernhard Luginbühl so enorm freute, als er die Holzformen in Liesberg 1981 mitnehmen konnte.

Zum Text von Tobia Bezzola möchte ich noch beifügen – basierend auf einem Artikel „The Swiss in New South Wales History“ –, dass Bernhard Luginbühl, seine Frau und seine Söhne anlässlich der Olympiade in Sydney 2000 eine große Eisenfigur erstellten: *„A tangible legacy of the exhibition remains in the shape of the ‚Australian Angel‘ in Bradfield Park, a sculpture specially created by Bernhard Luginbühl as a gift to the people of New South Wales. The sculpture, constructed from discarded steel objects, represents an angel greeting the vessels entering and leaving Sydney Harbour“* …

Nach diesem kleinen Exkurs zitieren wir den Schluss des Textes von Tobia Bezzola:

„In spektakulären Verbrennungsaktionen lässt Luginbühl gigantische Holzskulpturen in Rauch und Feuerwerk aufgehen. Er verkündet so seinen heiligen ‚ZORN‘ über Traditionsverlust und den Triumph der Beton- und Plastikkultur. Die Gefährdung des Größenwahns meistert Luginbühl, indem er sich titanische Leistungen auferlegt: sei es als Plastiker, als Gärtner, als Tierzüchter, als Koch oder als Patriarch eines stets wachsenden Familienclans. Bernhard Luginbühl ist nicht nur ein fantastischer Prahler und Raconteur, mit manischer Energie schreibt und zeichnet er seit Jahrzehnten Berge von (Tage-) Büchern voll; sie enthüllen hinter dem sorgsam gepflegten ruppigen Handwerkerimage sprudelnde Sprachlust, feinen Humor und eine hohe, sensible und nervöse Intelligenz.“

Kurz vor Weihnachten 1981 schenkte mir Bärni ein kleines, von ihm verfasstes Büchlein, „Die kleine explosive Küche – Herausgegeben von Klaus Gallwitz, edition suhrkamp“. Daraus sei nur der Anfang dieser Geschichte wiedergegeben:

„der großvater muss rein ins lotterbüchlein wie er 1914 die russische Dampfwal-
ze stoppte indem er eine geblähte Kuh anzündete und das rülpsende ungeheuer
gegen die russen trieb, mit der feuerspeienden die russen in die flucht gejagt hat,
eventuell eine deutsche gegenoffensive ausgelöst hat, die unter der führung von
hindenburg die russen zurückschlug. War mein großvater der erfinder eines biologi-
schen flammenwerfers? War großvater ... die Geschichte mit der brennenden KUH
erzählte mir großvater in einem gewitter auf einem feld in kandergrund bei fruti-
gen im berneroberland, vor uns lag eine geblähte kuh in den letzten zügen. groß-
vater trug gelasssen eine träne, klappte das sackmesser auf und stach es der kuh
mit wucht und verzweiflung in den bauch. Die kuh rülpste, aus dem Bauch schoss
eine grüne grasgaswolke, sekundenschnell stand die kuh auf ihren vier beinen und
war sofort gesund ..."

Im Katalog zur Vernissage vom 26. März 1982 in Holderbank ist unter dem Titel
„Blitz im Herd" auch eine Rezension (DER SPIEGEL, Nr. 1/1982) über das Buch „Die
kleine explosive Küche" eingefügt: *Bernhard Luginbühl, Spross einer Berner Metzger-*
dynastie, ist Bildhauer geworden und doch nicht aus der Art geschlagen. Während seine
Kunst sich unersättlich die dicken Brocken einer untergehenden Maschinenkultur ein-
verleibte, hat ihr Autor auch den Kalbsfüßen und dem Bärenpfeffer, den Kutteln und
den Stierhoden nach Väterweise stets schöpferischen Respekt gezollt. Als Emmentaler
Gastgeber und ambulanter Vernissagenkoch („Wo man die Küche liegen hat, ist man
zu Hause") genießt er stillen, intensiven Zweitruhm.

Beinahe mystische Hintergründe seines Schlachtens, Kochens und Essens deckt Luginbühl
mit barocken Familien- und Freundesgeschichten auf: Immer wieder ziehen Speisen
die Schicksalsmächte herab.

Die Geschichten handeln von einem Motorrad-Galeristen, dessen Geschäfte auf
einer Speckschwarte endeten, von einem Mann, der Fahrrad fahrend an einem
Osterei erstickte, und nebenbei auch von jenen Katastrophen, vielen kleinen und
einer endgültigen, die des Erzählers Großmutter mit ihrem Gasherd verursachte (aus-
führlich steht diese ‚große' explosive Küche in einem anderen, noch unpublizierten
Luginbühl-Manuskript beschrieben). Am schönsten ist die Überlieferung vom Kugel-
blitz, der Mutter Luginbühls Kalbskröse nur um zehn Zentimeter verfehlte, dann in
Großmutters Küche fuhr, den Backofendeckel verbog, doch den Hackbraten darunter
wunderbarerweise genießbar zurückließ. Es folgt das Rezept für den Hackbraten.

Nach dieser Anweisung, zerkleinernd, mengend, knetend, ist auch das Buch (das vierte einer originellen Künstler-Edition in der Edition Suhrkamp) gemacht, unter sichtlicher Geringschätzung von Komposition, Orthografie und Schönschrift.

Vollgestopft nämlich mit Anekdoten, Küchentipps, grobianischen Strafreden gegen neuzeitliche Hotelköche, deren Pasteten man ,dem Wirt in die Augen kleben' soll, und Gelegenheitsillustrationen, präsentiert sich das Werk im nur teilweise aufgelösten, nicht restlos entzifferbaren Faksimile. Es erfordert einen geduldigen Schlaraffen-Leser, der sich mit mampfenden Augen und Hirnwindungen durchfrisst."

Der Herausgeber Klaus Gallwitz schrieb im Nachwort zum Buch „Die kleine explosive Küche" unter anderem:

„Luginbühl gehört mit Tinguely zu den bekanntesten zeitgenössischen Plastikern in der Schweiz. Mit Arbeiten in Stein und Holz hat er angefangen, auch riesige Holzschnitte hergestellt. Später entstanden Kupferstiche, Puppen und ein ,Dynamisches Labyrinth', mit Spoerri und Tinguely. Das ,Drama eines einsamen Hundes' ist ein Trickfilm von 1967. Zwei Jahre arbeitete er – zusammen mit Leonardo Bezzola – am ,Kleinen Emmentaler Film', der kritischen Bestandesaufnahme des Raubbaus und der Vernichtung einer Landschaft. Er zeichnete Stubenatlanten und entwickelte seit 1964, nach zwanzigjähriger Vorherrschaft der Eisenplastiken, die ersten Holzfiguren aus Gussmodellen. Sein Zorn über die gedankenlose Zerstörung von Stadt und Natur wächst. In Bern verbrennt er den Christophorus (Zorn), und die Verbrennungen wiederholen sich bis zum Mariannenplatz in Kreuzberg in Berlin. Darüber berichtet die „Explosive Küche". Währenddessen sind seit vielen Jahren seine Plastiken auf den großen Ausstellungen zu sehen, in New York und Venedig, in Pittsburgh und Tokio. Er selbst ist hier und dort, arbeitet länger als ein Jahr in Hamburg-Wilhelmsburg, in der Nähe der Werften, und die gewaltigen Teile vom Schiffsbau, Schotten und Schrauben, werden zu neuen Skulpturen montiert. Schrottplätze und Fabrikhöfe sind Schlachthöfe des Bildhauers Luginbühl, Sohn des Metzgers vom alten Berner Schlachthof …"

Jean Tinguely (1925–1991) und Bernhard Luginbühl waren enge und lebenslange Freunde und bauten zusammen 1977 das „Crocrodrome" im Centre Georges-Pompidou in Paris. Diese begehbare Skulptur war 25 Meter lang und 9 Meter breit. Dabei wirkte auch Daniel Spoerri mit, dessen Musée Sentimental im Buckel dieses riesigen Krokodils untergebracht war. Gemäß Luginbühl *„eine ganz irrsinnig schöne Sache. Der Spoerri hat eine Nase, seltenes Zeug zu finden. Viel Spass hatten wir*

aber auch mit dem Fuß des Monsters, wo Kinder aus einem kleinen Loch Schokolade ab-
klauben konnten. Nach einer Tonne Schoggi mussten wir aufhören. Überall blieb man
an dem Zeug kleben."

1994 wurde das Vierteljahrhundertwerk, das „Monster von Milly", in der Nähe von
Paris eingeweiht. Diese riesenhafte begehbare Skulptur ist über 22 Meter hoch und
besteht aus 350 Tonnen Stahl. „Le Cyclop" gilt als eines der wichtigen Werke von
Tinguely. Von Luginbühl stammen der Hals, das Ohr und einige wichtige Stützen des
Riesen. Er schreibt in der erwähnten Illustrierten: *„Stunden, Tage, Wochen, Monate ver-*
brachten Jean Tinguely und ich an dieser Waldlichtung Milly-la-Forêt von Fontainebleau in
der Nähe von Paris. Den Kopf des Riesen aus dem Boden rauszuziehen brauchte seine Zeit.
Die international bekannte Niki de Saint Phalle (1930–2002), die zweite Frau von Tinguely,
Daniel Spoerri, Jean Tinguely und ich bauten diesen Kopf – ohne Arbeiter und Freunde wäre
das Projekt jedoch gescheitert. Die Zusammenarbeit in der Kunst wird sich mehr und mehr
durchsetzen. Denn mehr machen, etwas besser machen heißt etwas anders machen."
Und so ist das „Monstre" eine Kollektivskulptur, an der die verschiedensten Künstler
(auch Larry Rivers, Eva Aeppli, die erste Frau von Tinguely, Jesús Rafael Soto, Seppi
Imhof, Jean Pierre Raynaud und weitere) mitgewirkt haben. Ein gigantisches Kunstwerk, das sich während fast eines Vierteljahrhunderts in ein Museum verwandelt hat.

Vor ungefähr fünfundzwanzig Jahren schenkte mir Bärni Luginbühl eine gerahmte
schöne Fotografie, die ihn mit Tinguely (im Overall und mit Schiebermütze) während
dieser gewaltigen Arbeit im Wald von Fontainebleau zeigt; das gerahmte Foto
hängt bis heute in meinem Büro.

Der Zyklop von Tinguely und seinen Künstlerfreunden ist eine ausgesprochene Ge-
meinschaftsarbeit, die sich am Schluss zu einem Zauberuniversum verwandelte. Im
Innern des Labyrinth-ähnlichen Gebildes befinden sich verschiedenartige Räder-
werke, das Hirn wird von einem menschlichen Theater bewohnt, das Auge ist be-
weglich, das Gesicht ist mit zahlreichen Spiegeln übersät, aus dem Mund fließt ein
Bach die Zunge herab. Nach Tinguelys Tod 1991 kümmerte sich Niki de Saint Phalle
um die Fertigerstellung. 1994 wurde die gigantische Plastik vom französischen
Staatspräsidenten François Mitterand eingeweiht. Der Zyklop zeugt von einem
unerhörten Schöpfungswillen und technischem Erfindungsgeist.

Noch nachzutragen ist Folgendes: Luginbühl lebte seit 1965 in Mötschwil auf
einem Bauernhof, wobei Teile des Geländes in den Skulpturenpark der Luginbühl-

Stiftung umgewandelt wurden. Mit der Plastik *Tell* präsentierte sich die Schweiz an der Weltausstellung in Montreal 1967. Luginbühl war auch Teilnehmer der documenta 3 in Kassel im Jahr 1964, und er war auf der documenta 6 im Jahr 1977 als Künstler ebenfalls vertreten.

Rolf Iseli, Bernhard Luginbühl und Dieter Roth besuchten zusammen die Kunst-gewerbeschule in Bern und blieben lebenslänglich gute Freunde.

Dieter Roth schrieb im Katalog der Ausstellung im MAC in Marseille 1997 – ein Jahr vor seinem Tod:

„I met Bernhard Luginbühl at the vocational school of Bern, in Switzerland, in the year 1948. We were both apprentices. He an apprentice of a sculptor of tombstones & I an apprentice of a publicity designer. We, the apprentices, had to go to school 2 times half a day each week and 1 time (at evenings) 2 hours. Those half days were spent learning about letter-design and advertising-design. The school hours of the evenings were for exercises in bookkeeping and French language. After my apprenticeship, I stayed out of my profession, after a nervous breakdown. In Solothurn – not far from Bern where Bernhard lived – I worked for a house painter. Sometimes, on weekends, I went to Bern. I saw exhibitions of Bernhard and was envious. When I went to work in Copenhagen in 1955, and later to Iceland, in 1957 – not to come back to Switzerland until 1980 – I went ways that seemed extremely seldom to cross the ways of Bernhard Luginbühl. A lot happened to both, but I believe, an intense sympathy, not free of envy, keeps us in touch of each other; even working on certain sculptures together. The sculptures at MAC (B. L. & D. R.) are made with the additional help of Björn."

Mehr über Luginbühl und seine Familie wird der Leser bei der Beschreibung seiner zweiten und viel größeren Ausstellung in Holderbank 1993 (13. Kunstaus-stellung Holderbank) erfahren.

Luginbühl befasst sich seit den späten 1970er-Jahren auch mit Holzplastiken, die er aus alten Gussformen zusammenbaut; wenn er sie nicht zusammenramassiert, werden sie auf den Werkplätzen verbrannt. Ich konnte mich selber davon über-zeugen, dass die ehemalige Heubühne in seinem Bauernhaus in Mötschwil von farbigen (blauen und roten) Modellformen beinahe platzt. Was für eine Sammel-wut! Seine Feuerkunst muss als Protest verstanden werden: Durch die öffentliche Verbrennung von etwas liebevoll Gebautem will Luginbühl fanalhaft aufzeigen, wie zerstörerisch heute mit den Werten der natürlichen und künstlichen Welt umgegangen wird.

Die erste Zorn-Aktion fand 1976 auf der Berner Allmend statt, der „WALzer-TRAUM" (1978) brannte auf dem Berner Schwellenmätteli für die bedrohten Walfische, der „Linzerzorn" loderte in Linz in den Himmel (1978), der „Berliner Zorn" nahe der Mauer in Kreuzberg (1981). Das „LINZERFUNKENWOLKEN-FEUER" (1981) krönte das sinfonische Open Air mit Anton Bruckners 7 (Klangwolke über Linz) und 30'000 Zuschauern. Der „LETZTE ZORN" in Burgdorf ließ Luginbühls Zorn nicht verrauchen. Es folgten weitere groß angelegte Verbrennungen. Bärni marschierte bei solchen Anlässen oftmals mit einer schwarzen langen Lederjacke umher, auf der hinten groß angeschrieben war: Zorn!

Dieter Roth im Kunsthaus Luzern, 1980
© Leonardo Bezzola

DIETER ROTH

(1930 IN HANNOVER GEBOREN UND 1998 IN BASEL GESTORBEN)
AUSSTELLUNG 10. JUNI 1983 – NR. 3

Begrüßung: Derrick Widmer; Einführung: Heini Widmer
Vom Künstler gestalteter Katalog
(2., ergänzte Auflage 1984)

Anfangs 1982 tauchte in der alten Werkstatt, wo Luginbühl am Arbeiten war, ein
freundlicher, leicht beleibter Mann mit einem runden sympathischen Kopf auf, der
eine überdimensionierte Jacke und auf dem Kopf eine Schiebermütze trug. Bärni
stellte uns diesen Mann als seinen alten Freund Dieter und großartigen Künstler
vor. Jener sprach zwar Schweizerdeutsch, aber mit einem leichten deutschen
Akzent. Er erklärte uns, dass er von Bärni Luginbühl gehört habe, dass dieser
bei uns ein wunderbares geheiztes Atelier erhalten habe und dieses habe er
sich soeben mit Neid angeschaut. Eigentlich schwebe ihm auch so etwas in der
Schweiz vor und ob wir für ihn auch so etwas beschaffen könnten. Willi Walser,
der Schulungsleiter der Holderbank Gruppe und ich gingen dann mit den beiden
Künstlern in die Kantine, um mit ihnen zu tafeln, Wein zu trinken und um Näheres
über die Vorstellungen von Roth und seiner Kunst zu erfahren. Obschon ich
mich viel mit moderner Kunst beschäftigte, musste ich gestehen, dass ich noch
nie ein Werk von Dieter Roth gesehen und von seinem Namen noch nie gehört
hatte. Dies merkte Luginbühl rasch, weshalb er mir etwas auf die Sprünge helfen
wollte. Er erklärte Willi Walser und mir, dass sein guter Freund Jean Tinguely der
festen Überzeugung sei, dass Dieter Roth (D. R.) schlicht der beste Künstler der
Schweiz sei. Wie ich aber rasch merkte, war D. R. bei einigen wichtigen Sammlern,
Museumsleuten und Künstlern viel bekannter und angesehener als beim breiten
Publikum. Nachdem ich diesen ziemlich schwierigen Menschen persönlich besser
kennen- und verstehen lernte, nahm mein Interesse an diesem einzigartigen
Künstler rasch zu. Schon beim ersten Mittagessen merkten wir schnell, dass es
sich bei D. R. als Mensch und als Künstler um eine spezielle Begabung handelte.
Er sprach von seinen vielen Reisen, seinen Sammlern, seinen berühmten Kunst-

freunden und von seinem schriftstellerischen Werk und „last, but not least" von seinem Problem mit dem Alkohol. Es war spannend ihm zuzuhören, und wir begannen von seiner Persönlichkeit so fasziniert zu sein, dass wir uns nach seinem Besuch ernsthaft auf die Suche nach einer geeigneten Werkstatt für ihn machten.

Die Zementfabrik Unterterzen am Walensee wurde damals nur noch als Zementmahlanlage verwendet, sodass bereits ein Teil der Anlage abgebrochen worden war. Dank der Überzeugungskraft und dem Verhandlungsgeschick von Walser gegenüber dem Direktor der Zementfabrik Unterterzen (F. Schmid) wurde Dieter Roth (D. R.) das ausgeräumte Chemielabor als Arbeitsraum überlassen, und er konnte in der Nähe der Fabrik ein der Firma gehörendes Wohnhaus in Mols am Walensee mieten. Für die Einhaltung dieser Verträge musste jedoch meine Abteilung ebenfalls den Vertrag unterschreiben, was bedeutete, dass wir für den Fall, D. R. würde nicht bezahlen, für die ausstehende Summe haften würden.

Nach einigen Monaten stellten wir fest, dass weder eine Zahlung von D. R. für die Miete des Ateliers im ehemaligen Chemielabor der Zementfabrik Unterterzen noch für das Wohnhaus in Mols eingegangen war. Langsam fing ich an, mir Sorgen über die ausstehenden Beträge zu machen, und diese nahmen jeden Monat zu. Ungefähr zehn Monate nach der Unterzeichnung des Mietvertrags erhielten wir von D. R. eine Einladung, seine in jenem Moment laufende Ausstellung bei Herrn Rechtsanwalt Philipp Buse in Hamburg zu besuchen, welcher ein langjähriger Sammelfreund von Dieter Roth war. Dieser hatte mir gegenüber mehrmals erklärt, dass er von Galeristen vielfach über den Tisch gezogen worden sei und deshalb alles daransetzte seine Bilder nicht über Galeristen zu verkaufen. Daher war Dieter Roth bestrebt, seine Werke selbst zu vertreiben. Mit Buse gründete er 1973 den Kunsthandel „Dieter Roth Pictures" mit Sitz in Zug; dabei erstellte er einen Angebotskatalog mit Grafiken. Der Vertrieb sollte über Buses Hamburger Kanzlei erfolgen, die in Harvestehude, einem der vornehmen Quartiere Hamburgs lag. In den Büroräumen wurden anschließend Arbeiten von Roth gezeigt, deren Platzierung er selbst bestimmte. Allerdings funktionierte diese an sich gut gemeinte Verkaufsidee überhaupt nicht. Die Kanzlei von Buse bestand aus mehreren Anwälten. In der geräumigen Eingangshalle hingen bei unserer Ankunft mehrere repräsentative Bilder. Willi Walser und ich konnten einige dieser Bilder auslesen, um sie in den Büroräumlichkeiten, vor allem im Trainingscenter in Holderbank (neben der Luginbühl-Werkstatt) aufzuhängen. Wir hatten diese Chance, uns „dienstbar" zu machen, schnell ergriffen. Heimlich dachten wir bei dieser Aktion vor allem daran, dass wir beim Transfer dieser Gemälde nach Holderbank eine Sicherheit, eine Art Pfand, erhalten würden, und dies für den Fall, dass D. R. die Miete in Unterterzen weiterhin nicht bezahlen würde. Im Hinblick auf die unangenehmen Erfahrungen mit dem Honorar für das „Holderbankding" von Luginbühl wussten wir, dass wir eine zweite Konfrontation mit der Finanzabteilung unter allen Umständen vermeiden mussten.

Willi Walser und ich waren von den in der Kanzlei in Hamburg-Harvestehude aufgehängten D.-R.-Kunstwerken fasziniert, und zwar von der Andersartigkeit, der Dynamik und Fülle von Farben in diesen Kunstwerken. D. R. wohnte zeitweise in einem kellerartigen Raum unter der Kanzlei von Dr. Buse. Da D. R. sich mit jedem Galeristen in kürzester Zeit verkrachte und das Gefühl hatte, er werde von den Kunsthändlern nur übers Ohr gehauen, ging er davon aus, dass er an Klienten der Rechtskanzlei Bilder mit mehr Erfolg und weniger Ärger verkaufen könne – was aber in Wirklichkeit nicht zutraf.

Wir durften dann im Privathaus von Dr. Philipp Buse noch dessen gewaltige Dieter-Roth-Privatsammlung – neben der Kanzlei gelegen – anschauen, was uns wiederum begeisterte. Dieter Roth zeigte uns dann auch noch in einem Kellerraum des gleichen Gebäudes zusätzliche Werke, die er eigentlich auch noch in der Anwaltskanzlei hätte ausstellen wollen, aber aus Platzmangel in diesem Keller aufbewahrte.

Zu Beginn der 1990er-Jahre – also einige Jahre nach unserem Besuch – beschlossen Roth und Buse, die Sammlung zu einem privaten Museum, dem „Dieter Roth Museum" auszubauen mit angegliedertem Werkarchiv. Dessen Betreuung unterliegt der Dieter Roth Foundation und wurde noch vom Künstler mit eingerichtet. Neben etwa 550 Originalen umfasst die Sammlung heute rund 1400 Druckgrafiken und ungefähr 250 Künstlerbücher sowie sämtliche Multiples und Schmuckeditionen.

Erstaunlicherweise war Roth mit dem Bildertransfer in die Schweiz sofort einverstanden, allerdings mit der Bemerkung, dass wir in diesem Fall für den Transport Hamburg–Holderbank die Verantwortung übernehmen müssten, denn er hätte keine Zeit und Möglichkeit, dies jetzt selbst zu veranlassen.

Willi Walser, der stets begeisterungsfähige und organisatorisch begabte promovierte Mathematiker packte die Gelegenheit nach kurzem Nachdenken am „Schopf" und schlug vor, er könnte gerade jetzt versuchen, einen geeigneten Lieferwagen zu mieten, die Bilder unter Aufsicht von Dieter Roth zu verladen und damit nach Holderbank zu fahren. Roth fragte sofort: „Was geschieht am Zoll?"

Walser erklärte im Brustton der Überzeugung, das Problem werde er lösen, so oder so; er wusste natürlich in diesem Moment überhaupt nicht, wie, wollte aber auf keinen Fall Dieter Roths grundsätzliche Bereitschaft für die Aktion gefährden!

Wie geplant wurden zwei Stunden später die Bilder gemeinsam verladen, und aus dem ursprünglich geplanten Besuch der Ruderschaft von Luginbühl im Hafen von Hamburg und dem Ausstellungsbesuch bei Dr. Buse wurde eine viel wichtigere Aktion, nämlich der Transport von fünfzehn Dieter-Roth-Bildern von Hamburg nach Holderbank vorbereitet! Versichert war kein einziges dieser Werke.

Vorerst mussten die großen Bilder in der Eingangshalle der Kanzlei und dann einige der kleineren in den Büros der Anwälte abgehängt und mit nur wenigen Wolldecken geschützt in einen gemieteten Mercedes-Kastenwagen verladen werden. Da ich am andern Tag eine wichtige Sitzung bei Alsen-Breitenburg (Tochtergesellschaft der Holderbank) hatte, musste ich Willi Walser mit dieser kostbaren Ware, die nur notdürftig eingepackt war, allein auf den langen Weg in die Schweiz schicken. Ich hoffte nur, dass Walser keinen Unfall erleiden und das Auto bei einem Zwischenhalt nicht gestohlen würde.

Die größte Schwierigkeit stand aber Walser noch bevor, nämlich die strengen schweizerischen Zollbeamten an der Grenze in Basel. Willi Walser hatte sich aber bei der einsamen und langen Fahrt auf der Autobahn bereits ein schlaues Manöver ausgedacht: Bei einer Gaststätte unterwegs hielt er an, öffnete die breite Türe des Kastenwagens und schichtete die Bilder so um, dass die zuoberst liegenden Bilder diejenigen waren, die etwas ausgefallener und eher nach einer oberflächlichen „Schmiererei" aussahen. Am Zoll in Basel sagte Willi Walser dem Zöllner, er hätte von einem Schweizer Freund, welcher ein paar Monate in Norddeutschland gearbeitet und seine Freizeit mit privater Malerei verbracht habe, dessen Amateurbilder mitgenommen, da er sowieso mit leerem Wagen in die Schweiz zurückfahren würde.

Der Zöllner schaute sich die obersten drei Bilder flüchtig an und bemerkte, ja, man sähe, dass diese alles andere als Kunstwerke seien, vor allem seien diese Bilder ja gar nicht fertig! Eine so einfache Zollabfertigung mit Ölbildern wäre heute nicht mehr möglich, da an jeder Zollstation Künstlerlisten mit ungefähren Preislisten existieren.

Die Bilder hängten wir dann im Trainingscenter auf und erhielten so die ersten einprägsamen Impressionen von Roth-Bildern, quasi in einer ersten privaten Dieter-Roth-Ausstellung!

Mittlerweile war es Zeit, die erste Dieter-Roth-Ausstellung in Holderbank voranzutreiben. Nach wie vor hatten wir kein eigenes Budget für diese Ausstellung und mussten deshalb sehr vorsichtig mit den Ausgaben umgehen. Wir baten Dieter Roth, uns bei der Erstellung eines Katalogs behilflich zu sein. Ich wusste damals noch nicht, dass D. R. auch berühmt war für seine modernen sogenannten „artist's books". Dabei handelt es sich um Kunstwerke, die in der Form eines Buches realisiert werden. Wikipedia beschreibt die von Roth kreierten „artist's books" wie folgt:

„Dieter Roth is often credited with defining the modern artist's book. He produced a series of works, which systematically deconstructed the form of the book throughout the fifties and sixties. These disrupted the codex's authority by creating books with holes in (e. g. Picture Book, 1957), allowing the viewer to see more than one page at the same time. Roth was also the first artist to re-use found books-comic books, printer's end papers and newspapers (such as Daily Mirror, 1961, and AC, 1964). Although originally produced in Iceland in extremely small editions, Roth's books would be produced in increasingly large runs, through numerous publishers in Europe and North America, and would ultimately be reprinted together by the German publisher Hansjörg Mayer in the 1970's, making them more widely available in the last half-century than the work of any other company."

In dem von D. R. schlussendlich selber gestalteten und auf meinen Wunsch kostengünstig kopierten Schwarz-Weiß-Katalog seiner Kunstausstellung in Holderbank (Vernissage am 19. Juni 1983) sind auch einige Ausschnitte seines Tagebuchs aus dem Jahr 1982 enthalten, herausgegeben im Dieter Roth Verlag 1984 (erschienen in Deutsch und Englisch).

So schrieb er im Ausstellungskatalog unter anderem:

„Katalog Nr. 18–25 **mit Björn Roth und Vera** (Kinder von D. R.), *zu dritt in Mols gezeichnet. Jeder in einem Zimmer (des Hauses, welches bei der Holderbank-Unterterzen-Cement gemietet), die Blätter zwischen den Zimmern hin und her tragend. Hatte einen Teil des Laboratoriums in der Fabrik Unterterzen als Atelier gemietet, es liegt eine Viertelstunde Gehen vom Wohnhaus entfernt, und ich dachte mir, Gesundheitsspaziergänge – vielleicht mehrmals am Tag – hin- und hermachen zu können, fand heraus, ich kann nicht absichtlich arbeiten oder mich verhalten, sondern muss kleinen Launen und Einfällen nachgeben können. (Wenn ich nachts aufwache und weder schlafen noch lesen kann, erweist sich die Möglichkeit, kurz ins nächste Zimmer gehen zu können – ohne mich anzuziehen – und einige Flecken zu malen oder Striche zu ziehen, als beruhigend und sogar, mit der Zeit, als werkproduzierend, wie zum Beispiel Bild 26, das jahrelang in meinem Stuttgarter Schlafzimmer stand und das ich, immer wenn in Stuttgart, mit kurzen nächtlichen Arbeitsepisoden zu einer gewissen Kompliziertheit bringen konnte."*

D. R. kam bereits vor dem Aufbau seiner Ausstellung am 10. Juni 1983 mehrmals nach Holderbank auf Besuch. Er schätzte es, wenn wir einmal nicht über Kunst sprachen, sondern über die täglichen Probleme unserer eigentlichen Tätigkeit bei der „Holderbank". Hier hörte er jeweils sehr aufmerksam zu. Wir kamen dann auf die Idee, ihm auch den Steinbruch, die Förderbänder zu zeigen und ihm die Produktion von Zement zu erklären. In seinem auf Deutsch und Englisch publizierten Tagebuch von 1982 hat er auf seine Art diese Besuche beschrieben und in den von ihm gestalteten fotokopierten Katalog für die Ausstellung (vom 10. Juni 1983 in Holderbank) einige relevante Tagebuch-Ausschnitte hineinkopiert:

„Nr. 164, Holderbank – Cementfabrik – Kantine 5.4.82 – 12.15 h Mittagessen; D. Widmer, W. Walser, W. Anderau, D. Roth (Kamera fix)

Essen, nachdem Mietvertrag (Atelier + Haus in Mols) unterschrieben. Erzählungen der drei vom Zementfabrikbau und Betrieb in Ägypten. Das Gebaren der Bankleute – einheimische Bankiers, Schweizer Emissäre der Banken und Unternehmen ..."

„Nr. 165, Holderbank – Cementfabrik – D. Widmer, W. Walser, W. Anderau, D. Roth (Kamera fix) in der Kantine 13.15 h

*Wenn ich mit den Leitern der Holderbank-Cement-Centrale spreche – und Leuten, die mit ihnen, da auf Besprechungsbesuch, zusammensitzen –, dann habe ich ein Staunen-Komfort-Gefühl. Dieses Gefühl oft, aber erst seit 2–3 Jahren (?), da komfortabel (sprachweise, themenweise, scherzweise) ich mich dort fühle – eingeladen bin, angenommen werde –, wo stark aktive Leute, welche wiederum eine große Menge andere Menschen aktiv halten, ruhig zum Beispiel dasitzen und sich etwas erzählen, die Pausen zwischen den Aktionszeiten oder den Aktions-Dirigier- und Zwangszeiten auf allerlei Weise genießen. Vergesse (?) dann in kurzen Momenten Bilder der gezwungenen Aktivität (und der zwingenden Aktivität), mit denen ich mir diese Arbeitsnot vorstelle. Ohne diese Arbeit, andere, viele zur Arbeit zu bringen – um nicht zu sagen, zu zwingen –, sage ich mir in solchen ruhigen Gesprächs-Genuss-Minuten, gäbe es diese ruhigen Minuten nicht. Versuche, das Maß der Anstrengung mit dem Maß des Ausruhens zu vergleichen, und bin dann oft versucht zu sagen: ‚Auf einer Riesenwelle der Anstrengung oder des Unglücks bewegen sich die kleinen, kurzen Wellen der Ruhe‘ – oder so was. ‚Das Geld, eine Heraufbeschwörungsformel für oder zur Beruhigung (Tagträumen), wird aus der schrecklichen, mörderischen Tiefe **der Tätigkeiten hochgeholt …“***

„Nr. 199 am 14.4.82, Holderbank – Kalksteinbruch (Südloch), 15.45 h; Bernhard Luginbühl, Dieter Roth (Kamera)

Gespräch, Bagger-Besichtigung. Sich hinmalt, währenddem Bernhard Luginbühl dort (wo ich meine Vorstellung von mir selber aufstelle, sozusagen) schon zu Hause ist; also war die Versuchung für mich immer groß, Bärni zu kritisieren (innerlich), ich versuchte vieles ihn auf kritische negative Weise mir dar- oder hinzustellen. Seit zehn bis fünfzehn Jahren ist mir mehr oder weniger aufgegangen, dass es nicht geht. Dass die einzige mögliche Kritik wäre: Er (oder einfach: dieser und jener) komme von außen an seine Bilder heran; wünschte sich, etwas zu machen, das als Ausweis seines Künstlerseins gelten könnte. Diese (und ähnliche) Sätze kann ich auf Luginbühl nicht anwenden; also bleibt – blieb bis zu einem gewissen Zeitpunkt – mir noch weniger Neid. Diesen Neid zu neutralisieren und mit der Zeit ihn sozusagen zu genießen, möglichen Neid – im besten Stadium: Bewunderung – umzuarbeiten, auf diese Weise scheint mir mein Verhältnis zu ihm möglich. Kater-artige Depression, obschon einige Tage lang keinen Alkohol getrunken, hält mich von jeder Munterkeitsäußerung ab.

Fahrt in einen der Kalksteinbrüche, die zur Fabrik gehören. Bärni spricht von seinem Enthusiasmus für die groben Strukturen des Gesteins, die man an den abgebauten Stellen sehen kann. Ich bringe, um nicht einfach zustimmen zu müssen, die Vergleichs-

möglichkeit mit Gesteinsbildungen in Island vor, kann mich aber zu einem deutlichen Ausspielen dieses Trumpfes nicht aufschwingen. (Wie immer, wenn ich in Versuchung komme – und der Versuchung erliege –, mit irgendetwas Isländischem aufzutrumpfen, komme ich mir als ‚blöder Tourist‘ vor.)"

„Nr. 201 am 14.4.82, Holderbank – Kalksteinbruch (Nordloch): Spaziergang mit Derrick Widmer, W. Walser, B. Luginbühl, D. R. (Kamera); 16.45 h

Dr. Walser und Luginbühl voraus, Widmer und ich gehen hinterher, hängen zurück, ich empfinde Gewicht, Herzklopfen und Depression. Kann das Gespräch nicht vom Ernst (meiner) wegholen. Habe nicht genug Film auf den Spaziergang mitgenommen, Wut auf Selbst und starke Angst, nichts Anerkennenswürdiges aus der Filmarbeit machen zu können. Merke meine Tendenz, Klagesätze anzubringen, und schaue mir zu, wie ich sie zu vermeiden trachte. Merke auch, dass ich nicht schweigen kann, Wut darüber, gesteigerte Depression. Wir reden vom Kalksteinbrechen, von Brockenförderbändern (gehen ein Förderband, Hunderte von Metern, entlang). Dessen Dach (sicherlich, sage ich mir, zwanzig bis dreißig Jahre alt), nicht einmal angerostet, erscheint mir öde, denke mir die Wellblechdächer in Island, die alle angerostet & verrostet, empfinde besonders deutlich, daneben, die hart, kalt, öde erhaltenen Dinge i. d. Schweiz."

„Nr. 202 am 15.4.82, Basel – Hotel International, Zimmer 641, 09.45 h; D. Roth (Kamera fix); Papierkorb, Anziehen

Immer steigende Lähmung (der Zunge, des Sprache-Könnens). Das Schweizer-deutsche misslingt in solchen Minuten, Wut. Abschied von Bernhard Luginbühl und Widmer macht äußerst traurig, da ich (Täuschung) sie, beneidend, in eine Sicherheit abgehend glaube, empfinde (mir, einbildend, sage), die ich mir selber nicht zuschreiben kann, die ich nicht empfinde, komplizierte Reise sehe ich voraus (Bern–Gerlafingen–Basel–Holderbank–Basel), auf der ich fünf verschiedene Leute in ebenso vielen verschiedenen Beziehungen oder Projekten treffen und verhandeln will. In Basel, ½ 18, treffe nach längerem Suchen im Restaurant St.-Alban-Stübli Tadeus Pfeiffer, um Interview für die Zeitung ‚Brückenbauer‘ …"

Aus den zitierten Ausschnitten des Tagebuchs 1982 geht die enorme Sensibilität, verbunden mit ständigen Selbstzweifeln des Künstlers klar hervor. Auch seine Depressionen, seine Alkoholprobleme und seine Einsamkeit. Dieter Roths Selbstbefragungen zeichnen einen Künstler, der sich in permanenter Krise zu befinden scheint, und sie sind derart schonungslos, dass sie schon fast die Grenze zum Selbsthass überschreiten. Es kommt nicht von ungefähr, dass er Zufälliges, Missratenes, Hässliches in seine Arbeiten und Selbstbildnisse integriert. Es kommt anderseits in seinen Tagebüchern auch eine Selbstsicherheit zum Vorschein, dass er eine eigenständige Kunstrichtung erschaffen hat.

Sehr präzis hat Tobia Bezzola diese Problematik von D. R. und einiges zu seinem Werdegang in dem von mir 1994 herausgegebenen Buch „Kunstausstellungen ‚Holderbank'" beschrieben:

„Warum nicht das eigene Elend zeigen – sofern man eines hat – und nicht immer so tun, als ob man den Weg aus dem Elend gefunden habe – mittels Kunstmachen …" – Mit diesem Satz hat Dieter Roth das ästhetische Programm formuliert, welches die auf den ersten Blick disparaten Momente seines Schaffens verbindet. Roth pflegt keinen Stil, er verzichtet auf die Bequemlichkeit einer typischen Handschrift, es sei denn, man entdecke eben dieses Bewusstsein des eigenen Elends: den Kreislauf des Selbstgrübelns und des erneuten Begrübelns des Ergrübelten als des Gemeinsamen, das in allen Arbeiten lebt. Nicht nur formal-stilistisch, auch technisch ist die Bandbreite enorm: Es finden sich bei Roth ziemlich alle gängigen druckgrafischen Techniken, oft in eigenwilliger Kombination; es gibt Skulpturen in den unterschiedlichsten Materialien, vom Aluminium bis zur Schokolade; typisch sind auch Objekte, Collagen und Assemblagen – ‚Siebdruck und Gemüsesaft auf Karton in Plastiktaschen' kann eine technische Beschreibung einer Arbeit schon mal lauten. Eine große Anzahl von Büchern, die Musik, der Film, die Fotografie sind weitere Medien, die von Roths brennender Sucht zum Protokoll der eigenen Erlebniswelt erfasst werden.

Dieter Roth ist auch Schriftsteller, sein sprachliches Werk ist mit dem bildnerischen von Anbeginn weg eng verwoben. Diese Anfänge sind konkret, in der Kunst wie in der Poesie. Früh befreundet sich Roth in Bern mit Paul Talman, Marcel Wyss und Eugen Grominger. Mit den beiden Letzteren gründet er 1951 die Zeitschrift ‚Spirale', die sich zum wichtigsten Forum der jüngeren konkreten Kunst entwickelt. Roth beginnt also konkret und streng, anonym und allgemein, den Dogmen der Schule gemäß, aber er landet im Lauf seiner Entwicklung beim genauen Gegenteil: einer radikal persönlichen Kunst, einem extrem individuellen Werk, das die biografischen Wirrnisse, die Sorge um das eigene Selbst und um die Berechtigung des eigenen Künstlertums in ängstlicher Präzision dokumentiert. Wie bewegt allein die äußere Biografie Roths ist, zeigen die Stationen des Lebens: von Bern (1955) nach Kopenhagen (1956/57), Reykjavik

(1957 bis 1975), New York, Philadelphia, New Haven, Providence (1964 bis 1967), Stuttgart (1972 bis 1983), Hamburg (1974 bis 1983), Mosfellssveit (1975), Mols (1982 bis 1984) und Basel (ab 1984 bis 1998).

Seine Persistenz hat Roth trotz des sperrigen, keinen Geschmack bedienenden Charakters seiner Arbeit internationalen Erfolg gesichert: Teilnahme an der ‚documenta' und ‚Biennale', internationale Auszeichnungen und Museumsausstellungen belegen es. Ob er Hegels gesammelte Werke in Wursthäute abfüllt, ein Jahr lang kryptisch-poetische Inserate in einer Luzerner Zeitung platziert und sie dann als ‚Tränensee' zu einem Buch bindet oder ob er sich selbst ‚als Hundehauf', ‚als Portion grünen Salates', ‚als Pariser' porträtiert: Roths Einfallsreichtum scheint unbegrenzt, die Härte seiner filmischen, fotografischen und literarischen Selbstbefragung und Selbstaussetzung ist vielen jüngeren Künstlern vorbildlich geworden. Überall, wo Roth sich aufhält, pflegt er, ähnlich seinem Freund Daniel Spoerri, die Räume schnellstens zu besetzen, indem er sie mit Fundsachen, Kuriositäten und dem neuen und alten Gerümpel des Alltags vollstopft.

Zu einer Totalinszenierung geriet entsprechend sein Aufenthalt in der Lagerhalle in Holderbank im Winter 1992/93. (Ausstellung Nr. 11) Roth machte die Halle zum Welttheater, versammelte Materialien und Relikte, Werke und Entstehendes, Vergehendes und Vergangenes zu einem Riesenstillleben, einem gigantischen Laboratorium seiner künstlerischen Experimente, einem Gesamtkunstwerk, das einem anderen gebürtigen Hannoveraner, dem Merz-Bauer Kurt Schwitters alle Ehre gemacht hätte."

Die schönen und eindrucksvollen Lagerhallen wollte die Leitung der neuen Fabrik Rekingen am Rhein damals noch nicht für eine Kunstausstellung freigeben, sodass ich die Bilder für die erste Ausstellung mit D. R. im neuen Ausbildungszentrum und in den Korridoren des Verwaltungsgebäudes aufhängen lassen musste. Am 10. Juni 1983 fand dann die Vernissage statt mit wiederum einer beachtlichen Zahl von Gästen aus Kunst, Wirtschaft und Politik. Ich begrüßte die Gäste, und Heini Widmer (Kunsthaus Aargau) hielt eine Rede. Diese Einführung schätzte D. R. aber überhaupt nicht und machte dazu einige recht laute abschätzende Bemerkungen. Heini Widmer hatte vor der Ausstellung zum Glück schon einige größere Zeichnungen für das Kunsthaus gekauft, sodass D. R. seinen Unmut über die Rede einigermaßen zurückhielt und nicht allzu laut wurde. Die Stimmung an der Vernissage war gut, das vom Familienclan Luginbühl aufgestellte Buffet ein Augen- und Gaumengenuss. Die Kunstkenner und die Kunstjournalisten schätzten diese Ausstellung, sodass die wir auch von dieser Seite in unseren Kunstaktivitäten bestätigt wurden.

Dieter Roth in seiner Faktorei in Basel,
1987 © Leonardo Bezzola

D. R. zeigte achtzig Zeichnungen und Bilder. Einige davon waren mit seinem Freund, dem berühmten österreichischen Künstler **Arnulf Rainer** (* 1929) erarbeitet worden. Der recht umfangreiche Katalog zur Ausstellung wurde in einer ersten Auflage von dreihundert Exemplaren herausgegeben (eine zweite, schönere Auflage mit qualitativ besserem Papier von vierhundert Exemplaren ließ D. R. 1984 folgen), wobei er diese Auflage freundlicherweise mir „zugeeignet" hatte. Die Fotos stammten vom bekannten Fotografen Gerhard Schwarz.

Am Vorabend der Ausstellung lud ich interessierte Mitarbeiter der „Holderbank" Management und Beratung AG zu einem Umtrunk im Beisein von Dieter Roth ein und gab einige wohlmeinende Erklärungen zum Werk des Künstlers ab mit der Idee, den interessierten Mitarbeitern moderne Kunst näherzubringen. Ich spürte sofort, dass diese Kunst von den Mitarbeitern und Mitarbeiterinnen trotz meiner gut gemeinten Einführung nicht geschätzt wurde. Einer der Mitarbeiter, ein promovierter Chemiker, scheute sich nicht, mit gerötetem Gesicht ganz laut seinem Frust Ausdruck zu geben, indem er vor den versammelten Mitarbeitern diese Kunst mit lauter Stimme als „Seich" bezeichnete. Der Kritiker ist inzwischen längst pensioniert, D. R. gestorben, aber dessen Ruhm in der Kunstwelt ungebrochen und in den letzten Jahren weltweit gestiegen. Der amerikanische Schriftsteller William Faulkner (1919–1959), Nobelpreisträger für Literatur, erklärte einmal Studenten in einem Vortrag: „The day will come when he must go through the wall of oblivion, and he wants to leave a scratch on that wall – that somebody a hundred, a thousand years later will see." Wer von den beiden (D. R. oder der erwähnte Herr Dr. chem.) „a scratch on the wall of oblivion" eingeritzt hat, ist heute völlig klar.

Natürlich war die Begegnung mit dieser nicht einfachen Kunst vielen Gästen, etlichen Kursteilnehmerinnen und -teilnehmern sowie auch Teilen der HMB-Belegschaft vorerst fremd. Es setzte ein Lernprozess ein, der später durchaus positive Resultate brachte. Das anfängliche Unverständnis wich mit den Jahren einer breiten Akzeptanz. So wurde das „Holderding" von Luginbühl nicht selten als Hintergrund für Gruppenfotos von Besuchern und Teilnehmern an den Schulungsereignissen gewählt. Ja, sogar als Motive für unsere Weihnachtskarten wurde es in alle Welt versandt. Auch eine amerikanische Zement-Fachzeitschrift hat sich dafür interessiert und das Foto ihren Lesern vorgestellt.

In einer Ansprache im Kunsthaus Aargau vom 9. Oktober 1983 erklärte Heini Widmer unter anderem: *„Ich sage es Ihnen: Nach meiner Erfahrung spüren alle Leute, die Kunst betrachten, die ihr zufällig und nicht gewollt begegnen, die sogenannten Banausen, Amusischen, etwas vom ‚numen tremendum', vom heiligen Schrecken, von der schrecklichen Heiligkeit des Kunstwerkes. Dieses numen tremendum kann sich in Wut, in Verblüffung, Begeisterung, Ablehnung oder Zustimmung versetzen. Die Vielzahl der Reaktionen ist legitim und zu akzeptieren, ja nicht durch erklärerische Schönmacherei abzubauen. Das Kunstwerk hat das Recht, auch einen Gift und Galle speienden Betrachter vor sich zu sehen, einen Leserbriefschreiber oder was Sie wollen, auch den von der Gegenwart gestempelten Neurotiker."*

Mit meinem Namensvetter Heini Widmer (er war wie ich auch in Gränichen AG heimatberechtigt) verstand ich mich sehr gut. Er kaufte günstig mehrmals für das Kunsthaus Aargau vor den Vernissagen Zeichnungen und Lithos von Luginbühl, Thomkins und Dieter Roth. Sein Ehrgeiz war es, das Kunsthaus zu einem sogenannten Kultur-Leuchtturm zu machen (was es heute ganz offiziell ist). Er erzählte mir, wie damals Lokalkünstler, wenn diese nicht von ihm ausgestellt wurden, einen Großrat mobilisierten und er dann beim Regierungsrat vortraben und sich rechtfertigen musste. Ähnliches erlebte er mitunter auch mit modernen abstrakten Bildern in seinen Ausstellungen.

Der Textilindustrielle Jan A. Ahlers aus Herford trug in über fünfunddreißig Jahren eine der größten und erschlossensten Privatsammlungen des Expressionismus zusammen. Ursprünglich wollte er seine Sammlung der Öffentlichkeit übergeben. Weil er auf Unverständnis stieß, verkaufte er seine Expressionisten an zwei Händler. In einem Interview in der Zeitschrift art 4/01 wurde er gefragt: „Stimmt es, dass Sie den Erlös jetzt wieder in Kunst investieren werden? Ahlers: *Zum Teil zumindest. Ich werde mich jetzt auf die zeitgenössische Kunst konzentrieren und auf Strömungen, die ich versäumt habe. Ich habe Schwitters unterschätzt, sogar abgelehnt, und seine Werke für Klebebildchen gehalten. Genauso habe ich die Kunst von Dieter Roth versäumt.*"

„Wie kamen Sie mit Dieter Roth in Verbindung? Ahlers: *Ganz persönlich. Dieter Roth war mit meinem Schwiegersohn befreundet. Roth war unter Sammlern ja als schwierig verschrien, aber wir hatten nie Probleme miteinander, und wir fanden uns auch über unsere gemeinsame Liebe zu Heinrich Heine. Und dann passierte noch etwas sehr Seltsames: Eines Tages sagte er zu mir: Du bist doch Klamottenfabrikant, kannst du mir nicht ein paar Hemden und Hosen schicken? Die bekam er dann auch, und als er diese bezahlen wollte, lehnte ich ab. Ich bat ihn allerdings, dass er mir später die abgetragenen Hemden mit ein paar Zeichnungen zurückschicken möge. Und so habe ich eine wunderbare Sammlung von drei Hemden mit Collagen von Dieter Roth. Unabhängig davon halte ich Dieter Roth für einen der wichtigsten Künstler seiner Generation. Das wird zwar noch dreißig Jahre dauern, bis sich diese Wertschätzung durchgesetzt hat, aber sie wird kommen.*"

1982, ein Jahr vor der ersten Ausstellung mit Dieter Roth in Holderbank, lud er mich nach Basel ein, wo ihm der Rembrandt-Preis der Johann-Wolfgang-von-Goethe-Stiftung überreicht wurde. Die würdige Laudatio hielt in der Kunsthalle der Amerikaner Emmett Williams. Das vornehme Publikum wartete im Anschluss an diese Rede auf den Dank des vor großem Publikum Geehrten und auf einige Worte über sein Leben als Künstler. In Wirklichkeit fand die kürzeste Rede eines geehrten Künstlers statt: Mit seiner Schiebermütze auf dem Kopf nahm er den Preis entgegen, übergab Tomas Schmit (Aktions- und Konzeptkünstler, Zeichner und Autor; Pionier der Fluxusbewegung) das Rembrandt-Stipendium, winkte dem Publikum mit listigen Augen entgegen, sagte kurz und bündig „auf Wiedersehen" und verschwand.

Da ich diesen Künstler später noch zwei Mal in Holderbank zeigte und jedes Mal umfassender, werde ich noch vieles über diese beiden Ausstellungen und Dieter Roths geniale Kunst schreiben. (Ausstellung 1987 – Nr. 6 und Ausstellung 1992 – Nr. 11)

André Thomkins, Zürich, 1978,
© Leonardo Bezzola

ANDRÉ THOMKINS

(1930 IN LUZERN GEBOREN UND 1985 IN BERLIN GESTORBEN)
AUSSTELLUNG 6. APRIL 1984, NR. 4

Aquarelle, Zeichnungen und Lackskins; Wörter und Töne
Begrüßung: Derrick Widmer; Einführung: Heini Widmer;
vom Künstler gestalteter fotokopierter Katalog

Auch diesen Künstler lernte ich auf Empfehlung von Bernhard Luginbühl kennen. Ich hatte bereits von ihm gehört, war aber mit seinem Werk nicht vertraut. Auch im weiteren Kreis der Kulturbeflissenen war sein Name damals kaum bekannt. Eingeweihte, nach dem Namen der bedeutendsten Schweizer Kunstschaffenden in der zweiten Hälfte des 20. Jahrhunderts befragt, setzten regelmäßig seinen Namen weit oben auf die Liste. Aus Wien schrieb er mir handschriftlich am 6. März 1984:

Lieber Herr Widmer, obwohl auf Reisen und zehn Tage in Wien, habe ich die Holderbank-Ausstellung nicht vergessen: Die Einladung ist geschrieben und gezeichnet auf einem weißen Kartonrelief, das morgen, Mittwoch, schwarz-weiß fotografiert wird. Donnerstag schicke ich Ihnen den Abzug.

Bei Klewan (Galerie in Wien) hängt eine Ausstellung, die ich vergangenen Donnerstag eröffnet habe. Dieter Roth, der gerade in Wien war, kam zur Vernissage. Ich erzählte ihm von Holderbank und lud ihn ein für den 6. April. Es freute ihn, und er möchte wohl schon dabei sein.

Ich komme am 18. in die Schweiz und werde in Oetlishausen (wo Thomkins damals sein Archiv lagerte) *Bilder auswählen, die dann in Ruhe auf den Weg und an die Wand befördert werden können. Zeit genug, hoffe ich, noch etwas an Ort und Stelle zu machen. Seien Sie inzwischen herzlich gegrüßt, Ihr André Thomkins*

Am folgenden Tag, das heißt am 7. März 1984, sandte er mir auf einem gelochten Karton (im Querformat) folgendes Schreiben:

65

Lieber Herr Widmer, das hier beiliegende Foto soll eine Seite der Einladungskarte ganz füllen. Ich möchte das Klischee hart am Rand geschnitten haben, mit einem knappen weißen Streifen als Grund. (Es folgt eine winzige Skizze mit einem eingetragenen 5-mm-Rand.) Das Bild muss wohl geringfügig verkleinert werden für Ihr Kartenformat. Auf der Innenseite schlage ich als Text vor:

„Holderbank"-Ausstellung: ANDRE THOMKINS

Aquarelle, Zeichnungen und Lackskins; Wörter und Töne;

zur Eröffnung spricht Herr Heini Widmer, Leiter des Aargauer Kunsthauses; Bernhard und Ursi Luginbühl lüften neue Deckel ihrer Kochkünste.

Zum Foto der schönen und speziellen Einladungskarte, die im Buch „Kunstaustellungen Holderbank, 1994" abgebildet ist, schrieb Thomkins darunter: *Holderbank anagrammiert, ins Quadrat erhoben und auf dem Drehbalkon in Rotation versetzt – Kartoncollage mit Feder und Aquarell, 1984*

In dem vom Künstler eigenhändig gestalteten, fotokopierten Katalog stand zusätzlich das Wort *Xylofon*. Was war geschehen? In der Vorbereitung der Ausstellung in Holderbank kam André Thomkins plötzlich die Idee, ein großes, bewegliches Holzrad konstruieren zu lassen, wobei kleine Holzklötzchen beim Bewegen des großen Rads Töne wie bei einem Xylofon erzeugen sollten. Wie er mir damals erklärte, habe er vor einiger Zeit mit Christoph Gredinger ein 25 Meter langes Xylofon aus Holz gebaut. Ich ging sofort auf den Vorschlag ein, ein Holzrad-Xylofon nach seinen Plänen bauen zu lassen. Wir besuchten zusammen den ehemaligen Schreinermeister der Zementfabrik Holderbank, der sich inzwischen selbstständig gemacht hatte, aber in der nur 150 Meter vom Ausbildungszentrum entfernten alten Schreinerei als Mieter weiterarbeiten konnte. Dem Schreiner gefiel die Idee sehr, nach Skizzen von Thomkins ein großes, bewegliches Holzrad zu erstellen; bereits nach einer Woche war das Werk fertig, passte genau an eine Wand des Ausbildungszentrums und funktionierte perfekt. Wenn man das große Rad von Hand drehte, begannen die sich darin lose befindlichen zehn Klötzchen – ungefähr je 7 Zentimeter lang – sich zu bewegen und gaben einen hölzernen, schwachen Ton ab. Diese von Thomkins entwickelte Plastik wurde 1990 im Kunstmuseum Luzern gezeigt, wobei sie dort nicht an einer Wand aufgestellt war, sondern frei im Raum stand und deshalb mit einem Sockel versehen wurde.

Als ich im Jahr 2004, also einige Zeit nach meiner Pensionierung, in Holderbank einen alten Freund besuchte, stellte ich zu meinem Schrecken fest, dass diese ehemals würdige Holzplastik neben einem alten Schuppen im Regen ihrem baldigen Ende entgegenblickte. Der Holderbank-Kunstgeist schien erloschen zu sein.

Am 5. April 1985, also am Tag vor der Eröffnung, schrieb Thomkins in den Katalog

„Ich wusste nicht, worauf ich mich einließ, als ich Bernhard und Ursi Luginbühl und später Derrick Widmer zusagte, in Holderbank eine Ausstellung zu machen: Jetzt am Vorabend der Eröffnung müsste ich längst in Zürich bei Wettsteins indisch essen mit Elisabeth (Förster-Streffleur), und das Holderbank Management ist mir zwar überaus hilfreich zur Hand und zum Kopf, zur Zunge, zum Magen und zum Zwerchfell, aber: Ich hab's nicht raus, wie man allen Schreib-, Besprech-, Besichtigungs-, Entscheid-, Zähl- und sonstigen Jonglierkram in nützlicher Frist und zu jeglicher Zufriedenheit erledigt, sich all dessen entledigt, mit heiterer Miene von dannen und wannen schreitend. Das Palindrom fragt besorgt:

,KRAMT ER EIGENTUM?'
und antwortet oder aufwertet:
,MUT NEGIERET MARK'
markerschütternd, nicht?

Aber, jetzt nehmt's nicht übel, ihr lieben Gäste, Leser, Anschauer, ich gehe indisch (d. h. in mich) essen. Also bis morgen! Ihr André Thomkins"

Ein Palindrom ist ein Wort oder Satz; von hinten gelesen bleibt das Wort oder der Satz gleich. Das wohl berühmteste von Thomkins ist **„oh cet echo"**.

Ein Anagramm bezeichnet ein Wort, das aus einem andern Wort durch Umstellung (Permutation) der einzelnen Buchstaben oder Silben gebildet wurde. Häufig ist es das Ziel des Anagrammierens, durch Buchstabenumstellung einen neuen Satz, also ein Anagramm mit verändertem Sinn, zu erzielen. Eine derartige Anwendung des Anagrammierens gilt als eine sprachliche Form der Kunst.

Ebenfalls am Tag vor der Eröffnung hatte Thomkins eine neue Idee für den Katalog: Er nahm ein leeres A4-Blatt und schüttete darüber trockenen Zement – beziehungsweise Baustaub. Mit dem Finger schrieb er hin:

BAUST
STAUB
TABUS

Dann schob er das Blatt in den Kopierapparat, und fertig war eine weitere Seite des Schwarz-Weiß-Katalogs.

1968 schuf Thomkins, gemeinsam mit andern, Palindrome, die in ihrer Ausführung von Straßenschildern an der Außenwand des Restaurants des Künstlers Daniel Spoerri angebracht waren. Sie behandelten im weitesten Sinn das Thema „Essen und Kochen": „pur ist sirup", „Bürle knurre grub milch – limburger runkelrüb", „dreh mit forelle teller oft im herd". Im Innern der Altstadtgaststätte fanden sich weitere Palindrome. Das Lokal am Düsseldorfer Burgplatz existiert nicht mehr, mehrere Dutzend der Palindrom-Schilder sind heute im *Il Giardino di Daniel Spoerri*, einem in der südlichen Toskana gelegenen Kunst- und Skulpturenpark zu besichtigen.

Heini Widmers Rede an der Vernissage kam gut an. Er hatte bereits zwei Tage zuvor für das Kunsthaus Aargau einige Zeichnungen des Künstlers gekauft. In verschiedenen Zeitungsartikeln wurden die Kunstwerke von Thomkins überaus positiv besprochen. So schrieb Annelise Zwez am 12. April 1984 im „Aargauer Tagblatt":

„Nach Iseli, Luginbühl und Roth ist nun André Thomkins zu Gast im Ausbildungs-zentrum der ‚Holderbank'. Waren die Werke von Dieter Roth im vergangenen Jahr aggressive Herausforderung, so sind die Zeichnungen, Aquarelle und Lackskins von André Thomkins nun unaufdringliche literarisch-zeichnerische Beschaulichkeit. Die Industrie, als Machtfaktor in unserem Land, hat zweifelslos auch die Aufgabe, kulturelle Werte zu fördern, um das Gleichgewicht von kommerziellem und philosophischem Denken mitzutragen. Die ‚Holderbank' nimmt diese Aufgabe unter anderem in Form aktiver Kunstförderung wahr. Dass Ausbildungschef, Kunstsammler und Aus-stellungsinitiant Derrick Widmer Macht und Verantwortung in diesem Zusammen-hang spürt, beweist die Reihe der bisher eingeladenen Künstler, welche alle zu den Hauptexponenten der Schweizer Kunst der Gegenwart zählen ... Neben Zeichnungen und Aquarellen – einige davon traumhaft schön – zeigt Thomkins auch Lackskin-Serien. Lackskin ist eine von Thomkins 1955 entwickelte Technik (Applikation von auf Wasser schwimmendem Lack auf Papier)."

André Thomkins arbeitet bei Luginbühl in Mötschwil
an einem Objekt, 1969 © Leonardo Bezzola

Auch ich war der Kunst und der Person von André Thomkins sehr angetan. Seine Zuverlässigkeit und seine höflichen Umgangsformen waren bei jeder Begegnung ein positives Erlebnis.

Ursi und Bernhard Luginbühl schätzten ihn außerordentlich, und wohl deswegen hatte der Familienclan ein unvergessliches Buffet in der Kantine vorbereitet: Auf dem riesigen Buffet-Tisch konnte man in großen Buchstaben André Thomkins lesen. Dabei war jeder Buchstabe seines Namens gleichzeitig der erste Buchstabe der entsprechend aufgestellten Spezialität: So waren für den Buchstaben O ringförmig mehrere (schwarze und grüne) Oliven aufgestellt. Dazu war alles sehr lecker und von der Luginbühl-Familie in Mötschwil selbst zubereitet. So kam einmal mehr eine großartige Stimmung unter den Gästen auf. Die Ausstellung war wiederum ein voller Erfolg. Vor jeder Ausstellung war ich aber immer während Tagen nervös und nicht sicher, ob die Ausstellung und das anschließend offerierte Nachtessen für das immer höhere Ansprüche stellende Publikum, das von weit her nach Holderbank angereist kam, auch wirklich erfolgreich sein würden.

Ungefähr fünf Monate nach der Ausstellung telefonierte mir André (wir waren inzwischen per Du) und erklärte mir, dass er Steuern bezahlen müsse und im Moment keine Reserven mehr habe. Er würde mir eines seiner Bilder zu einem günstigen Preis anbieten. Ich hatte mich seit der Ausstellung für ein sogenanntes Lackskin interessiert. (Diese neue Technik entwickelte er ab Mitte der 1950er-Jahre: Mit Lack auf Wasser gemalte Bilder, die Spontaneität mit Berechnung kombinieren, sind in ihrer Technik und Wirkung einmalig.) Da ich gerade ein großes Wohnhaus für meine Familie gekauft hatte und unter dem Eindruck stand, ich hätte mich finanziell mit dem Kauf etwas überfordert, bat ich André um Bedenkzeit. Ich schäme mich noch heute deswegen. Plötzlich kam mir die Idee, ich könnte ihm wenigstens die Vorlage für die Einladungskarte für die „Holderbank" abkaufen. So bezahlte ich einen nach heutigen Standards sehr kleinen Betrag für die Originalvorlage der Einladung: Tusche (Feder), Aquarell und Collage auf Karton. 14 : 32 cm. Auf der Karte stand:

heroldknab

ohredblank

landkerboh

drehblanko

ehrlobdank

rebdankhol

brodelkahn

andrehkolb

nakehrbold

korbhandel

Zusammen mit Willi Walser schenkten wir Herrn Thomas Schmidheiny die Originaleinladung. Wir wussten beide, dass wir nur dank seines Wohlwollens gegen allerlei interne Widerstände diese Kunstaktionen weiterführen konnten. Deshalb sollte dieses kleine Bild unser Dank für seine diskrete Unterstützung sein. In einem Schreiben vom 1. August 1984 dankte er mir für das Kunstwerk und das Schreiben, das ich zusammen mit Willi Walser verfasst hatte: *„Herzlichen Dank für das von Ihnen mitgebrachte Kunstwerk und den Brief, den Sie zusammen mit Herrn Walser an mich gerichtet haben. Ihre Initiative auf dem Sektor Kunst habe ich immer gerne verfolgt und werde dies auch weiterhin tun. Über ‚Geschmäcker' lässt sich ja bekanntlich streiten, aber dies soll der Einsatzfreude keinen Abbruch tun. Ich hoffe, dass Sie auch in Zukunft den Ausbildungstrakt in Holderbank so benützen und darin* *auch Befriedigung finden werden."* Die Original-Einladungskarte wurde später an andern Kunstausstellungen von Thomkins gezeigt und in einem Buch „André Thomkins, Gesammelte Anagramme" im Seedorn Verlag veröffentlicht, herausgegeben von Dieter Schwarz (Direktor des Kunstmuseums Winterthur).

Völlig unerwartet las ich ein Jahr später in der Zeitung die traurige Nachricht: In den frühen Morgenstunden des 9. Novembers 1985 ist André Thomkins im Alter von fünfundfünfzig Jahren gestorben. Kurz danach erhielt ich von seiner Lebenspartnerin, Elly Förster-Streffleur, eine Karte: *„Mein geliebter André Thomkins ist gestorben. In Berlin, am 9. November. Nach einem anstrengenden Tag kamen wir nach Hause und stiegen die Treppe hoch. Im dritten Stock versagte sein Herz und stand still um 0 Uhr 40, noch bevor der Arzt eintraf. Er hatte keine Schmerzen. André wird in Essen auf dem Ostfriedhof an der Saarbrücker Straße begraben, am Dienstag, 19. November um 12 Uhr."*

Der Künstler Karl Gerstner hielt anlässlich der Beerdigung am 19. November 1985 in Essen eine tief bewegende, großartige Rede, die am 14. Dezember als Sonderdruck im Basler Magazin erschien. Aus dieser Rede nur so viel:

„Du kamst zwei Tage vorher nach Berlin. Du richtetest deine Ausstellung bei Jes Petersen ein, an der du deine letzten Werke zeigtest – was man hinterher wortwörtlich nehmen muss, leider. Und du freutest dich wie ein Schneekönig; dass die Galerie noch weiß gestrichen wurde, extra für dich. Als Académicien hast du dich im Kreis von Kollegen wohlgefühlt; für Joseph Beuys an einer Blindenbinde gebastelt; und mit Daniel Spoerri, deinem vertrautesten Freund, den letzten Tag verbracht. Ihr hättet auch bei dieser Gelegenheit intensive Gespräche geführt, wie mir Daniel erzählte; aber auch geblödelt und viel gelacht … Immerhin hast du eine palindromische Zahl geschafft: Mit fünfundfünfzig Jahren warst du so alt wie ich, wie die ‚Freunde', die – vor bald zwanzig Jahren – unter diesem Titel eine Ausstellung zusammen machten. Egal wie alt oder jung du geworden bist, das Leben eines Künstlers zählt nicht nach Jahren. Es zählt nach Einheiten kreativer Energie; nach unbekannten Kräften, von denen man nichts anderes weiß, als dass es sie gibt. Die auf die Welt ausstrahlen, die Welt verändern. Dass dies so ist: dass Kunst mehr als Revolution bewirkt, die Welt – allen gegenteiligen Behauptungen zum Trotz – verändert, war eine deiner tiefsten Überzeugungen. An diesem Maßstab gemessen, waren Schubert, Mozart, van Gogh – und auch du – uralt gestorben …"

Tobia Bezzola schrieb im Buch „Kunstausstellungen in Holderbank 1994":

„André Thomkins entdeckte in den Buchstaben seines eigenen Namens die Charakterisierung, die ihm für sich passend schien: ‚denkharmonist', lautet das Anagramm. 1930 in Luzern geboren, teilte er mit seinem Schulfreund Serge Stauffer früh die Begeisterung für die Dadaisten, für Marcel Duchamp und den Surrealismus. Bei einem der bedeutendsten Surrealisten der Schweiz – Max von Moos – besuchte er den Unterricht an der Kunstgewerbeschule in Luzern. Nach einem kurzen Studienaufenthalt in Paris zog Thomkins im Jahr 1954 mit seiner Frau Eva nach Essen. Wichtig für ihn wurden Freundschaften mit andern Künstlern, die auch in diesem Buch vertreten sind: Daniel Spoerri, Dieter Roth, Karl Gerstner sowie der Austausch mit der in den Sechzigerjahren brodelnden Rheinischen Kunstszene (Joseph Beuys, Fluxus). Mit Thomkins' zurückhaltendem Naturell mag es zusammenhängen, dass sein Werk erst 1969, anlässlich der Ausstellung freunde + freunde friends + fruend" (Kunsthalle Bern) eine größere Bekanntheit erlangte. Diese steigerte sich aber von nun an rasch, und als Thomkins erst 55-jährig in Berlin verstarb, hatte sich seine komplexe, versponnene und nicht leicht zugängliche Arbeit ihren Platz in der Geschichte der Kunst dieses Jahrhunderts gesichert.

Thomkins war nicht eigentlich Maler, obschon diese Berufsbezeichnung in seinem Reisepass stand. Seine größte Kraft entwickelte er in kleinen Formaten, in der Zeichnung und im Aquarell; zudem entwickelte er eigene künstlerische Techniken, die er als ‚Rollage', ‚Scharnier' und ‚Lackskins' taufte.

Der Hang zur Miniatur, zum näher Hinblicken, zum Entdecken des Verborgenen im Detail, ist typisch. Ihm entspricht auch Thomkins Umgang mit der Sprache: Thomkins war ein begnadeter Schöpfer, oder besser: Entdecker, von Anagrammen und Palindromen, in jedem Wort erblickte er ein anderes, in jedem Sinn den Gegensinn, in jedem Unsinn den Tiefsinn. Die Lust am Kombinatorischen, an der Permutation, an Variationen und Alterationen spiegelt sich auch in seinen Zeichnungen, Aquarellen und Gouachen. Die Vorbilder Hieronymus Bosch, Klee, Max Ernst und Dali werden überboten von Thomkins' eigentümlichen Kombinationen von Bild- und Textfragmenten; die Legenden oft anagrammatisch verrätselt, und ihnen entspricht ein polyperspektivischer, vexierbildhafter, illusionistischer Bildaufbau. Thomkins vernetzt Ornamentales mit Naturalistischem, Traumhaft-Technoides mit organischen Neuschöpfungen. Zahlreich sind die literarischen und historischen Anspielungen, die eine profunde Bildung verraten. Sie bildet den Untergrund seines spielerischen Manierismus: das Wissen, dass alles auch ganz anders sein könnte, als es uns erscheint."

Ungefähr drei Jahre nach der Thomkins-Ausstellung zeigte mir meine damalige Assistentin, Frau Heidi Häfeli, eine Schachtel mit ungefähr zwölf schönen Lackskin-

Bildern, die sie in einem Schrank im Keller des Bürogebäudes noch gefunden hatte. Einen kurzen Moment lang überlegten wir, ob wir als Erinnerung je ein Bild für uns erhalten sollten, umso mehr als wir keine Adressen der Erben hatten. Von Dieter Roth erhielten wir dann einige Monate später die Adresse seiner Frau Eva Thomkins in Köln. Wir schrieben ihr einen Brief und sagten der Dame, dass wir gerne zwei Bilder zum damaligen Preis als Erinnerung an den verstorbenen Künstler hätten. Sie schrieb uns nicht besonders freundlich zurück, dass die Bilder jetzt stark im Wert gestiegen seien und wir alle Bilder möglichst bald nach Luzern zu ihrem Schwiegervater bringen sollten, was Frau Häfeli dann auch tat, wenn auch ohne Begeisterung.

Einen kleinen Trost als Erinnerung an André erhielt ich überraschend an der Gedenkfeier für den 1998 verstorbenen Dieter Roth im Museum für Gegenwartskunst in Basel. Unter den illustren Trauergästen befand sich Elly Förster (Partnerin von Thomkins); sie hatte mir in einem Couvert (von einem Zeichnungsblock abgerissenes Blatt) eine mit Kugelschreiber entworfene Skizze von André Thomkins mitgebracht. Es handelte sich um den ersten Entwurf seiner Einladung für die Holderbank-Kunstausstellung von 1984. Am 17.7.1998 schrieb mir Elly aus Wien: „Ich freue mich, dass Du so eine Freude hast mit dem Blatt von André. Er mochte Dich sehr, das weiß ich, und so hast Du eine kleine Erinnerung … Anbei schicke ich Deiner Frau das Gedicht, von dem ich ihr am Abend in der Kronenhalle erzählt habe. Euch beiden alles Liebe." Unmittelbar nach der erwähnten Gedenkfeier für Dieter Roth in Basel fuhr Elly in ihrem Auto zurück nach München und hatte einen schweren Autounfall, sodass sie sich nach dem Spitalaufenthalt noch monatelang therapieren lassen musste.

Eine gewichtige Monografie zum Werk des Künstlers, Quintessenz langjähriger Inventarisierung und Forschungstätigkeit im Schweizerischen Institut für Kunstwissenschaft, war 1999 Anlass für eine umfassende Präsentation des ausufernden Œuvres im Kunstmuseum Bern.

Zwölf Jahre später, also 2011 schrieb Daniel Spoerri im Katalog zur Ausstellung „André Thomkins & Daniel Spoerri" im Ausstellungshaus Spoerri in Hadersdorf am Kamp:

„Ich gab damals die Zeitschrift ‚Material' heraus, von der nur fünf Nummern erschienen, die aber trotzdem, weil sie ausdrücklich der Konkreten Poesie gewidmet war, den

Grundstein zu meinen späteren Ab- und Verzweigungen bedeutete; so wäre die Er-findung des Fallenbildes ohne die Konkrete Poesie, die keine persönlichen Gefühle be-schreibt, sondern objektiv eine bildliche Darstellung einer Idee gibt, nicht möglich ge-wesen. Eine Nummer der Zeitschrift wollte ich damals André Thomkins widmen. Seine Palindrome waren ja ein präzises Beispiel, wie ein objektiver Tatbestand – in diesem Fall Buchstaben, die in beiden Richtungen gelesen denselben Satz ergeben – zum Gegen-stand von Dichtung werden kann. Der Satz ‚dogma I am god' bestätigt bildhaft den Gottesbeweis als Zirkelschluss – dass Gott nicht logisch zu erklären ist, sondern nur ge-glaubt werden kann. Aus unerfindlichen Gründen kam es nicht zu einem ‚Material'-Band mit André Thomkins' Palindromen – was ich heute bereue!

Für meine Eat-Art-Galerie in Düsseldorf hatte André Thomkins Eat-Art-Objekte mit Spaghetti gemacht. Er steckte eine Spaghetti-Nudel in eine Makkaroni-Nudel hinein und sagte: ‚Eine mit Nudel genudelte Makkaroni oder so etwas Ähnliches.' Er fand immer Worte drum herum. Das hat ihm viel Spass gemacht. Doch hätte es keine Eat-Art ge-geben, dann hätte er die Objekte nicht gemacht. Ähnlich wie die vielen Palindrome zum ‚Restaurant Spoerri' in Düsseldorf. André wurde angeregt dadurch, dass ich dieses Restaurant hatte. Er machte für mich Ess-Akademie-Reime wie ‚pur ist sirup'. Als wir dann sagten, wir bringen deine Palindrome draußen an der Fassade vom Restaurant an, da hat's nur so gesprudelt. Wie gesagt, er liebte es, angeregt zu werden.

Die Uridee, die Palindrome auf Straßenschilder schreiben zu lassen, kam von der ‚Rue la Valeur' in Paris. André fand es so witzig, dass eine Straße einen palindromischen Namen haben konnte. Dadurch kam er auf die Idee mit dem Emailschild. Und dann ging's an die Arbeit. Wir haben dreißig bis vierzig Schilder anfertigen lassen, ein Markenzeichen des ‚Restaurant Spoerri'. Heute zieren die Palindrom-Schilder die Häuser in meinem toskanischen Skulpturenpark ‚Il Giardino' … Thomkins und seine Familie wohnten noch nicht in Essen. Im Jahr darauf wurde ich durch Vermittlung Claus Bremers Regie-assistent am Darmstädter Theater, wo Gustav Rudolf Sellner in der damaligen Orangerie Intendant war, da Darmstadt noch völlig zerbombt war. Auf dem Weg in die Schweiz von Essen, wenn er seine Eltern besuchte, machte André ein paar Mal in Darmstadt halt; er hatte immer Zeit, und ein Besuch dauerte bei ihm ein bis zwei Tage, und so lernten wir uns besser kennen."

Daniel Spoerri mit dem „Schuh des Ewigen Juden", Ueberstorf, 1990
© Leonardo Bezzola

DANIEL SPOERRI

(*1930)
AUSSTELLUNG 14. JUNI 1985 – NR. 5

„Trompetengold kommt angerollt"
Begrüßung: Derrick Widmer; Einführung: André Kamber –
vom Künstler gestalteter fotokopierter Katalog

Auch für die 5. Kunstausstellung in Holderbank waren die finanziellen Mittel bescheiden, und die beiden großen, riesigen Lagerhallen, die wir bei späteren Ausstellungen benützen konnten, wurden von der Fabrikleitung in Rekingen (die für diese Gebäude zuständig war) trotz unserer intensiven Bemühungen nicht freigegeben. Es wurde uns klargemacht, dass Kunst eindeutig nicht das Kerngeschäft der Holderbank Gruppe war. Somit beschränkte sich die Ausstellung im Wesentlichen auf das kleine Ausbildungszentrum und teilweise noch auf die Korridore im Verwaltungsgebäude. Dies machte mir etwas Sorgen, da berühmte Künstler langfristig von den bescheidenen Ausstellungsräumen abgeschreckt und auch das immer zahlreichere Publikum und die vielen prominenten Gäste an der Vernissage enttäuscht werden könnten.
Ohne die Anstrengungen von Bernhard Luginbühl, seine Künstlerfreunde für eine Ausstellung in Holderbank zu motivieren, und die Tatsache, dass die vier früheren Ausstellungen erfolgreich gewesen waren, hätten unsere bescheidenen Mittel und Ausstellungsräume für die Akquisition von international bekannten Schweizer Künstlern nicht gereicht. Allerdings hatten wir seit dem Start mit Rolf Iseli 1981 viel dazugelernt: die Betreuung der Künstler beim Rekognoszieren der Ausstellungsräume, Unterstützung beim Transport der Kunstgegenstände, auf jeden Wunsch der Künstler beim Einrichten der Ausstellung einzugehen und ganz allgemein ihnen das Gefühl zu geben, dass wir ihre Kunst als wichtig betrachteten und für sie jederzeit verfügbar waren. Willi Walser, Klaus Kayatz und die nebenamtlich für alles Organisatorische zuständige Person, meine Assistentin Heidi Häfeli, waren für den Erfolg entscheidend. Alle diese Aufgaben mussten wir – im Gegensatz zu einer Galerie oder einem Museum – nebenbei oder in der Freizeit erledigen,

da wir nicht für solche Aufgaben bezahlt wurden. Thomas Schmidheiny konnte aus terminlichen Gründen an der Vernissage nicht teilnehmen und kam deshalb ein oder zwei Tage vor der Eröffnung in Holderbank vorbei. Dabei gefiel ihm ein Bild von Daniel Spoerri mit einem raffiniert eingesetzten Tierschädel so gut, dass er spontan beschloss, dieses Bild seiner Frau zum bevorstehenden Geburtstag zu schenken. Wenn ich mich richtig erinnere, nahm er es gleich mit.

Am 14. Juni 1985 fand die Ausstellung von Daniel Spoerri in Holderbank statt mit dem Titel: *„Trompetengold kommt angerollt"*. Im Anschluss an meine Begrüßung der zahlreichen Gäste gab André Kamber, Direktor des Kunstmuseums Solothurn, eine hervorragende Einführung. Unter diesem Titel zeigte Daniel Spoerri erstmals die polierten bronzenen Abgüsse seiner Plastiken. Die Ausstellung führte in Kunstkreisen zu heftigen Diskussionen um Spoerris Entschluss, den Charme der Objekte in seinen Figuren durch die Anwendung des klassischen Bronzegusses zu neutralisieren. Die Ausstellung bedeutete den Ausgangspunkt zu Spoerris späterem plastischem Werk (S. 69, Holderbank, 2. Kunstbuch).

Ich bat Daniel Spoerri – wie seine vier Holderbank-Ausstellungs-Vorgänger – selber einen Katalog in Schwarz-Weiß zu erstellen, wobei das Kopieren und Zusammenheften von uns in letzter Minute übernommen wurde. Erst in der Nacht unmittelbar vor der Ausstellung – gestärkt, vielleicht auch etwas verwirrt durch alkoholische Getränke – fing Daniel zu schreiben an und dies auf Französisch, das er perfekt beherrschte. Der Text war etwas aggressiv verfasst und nicht leicht lesbar. Am Schluss strich er den ganzen Text der Einführung wieder durch, sodass dieser Teil des Katalogs nur mit etwas Mühe noch lesbar war. Zu den Katalogen, die eigentlich „artist's books" waren, schrieb André Kamber im Buch „Kunstausstellungen ‚Holderbank'", Bd. 2:

„Derrick Widmer bewahrte das Private. Diese Privatheit zeigt sich in ganz besonders reizender Form in den Ausstellungs-Begleitpublikationen. Von Widmer eingeladen oder mit der ihm eigenen Sanftmut genötigt, setzten sich die Künstler während der allerletzten Einrichtungstage notierend, katalogisierend, skizzierend, zum Teil kommentierend mit ihren Ausstellungen auseinander. Blatt für Blatt wurde kopiert, alles zusammengetragen, geheftet oder spiralgebunden. Die Auflage maß sich am Bedarf. Das Erscheinen erfolgte meist fortlaufend während den Vernissagen. Es sind einzigartige Kunstbücher entstanden, die heute bereits gesucht sind."

1960 gründete Daniel Spoerri, der Objektkünstler und Begründer der Eat-Art gemeinsam mit Yves Klein, Arman, César, Jean Tinguely und Niki de Saint Phalle die

Gruppe der „Nouveaux Réalistes". Die Forderung dieser Gruppe, ein Kunstwerk solle möglichst ohne Eingriff des Künstlers zu entstehen haben, setzte Spoerri im Kreise seiner Freunde am radikalsten um.

Daniel Spoerri wurde vor allem durch seine „Fallenbilder" („Tableaux-pièges") weltbekannt. Das sind auf Tischplatten fixierte Überreste einer Mahlzeit oder einer anderen zufällig vorgefundenen Situation (Arbeitstisch oder Flohmarkt- stand). Eingefangen wird damit ein Stück Alltagswirklichkeit wie in einer Falle.

Daniel Spoerri – muss man wissen – ist ein leidenschaftlicher Koch, dessen zentraler Glaubenssatz, verewigt in der Assemblage von 1969, lautet: „Wenn alle Künste unter- gehen, die edle Kochkunst bleibt bestehen." Im Pariser Goethe-Institut wurden 1990 „Hundert Kochrezepte (und mehr) in zehn Portfolios groß-, um- und abgeschrieben, gekocht und erfunden von Daniel Spoerri" gezeigt: Rezepte für Innereien, Herz und Lungen, Blut, Fett und die in der mediterranen Küche als Aphrodisiakum ge- schätzten Stierhoden, illustriert von Künstlerfreunden: pastos in Öl (C. L. Attersee), karikiert (B. Blume), fotografisch (K. Duwen), inklusive Fettflecken (K. Gerstner).

Daniel Spoerri mit Dieter Roth und Willy Rotzler.
Vernissage in Holderbank, 1985 © Leonardo Bezzola

Es gab und gibt jedoch auch konventionellere Kochrezepte von Spoerri.

So gab es beim Nachtessen an der Vernissage im sogenannten Wohlfahrtshaus (ein Name, der bei der Fabrikgründung 1912 noch nicht verstaubt tönte,
sondern vermutlich eine Art sozialer Errungenschaft darstellte) „Überraschung
aus Daniel Spoerris Suppentopf". Dabei konnte man aus verschiedenen an-
gebotenen Suppen – die entlang einer Wand aufgestellt waren – auswählen
und probieren:

- Kalte Joghurtsuppe mit Graupen und Minze
- Kürbissuppe
- Tomatensuppe
- Lauchsuppe (Poires et pommes de terre)
- Sauerampfersuppe
- Brunnenkressensuppe
- Knoblauchsuppe
- Spargelschalensuppe

Diese Rezepte konnte man auch kaufen, und zwar in einer grünen Schachtel mit
zehn Lithografien. Die Kochrezeptmappen wurden ab 1986 an zahlreichen Ausstellungen gezeigt, wobei nur zehn solche Mappen existieren. Auf dem Deckel
der dazugehörenden großen Schachtel, in die die Lithografien hineinpassten,
konnte man lesen: „Daniel Spoerri, zehn Suppenrezepte, schnell illustriert von
Fritz Schwegler, F. Conz, Verona 1984"

Die farbigen, verspielten Illustrationen auf der rechten Seite der Suppenrezepte
stammten von Fritz Schwegler. Dieser war seit 1962 freischaffender Bildhauer
und Teilnehmer an der documenta 5 (1972) und 8 (1987). Von 1975 bis 2001 war
er Professor für Kunst an der Kunstakademie Düsseldorf.

Der Küchenchef Gerber des Wohlfahrtshauses erhielt als Dank für die Herstellung
der Suppen aus Daniels Rezeptbuch zwei von zehn Lithografie-Suppenrezepten
aus dieser Schachtel, und mir schenkte Daniel Spoerri die restlichen acht der von
ihm in großer, schöner Schrift geschriebenen Rezepte, die auf der rechten Seite
des Blatts von Fritz Schwegler gekonnt illustriert waren.

Tobia Bezzola schrieb im Buch „Kunstausstellungen Holderbank", Bd. 1, das Folgende:

„Daniel Spoerris Name wird für immer mit der genialen Erfindung des ‚Fallenbilds‘ (‚Tableau-piège‘) verbunden bleiben. Darüber sollte aber der Reichtum seines Werks nicht vergessen werden, das sich stets an den Grenzlinien traditioneller Kunst bewegt, dort aber in frecher Originalität modernen Tanz, neue Musik, historische Forschung, experimentelle Kochkunst, avantgardistisches Theater und konkrete Poesie in einem spielerischen Gesamtkosmos vereint.

Geboren 1930 in Rumänien (Galati) als Daniel Isaac Feinstein, flüchtete Spoerri 1942 nach der Ermordung seines Vaters mit der Mutter in die Schweiz. Er wird von seinem Onkel Theophil Spoerri, dem Rektor der Universität Zürich adoptiert. Nach dem Abbruch verschiedener Berufslehren entdeckt er das Ballett. Er studierte klassischen Tanz und Pantomime in Zürich und Paris. Dort trifft er in den frühen Fünfzigerjahren Jean Tinguely wieder, den er aus Basel kennt. Gemeinsam entwickeln die beiden ein „Ballet en couleurs“, das sich allerdings anlässlich der Generalprobe in seine Teile auflöst. Spoerri zieht nach Bern und wird Solotänzer am Stadttheater. In einem Kellertheater der Altstadt inszeniert er Stücke von Ionesco und Picassos ‚Wie man Wünsche am Schwanz packt‘. Danach geht er als Regieassistent ans Landestheater in Darmstadt; es folgen Publikationen ideogrammatischer und konkreter Dichtung sowie Arbeiten über experimentelles Theater.

Ende der Fünfzigerjahre entstehen erste bildnerische Werke: Die früheste ausgestellte Arbeit ist eine Skulptur, die durch den Zufall verändert wird. Spoerri gibt alsdann die ‚Edition MAT‘ heraus, Multiples von Agam, Burry, Duchamp, Man Ray, Tinguely und anderen. Ende 1960 stellt er in Paris die ersten ‚Tableaux-pièges‘ aus: Vom Zufall auf einem Tischblatt, einem Stuhl, einer Schachtel versammelte Objekte werden mit Leim in ihrer Lage fixiert, das Ensemble wird durch eine Drehung um 90 Grad in ein Tafelbild, ein vom Zufall komponiertes Stillleben verwandelt.

In den Sechzigerjahren mischt Spoerri bei der Fluxus-Bewegung mit, lanciert die Eat-Art und eröffnet 1968 in Düsseldorf das Restaurant Spoerri, wo allerlei ausgefallene, von ihm komponierte Gerichte serviert werden. Seine Sammelleidenschaft führt ihn zur Entwicklung eines originellen Konzepts der kulturhistorischen Ausstellung, dem sogenannten ‚Musée Sentimental‘, welches er mit großem Erfolg in Paris (1977), Köln (1979), Berlin (1981), Basel (1989) verwirklicht.

Spoerri, traumtänzerischer Weltenbummler, war stets ein mächtiger Inspirator seiner zahlreichen Künstlerfreunde – André Thomkins, Ben Vautier, Dieter Roth, Karl Gerstner,

Jean Tinguely, Bernhard Luginbühl, Niki de Saint Phalle, Robert Filliou u. v. a. Von seinem pädagogischen Talent profitierten bald die Kunstakademien. Spoerri war Professor in Köln (1977–1982), Salzburg (1982–1983), Brest (1983), München (1983–1989) und in Wien (1987). Diese Ämter nutzte der Künstler gern zur Verwirklichung von Kollektivprojekten gemeinsam mit seinen Schülern. Ein Beispiel unter vielen: das Bankett ‚Hommage à Karl Marx', wo Namensvettern berühmter historischer Persönlichkeiten (Karl Marx, Friedrich Schiller, Marlene Dietrich …) zu einem Dîner mit Schillerlocken, Tournedos Rossini, Mozartkugeln etc. eingeladen wurden.

Spoerris Wirken als Objektkünstler, als Choreograf, als Werbeberater (für GGK, die Agentur Karl Gerstner), als Tänzer, Bühnenbildner (u. a. für Peter Zadek), als Regisseur, als Professor, als Dichter etc. hat im schöpferischen Zentrum immer das Thema, das ihn von Anfang an beschäftigt: den Zufall und seine mal zerstörerischen, mal segensreichen Wirkungen auf individuelle und kollektive Schicksale. Von Spoerris rastlosem Künstlerleben, das ihn von der Schweiz nach Frankreich, Deutschland, Holland, Griechenland und Italien und schließlich wieder nach Paris führte, bleiben die ‚Tableaux-pièges', die ‚Détrompe l'œil', die Bronzegüsse, die Brotteigobjekte, die Filme, Gedichte, Stempel und Bücher als Dokumente einer überbordenden Kreativität. Erst all das zusammen ergibt ein gültiges Bild eines Talents, das sich am kraftvollsten stets in der unmittelbaren Präsenz: als Tänzer, als Schauspieler, als Regisseur, als Koch, als Lehrer, als Erzähler offenbart."

Die Kunstkritikerin Annelise Zwez schrieb im „Zofinger Tagblatt" vom Juni 1985 unter anderem: *„Dass beim neuesten Katalog zu den Arbeiten von Daniel Spoerri (herausgegeben von der Stadt Reutlingen) ausgerechnet Luginbühl, Roth, Thomkins und Tinguely als Freunde mitwirkten, deutet auf Verbundenheit der in Holderbank ausstellenden Künstler. Dies erklärt auch die Auswahl des Konzerns, der sich damit für Künstler einsetzt, die internationalen Rang haben, aber als Menschen nicht die einfachsten sind und im Grunde alle in heftiger Opposition zur Machtposition von Konzernen stehen. Das Toleranzmaß ist denn auch jedes Jahr bis aufs Äußerste gespannt. Die Tatsache, dass an der Vernissage neben Daniel Spoerri auch Dieter Roth und Bernhard Luginbühl anwesend waren, deutet indes darauf hin, dass die Rechnung bisher am Ende doch für alle positiv ausfällt."*

Wie Frau Zwez richtig bemerkt, ist Daniel Spoerri weder Maler noch Bildhauer. Was ihn interessiert – er kommt ja vom Theater –, ist die Vielschichtigkeit und die Symbolik von Szenen mit lapidaren Gegenständen. Im Zentrum der Ausstellung waren die *„Krieger der Nacht"*. Wie Frau Zwez feststellt, sind dabei die Träger von

„Hals und Kopf" sehr oft Maschinen zum Zermalmen von Fleisch (Fleischwolf). *„Es gibt aber auch eine Vielfalt an ‚Messern' – zum Teil bäuerliche Werkzeuge –, die als Arme, Hörner, Helmzier eingesetzt sind. Dieses aggressive Potenzial wird noch verstärkt dadurch, dass die Stelen-artigen ‚Figuren' nach der Konstruktion vermessingt werden und dadurch glänzen wie ‚Trompetengold' – so der Titel der Ausstellung."*

Nachzutragen ist noch das Folgende: Ab 1990 ließ sich Spoerri in der Toskana nieder. In Seggiano (Provinz Grosseto) in der Nähe des Monte Amiata, wo er zwanzig Jahre lang wohnte, kaufte er ein großes Areal von 14 Hektar, auf dem er sukzessive den Skulpturengarten „Il Giardino" errichtete. In dem von Spoerri immer wieder erweiterten Skulpturenpark, eingebettet in die toskanische Landschaft, sind Werke von über fünfzig Künstlerfreunden zu sehen, wobei der Künstler selbst einen Teil seiner Skulpturen ausstellte. 2013 hatte es im Park total einhundertfünf Werke. Man findet im Park auch, als lebensgroßen Bronzeabguss, das legendäre „Chambre 13", das Zimmer 13 im damaligen Hotel Carcassonne in Paris, in dem der junge Spoerri 1959 bis 1965 hauste. Seine „Fallenbilder", die er so nannte, weil ihm mit diesem Trick ein Stück Alltagswirklichkeit „in die Falle" ging, wurden zu Ikonen der Kunst des 20. Jahrhunderts, so berühmt wie „Campell's Tomato Soup" von Andy Warhol, die „Pelztasse" von Meret Oppenheim oder die „Readymades" von Marcel Duchamp.

1991 fand eine Retrospektive im Kunstmuseum Solothurn statt. Gemäß einem Artikel von Romeo Giger im Feuilleton der NZZ vom 6. Mai 1991 verdient der außerordentlich nützliche Katalog, den André Kamber, in Anlehnung an Spoerris „Musée Sentimental", originellerweise als „sentimentales Lexikon" herausgebracht hat, in dem man unter den einschlägigen Stichworten alles Wissenswerte (vielfach von Freunden abgefasst) zu Person, Familie, Werksgattungen, Aktivitäten und Denkstil dieses „Kulturheros" (Bazon Brock) nachschlagen kann. Zudem hat der Philosoph Hans Saner eine lesenswerte Einführung beigesteuert.

Seit Anfang 2007 lebt Spoerri in Wien. 2009 erwarb er im niederösterreichischen Dorf Hadersdorf am Kamp zwei am Hauptplatz gelegene Häuser. Dieses Dorf befindet sich ungefähr eine Fahrstunde von Wien entfernt und ist mit seinen mittelalterlichen Häusern rund um den Hauptplatz ein denkmalgeschütztes Kleinod. Hier erwarb Spoerri zwei Gebäude, ein ehemaliges Kloster und das alte Stummfilmkino. Aus dem Kino entstand ein Esslokal im Sinne von Spoerris *Eat-Art*. Im Jahr 2010 errichtete er eine Stiftung mit dem Ziel, zeitgenössische Kunst und Kultur an Schüler und Jugendliche zu vermitteln. Dabei schenkte er dem Land Nieder-österreich neununddreißig seiner Werke im Wert von mehreren Millionen Euro.

Von Daniel Spoerri hörte ich zum ersten Mal zu Beginn meines Studiums in Bern. Mani Matter, der damals in der Schweiz noch kaum bekannte Dialekt(Berndeutsch)-Sänger und Liedermacher, war mein Nachbar und inspirierte seine Freunde, die sich meistens an Samstagen bei ihm zu Hause trafen, am Abend ein interessantes Stück in einem 1953 eröffneten Kellertheater in der Berner Altstadt zusammen anzusehen. An der Kramgasse 6 debütierte der 1. Solotänzer des Berner Stadt-theaters, Daniel Spoerri, als Regisseur mit der deutschsprachigen Erstaufführung von Eugène Ionesco „Cantatrice chauve" mit dem Titel „Die kahle Sängerin". Der Erfolg mit dem von deutschsprachigen Bühnen bis dahin gemiedenen Stück verlockte Spoerri zur Inszenierung von Pablo Picassos surrealistischem Drama „Le désir attrapé par la queue" oder „Wie man Wünsche am Schwanz packt". Bei diesem Stück trat auch die berühmte Künstlerin Meret Oppenheim in selbst hergestellten Kleidern auf. Mit Jean Tardieu „Die Sonate von drei Herren" setzte Spoerri seine Theaterarbeit fort. Ich selber habe damals als junger Mann nur die beiden ersten Inszenierungen gesehen. Ein Kleintheater in einem Keller war zu jener Zeit etwas ganz Besonderes und reflektierte eine Art Aufbruchstimmung in der Nachkriegszeit; diese lockte jüngeres Publikum, das jetzt Jeans und Pullover trug, in ein alternatives Theater in einem Altstadtkeller, wo avantgardistische Stücke mit Schauspielern und Schauspielerinnen in unkonventionellen Kostümen auf-geführt wurden. Ein frischer, freiheitlicher Wind blies plötzlich durch Berns alt-ehrwürdige Lauben.

Im Katalog einer Gedenkausstellung für André Thomkins in Hadersdorf am Kamp aus dem Jahr 2001 schrieb Daniel Spoerri:

„1956 inszenierte ich in Bern in einem kleinen Kellertheater an der Kramgasse, das noch heute bespielt wird, die deutsche Erstaufführung der ‚Kahlen Sängerin' von Eugène Ionesco. Ich hatte versucht, es zu übersetzen, aber mein Zürcher Freund Serge Stauffer hatte es schon vollbracht – wie er auf Ionesco kam, ist mir heute schleierhaft. Es war Ionescos erstes Theaterstück und wurde in Paris aufgeführt, ebenfalls in einem winzigen Theater: ‚Caveau de la Huchette'. Egal – ich war von Ionesco fasziniert, hingegen lang-weilte mich das offizielle Operettenprogramm, das ich als Solotänzer im Stadttheater Bern abtanzen musste (abgesehen davon, dass ich natürlich geschmeichelt war, von den Gymnasiastinnen der nahen ‚Höheren Töchterschule' angehimmelt zu werden).

Meine Freunde waren schon damals Jean Tinguely, Eva Aeppli, Dieter Roth und Bernhard Luginbühl, und ich hüpfte noch im ‚Weißen Rössl‘ und konnte als Alibi für höheres Streben lediglich einen Tanzabend vorweisen mit Gluck, Petruschka und Strawinsky, den das kleine Gebrauchsballett sich mit Extraproben und viel Idealismus abrang. Dabei hatte ich mich in Paris von Erstausgaben der Surrealisten ernährt: Tristan Tzara, Apollinaire, Rigaut, Eluard waren meine Leibspeise.

Es traf sich gut, dass im selben Haus, in dem ich im Dachgeschoss wohnte, unten das kleine Kellertheater gerade vor zwei Jahren gegründet worden war, in der Hoffnung, etwas Leben in das verschlafene Beamtenstädtchen Bern zu bringen. Da kam ich mit Ionescos Stück, eine absurde Parodie auf die spießige Bürgerlichkeit, gerade recht. Der kleine Erfolg in unserem inoffiziellen Milieu gab mir den Mut, ein neues, ambitiöseres Projekt anzupacken, ein kurzes, seltsames Stück, das Picasso im Krieg in einigen Tagen geschrieben hatte: „Wie man Wünsche am Schwanz anpackt". Es war gerade als kleines Büchlein im Arche Verlag erschienen, übersetzt von Paul Celan. Ich hatte inzwischen Meret Oppenheim kennengelernt, die auch in der Altstadt ein kleines Atelier hatte.

Beide fanden wir (als ignorante Banausen) die Übersetzung nicht ‚picassogerecht‘. Natürlich hatte Celan ein eigenes Werk daraus gemacht, aber eine werkgetreue Übersetzung war es nicht. Also machte Meret sich daran, die Wünsche aus dem Französischen ins Deutsche zu überwünschen. Otto Tschumi, ein brummeliger genialer Maler (mit dessen Frau Beatrice ich in ihrer Tanzschule Kurse gab), malte die Dekors (bei 6 m² großer Bühne sollte man besser von einigen Versatzstücken sprechen), ich sprach und mimte den ‚Klumpfuß‘, Nusch Bremer, deren Mann Claus mit mir die dramaturgische Interpretation ausgearbeitet hatte, gab die Torte, die laut Regieanweisung nackt sein sollte, was damals völlig undenkbar war, aber Meret erfand ein Kostüm mit Strapsen für die Darstellerin, mit dem sie aussah wie eine Bordellnutte aus einem damaligen französischen Film. Für jene Zeit waren wir ganz gut. Noch heute würde ich die Inszenierung nicht anders machen. Die kurzen Szenen endeten immer im Chaos; alles brach zusammen, die Schlussfolgerung war: Du sollst nicht wünschen; lebe im Augenblick; packe die Wünsche am Schwanz; jetzt – nicht später! Heute, nicht im Himmel! Bei der Vernissage von Picasso demonstrierten übrigens Studenten vor dem Eingang. Russland war in Ungarn einmarschiert und schlug (wie später in Prag) die Freiheitsbestrebungen nieder – das war 1956; Picasso war noch ein Schimpfwort der Moderne, und er war – schlimmer noch – bekennender Kommunist, also schuldig an Ungarn, folglich waren wir die bösen Unterstützer der noch schlimmeren Kommunisten, Linken, Russen etc.

Daniel Spoerri machte auf mich bei der Vorbereitung der Kunstausstellung 1985 mit seinem fabelhaften Gedächtnis, seiner hohen Intelligenz und seinem ungeheuren kulturellen Wissen und als ganz großes Multitalent einen tiefen Eindruck. Jeanne-Claude Christo erzählte mir einmal bei einem Nachtessen Ende der 1990er-Jahre in New York, dass sein Potenzial und seine Leistung für die Kunstwelt leider immer noch zu wenig erkannt seien. Im Anschluss an die große Verbrennungsaktion von Bernhard Luginbühl in Basel 2001 hatte ich die Ehre, nach diesem spektakulären Ereignis in einem Basler Restaurant mit der Familie Luginbühl und meiner Frau neben Daniel Spoerri zu sitzen und ihm die positive Meinung von Jeanne-Claude über ihn zu vermitteln. Er erklärte mir sinngemäß, dass seine Fallenbilder und Skulpturen meistens keine harmonischen und angenehmen Assoziationen auslösen würden – wie zum Beispiel ein echtes scharfes Messer, das den gemalten Kopf auf einem Bild durchdringt –, was für seine Popularität in der Kunstwelt nicht besonders förderlich sei. Ein Messer auf einem niedlichen Bildnis gelegt, lässt plötzlich Gefahr, ja Mord erahnen! Immerhin war Spoerri bereits 1961 in der Ausstellung „The Art of Assemblage" im New Yorker Museum of Modern Art vertreten, und eine Arbeit von ihm wurde in der Folge vom MoMA angekauft. Leider hatte ich die Gelegenheit verpasst, 1985 in Holderbank eine Bronzefigur der „Krieger der Nacht" selber zu kaufen, was schon im Hinblick auf die großen Preissteigerungen seiner Werke in den letzten Jahren bedauerlich ist.

Kunstausstellungen müssen gut versichert sein, da Beschädigungen der Kunstwerke immer wieder vorkommen. Für die Spoerri-Ausstellung hatte uns Karl Gerstner eines seiner Spoerri-Bilder ausgeliehen. Leider fiel beim Rücktransport eine verdorrte Zitrone vom Bild. Ein eher ungehaltener Karl Gerstner rief uns daraufhin an. In der Folge kümmerte sich ein Restaurator des Kunsthauses Zürich um die verloren gegangene Zitrone. Da wir unsere Bilder immer gut versichert hatten, konnte die unangenehme Angelegenheit schlussendlich reibungslos erledigt werden.

Einige Tage vor der Vernissage besuchte meine Frau mit der damals dreijährigen Tochter Laura die sich in Vorbereitung befindliche Ausstellung in Holderbank. Sie verstand sich sofort gut mit dem sehr kultivierten und belesenen Künstler, der an einer langen, ganz dünnen silbrigen Kette auf seinem Rücken ein kleines Auge aus Email trug. Sie sagte Daniel, dass sie dieses Auge originell finde. Spontan schenkte er ihr diesen sehr speziellen Schmuck, den sie auch heute noch von Zeit zu Zeit trägt.

Achtundzwanzig Jahre später, am 7.4.2013 wurde ich mit meiner Frau an einer Vernissage von Daniel Spoerri im „Alten Schlachthaus" in Burgdorf von Ursi Luginbühl eingeladen. In der sechs Meter hohen Halle, wo einst tote Kühe, Schweine und Schafe an Laufrollen zur Weiterverarbeitung hingen, sind die entsprechenden Vorrichtungen noch vorhanden. Zwei der bekanntesten Luginbühl-Skulpturen sind heute zu sehen: der Atlas „Zwilling", der auf Knopfdruck einen Auslegearm hebt und eine mächtige Kugel auf Laufschienen hin- und zurückrollen lässt. Daneben steht die „Pferdeschädelwand auf Rädern", die Tod und Vergänglichkeit ausstrahlt. Luginbühl zitierte gerne das Bonmot, dass er schon als Bub mit Schweineblasen Fußball und mit Kuhaugen Murmeln gespielt habe. Burgdorf ist ein Ort, den sich Bernhard Luginbühl geschaffen hat als Hort eines Teils seines Werkes und um seine Freunde als ausstellende Gäste in „seinem" Haus zu Wort kommen lassen. Diese Tradition setzt nun seine Familie fort. In den oberen Räumen stellt Spoerri seine Bilder mit Ansammlungen von gefundenen Gegenständen, aber auch zusammengesetzte dünne Eisenplastiken (Hutmodelle mit Baumsägen) aus. Es sei angefügt, dass Luginbühl noch zu Lebzeiten den Skulpturenpark im Gelände rings um sein Bauernhaus in Mötschwil (bei Burgdorf) ebenfalls in eine Stiftung eingebracht hat.

Die beiden Künstler lernten sich 1954 in Bern kennen, und es entstand eine Freundschaft fürs Leben. So kann Spoerris häufig zitierter Satz *Das Beste an mir sind meine Freunde!* für alle gelten. Darum ist, was für den Sommer 2013 gilt, „Spoerri zeigt Luginbühl in Hadersdorf am Kamp, zu dem auch eine Scheune, ein Innenhof und ein großer Garten gehören", „Luginbühl zeigt Spoerri in Burgdorf", logische Folge von Freundschaft und gegenseitiger Wertschätzung.

An dieser Ausstellung in Burgdorf traf ich auch einen alten Bekannten, Gustav Grisard, Unternehmer und Kunstsammler. In seiner bemerkenswert schönen privaten Sammlung befinden sich Arbeiten von Spoerri. Deshalb wünschte er, dass diese ins Werkverzeichnis des Künstlers Eingang finden; Spoerri selbst verwies ihn auf die ebenfalls anwesende Barbara Räderscheidt (Objektkünstlerin und Kunstvermittlerin), die für sein Werksverzeichnis zuständig ist. Ich fragte die freundliche Dame sofort, ob sie die Tochter des aus Köln stammenden Künstlers Anton Räderscheidt sei. Sie erklärte mir, dass sie die Enkelin dieses Künstlers sei, und zwar aus der Familie, die der Großvater Anton Räderscheidt in Köln verlassen hatte. Diesen gut aussehenden Künstler kannte ich von den Besuchen bei uns zu Hause in Bern, als ich noch ein Kind war. Er wurde von meinem Vater verehrt und erhielt Aufträge von ihm, so wie ich dies im Kapitel „Erste Begegnungen mit der Kunst" beschrieben habe. Neben Bildern bestellte mein Vater für unseren Garten in Bern auch eine ungefähr einen Meter hohe abstrakte Plastik von Räderscheidt. Da das gewählte Material dem Regen auf die Länge nicht standhielt, bröckelte sie nach und nach ab.

Nachzutragen ist noch eine persönliche Geschichte im Zusammenhang mit *Eat-Art* von Bernhard Luginbühl:

Im Swiss Institute in New York fand 1995 eine Ausstellung mit dem Titel „CHOCOLATE" statt. Im für diese Ausstellung verfassten Katalog schrieb die damalige Leiterin, Karin Cuoni, unter anderem: *„One of the most spectacular instances of chocolate being used as art occurred in 1977 when the Centre Pompidou in Paris was inaugurated with a gigantic monster, the Crocrodome, conceived by Bernhard Luginbühl and Jean Tinguely. The sculpture featured several mini-monsters in its belly and a roller-coaster track complete with train. One of the giant animal's legs was covered with a thick layer of chocolate, accessible only to children's hands."*

Im erwähnten Katalog schrieb Ingrid Schaffner im Kapitel „**A chocolate art history**" unter anderem: *„Restaurant Spoerri was located below the gallery the artist ran in Düsseldorf, called Eat Art. Together, the two spaces served as a locus for Fluxus and Nouveau Realism (a European brand of Pop Art) activities involving food. The program included invitational exhibitions, installations, meals and multiples. For example, Spoerri consigned Jasper Johns, Lucio Fontana, and Frank Stella, among others, to design cakes for a 1970 Eat-Art-Banquet prepared by professional chefs. Sometimes chocolate was featured in the program, as when Bernhard Luginbühl, Jean Tinguely's Swiss colleague, created Schoggiflügelmutterfigur, an edition of chocolate propellers, in 1970."*

1975 kaufte ich selber eine Schoggiflügelmutterfigur zusammen mit einem kleinen, dazugehörenden Kupferstich dieser Figur. Davon gab es insgesamt dreißig Stück (auf weißem Holzsockel mit Plexiglashaube. 45 × 50 × 18 cm). Diese stellten wir bei uns zu Hause in eine dunkle Zimmerecke auf ein Büchergestell. Fast zwei Jahre lang war in diesem Zimmer stets ein feiner Schokoladengeruch feststellbar. Erstaunlicherweise blieb diese Schokoladenfigur am gleichen Ort zwanzig Jahre lang gut erhalten, im Gegensatz zu den meisten übrigen neunundzwanzig Figuren, die durch Sonneneinstrahlung teilweise abschmolzen oder von Würmern zerfressen wurden. Deshalb erhielten wir vom Swiss Institute in New York eine Anfrage von Frau Kuoni, ob wir dieses Kunstwerk in ihre Schokoladen-Ausstellung 1995 senden würden. Ich erkundigte mich, bei Bernhard Luginbühl, ob ich dies tun solle und ob die Figur transportfähig sei. Dieser meinte, er sehe keine Gefahr für den Transport, und noch am gleichen Tag kam die Transportfirma und verpackte das Kunstwerk sorgfältig. Meine Frau, die kurze Zeit danach nach Hause kam, machte mir Vorwürfe, so ein fragiles Kunstwerk nach New York zu senden. In meiner Verzweiflung, etwas Falsches getan zu haben, telefonierte ich sofort mit Ursi Luginbühl, die mir von einem Transport der Schokoladefigur abriet. Der Camion mit dem Kunstwerk war aber gerade abgefahren. Sieben Tage später rief mich Frau Carin Kuoni aus New York an und erklärte mir, dass es ihr sehr leidtäte, mir mitteilen zu müssen, dass die Figur beim Transport in mehrere Stücke auseinandergebrochen sei. Bärni erklärte mir, dass er die Figur so zusammensetzen könnte, dass er daraus im Tessin eine Bronzefigur gießen lassen könnte. Da das Gießen in Bronze eine ziemlich teure Sache geworden wäre, nahm ich von diesem freundlichen Angebot Abstand.

Am 18.12.1995 schrieb Carin Kuoni aus New York: *„In der Beilage schicke ich Ihnen drei Kopien des Ausstellungskatalogs ‚Chocolate', dessen Herausgabe durch finanzielle Schwierigkeiten verzögert wurde. Ich möchte nochmals mein Bedauern darüber ausdrücken, dass Bernhard Luginbühl nur im Katalog abgebildet ist und nie in der Ausstellung gezeigt werden konnte. Ich wäre natürlich ungeheuer erleichtert zu erfahren, ob Sie aus den Fragmenten wieder eine Mutterfigur herstellen könnten. Ihr Besuch in unserer Galerie, die ich aus unserem Gästebuch entnahm, hat mich sehr gefreut. Ich wäre Ihnen dankbar, wenn Sie einen Katalog an Herrn Luginbühl mit dem Ausdruck unseres tiefen Bedauerns überreichen könnten."*

Von 1995 bis 2012 stand diese Figur, vom Transportunternehmen noch halbwegs eingepackt, in einer Ecke unserer Garage, da ich es nicht übers Herz brachte, die Figur zu entsorgen. 2012 erzählte mir mein Sohn Nicolas, Zahnarzt in Bern, dass er einen Patienten habe, der Künstler und „Bricoleur" sei und der bereit wäre, die Figur, soweit möglich, zu flicken. So steht nun diese leicht havarierte Eat-Art-Figur (und mit dem gerahmten Kupferstich längst vergangener Zeiten) in neuen Ehren im Wartsaal einer Berner Zahnarztpraxis zur Freude von kunstliebenden Patienten und Patientinnen.

Am 20.8.1985 schrieb Daniel an meine Frau Susi und mich: *„Am Samstag, den 31. August ab 12 Uhr morgens laden Edith und Paul Talman sowie Daniel Spoerri, Galerie*

Littmann, nach Ueberstorf ein (Autor: Schloss von Talman). *Wenn man Gründe zum Feiern braucht, wäre das umgebaute Stallgebäude einer; die Tatsache aber, dass Daniel im alten Schulhaus schon seit Anfang Monat seine Kuttel-, Hirn-, Hoden- und Blutrezeptluxusbücher vorbereitet. In diesem Stil werden wir, Luginbühl und Hofkunst, Sie beköstigen. Für all jene der folgenden, über zweihundert herzlich eingeladenen Gäste, die sich bei Fraß schütteln, steht ein Cassoulet de Carcassonne bereit: guten Appetit!"*

Am 12.12.1994 erhielt ich eine Postkarte von Daniel mit der Abbildung seines Werks „Les Lépreux d'Islande et de Groenlande" (1989): *„Salute + Schöne Tage wünsche ich Euch und dank für die 2 kg schwarz bedrucktes schönes Papier und bitte um noch ein Exemplar nach Italien: il Giardino, I. 580385 Seggiano.GR. und Grüße an Susi und Tochter + so weiter. Salute Daniel"*

Die Eröffnung der Ausstellung in Holderbank
© Leonardo Bezzola

DIETER ROTH & INGRID WIENER (1942) & BJÖRN UND VERA ROTH

„BILDER- & TEPPICHAUSSTELLUNG" AM 1. MAI 1987 – NR. 6

Begrüßung: Derrick Widmer; Einführung: André Kamber;
vom Künstler gestalteter fotokopierter Katalog,
Derrick Widmer zugeeignet

Am Freitag, 1. Mai 1987 wurde diese zweite Ausstellung von D. R. um 18.00 Uhr eröffnet. Um 19:00 Uhr gab André Kamber, Direktor des Museums Solothurn eine sehr gelungene Einführung in die ziemlich große Ausstellung mit Bildern und eine Teppichausstellung im Ausbildungszentrum sowie im 4. Stock des damaligen Hauptgebäudes. Das Nachtessen fand in der Kantine um 19.45 Uhr statt.

Unmittelbar neben dem Eingang zum Ausbildungszentrum hing an der grauen Betonwand ein riesiger farbiger Gobelin-Wandteppich, der Dieter Roth lebensgroß und sitzend mit einer Schiebermütze zeigte. Ein unglaublich eindrückliches Bild, das zwar Ruhe ausstrahlte, das einen jedoch immer wieder magisch anzog.

Kurz nach der Eröffnung stellte ich fest, dass der Industrielle und Kunstsammler Franz Wassmer aus Ennetbaden von diesem Wandteppich-Bild ebenso fasziniert war wie ich selber. Er erklärte mir, dass er seit einiger Zeit ein Poster (aus einer Ausstellung) von diesem Bild besitze und seither davon begeistert sei. Er fragte mich kurz nach der Eröffnung der Ausstellung, ob man diesen Teppich kaufen könne und zu welchem Preis. Ich zeigte ihm in einem Nebenraum die vielen – zum Teil gerahmten – Vorarbeiten, die mit dem Wandteppich zusammen verkauft wurden, und nannte ihm den stolzen Preis für das Gesamtwerk. Da es eine für die damalige Zeit hohe Summe war, erklärte ich ihm, dass ich vielleicht mit Roth noch um eine Preisreduktion feilschen könnte; Franz Wassmer erklärte jedoch, dass er bei Künstlern nie den Preis drücken würde; somit gehörte der Bild-Teppich mit sämtlichen Vorarbeiten ihm. Wie mir Franz Wassmer vor zwei Jahren erzählte, hat er diesen wunderschönen Teppich dem „Museum of Modern Art" in New York geschenkt. Auch dem Aargauer Kunsthaus schenkte er vor einigen Jahren Wandteppiche von D. R.

Wer hat diese wunderbare farbenprächtige Gobelinarbeit mit dem Porträt vom sitzenden Dieter Roth in harter Arbeit erschaffen?

Es war die 1942 in Wien geborene Künstlerin Ingrid Wiener, die 1958–1962 bei Aufführungen der „Wiener Gruppe" (Achleitner, Bayer, Rühm) und in Experimental-filmen mitwirkte. Sie war vielfältig mit den dortigen „Aktionisten" (Brus, Mühl, Nitsch) verbunden. 1969 übersiedelte sie mit ihrem Ehemann Oswald Wiener nach Berlin, wo sie die Künstlerlokale (Matala, Exil und Ax Bax) mitbegründete und bespielte. Sie hatte auch Auftritte in den frühen Achtzigerjahren im Lokal „SO 36" Martin Kippenbergers (dieser versuchte dort einen Brückenschlag zwischen Punk, New Wave und Kunst). Sie traf in Berlin Hundertwasser, Dieter Roth und Max Frisch. 1986 übersiedelte sie nach Dawson City, Yukon (fast in Alaska), Kanada. Der Goldrausch von Dawson City fand durch den Schriftsteller Jack London Eingang in die Weltliteratur. Von 1974 bis zum Tode von Dieter Roth entstanden eine Reihe großformatiger handgeknüpfter Gobelins, die Ingrid Wiener nach Vorlagen anfertigte, welche ihr Roth aus Island und seinen wechselnden Wohnsitzen zustellte. Bei diesen Vorlagen handelte es sich um Notizzettel, Bilder und Skizzen.

Die Galeristin Barbara Wien in Berlin hat mich darauf aufmerksam gemacht, dass der Beitrag von Ingrid Wiener an dem Gelingen dieser Gobelins nicht genug herausgestrichen werden kann. Sie war nicht nur als fleißige und geniale Weberin tätig, sondern hat durch ihre Briefe und Videos an Dieter die Kollaboration am Laufen gehalten. Und – ganz wesentlich: Es war eine echte Kollaboration – beide Künstler, Wiener und Roth, haben die jeweiligen Konzepte zusammen entwickelt, und beide haben ihre Bildideen eingebracht! Und das steigerte sich in jedem Teppich. Dieter wollte eine echte Kollaboration entwickeln – und nicht das Klischee bedienen, dass er sich die Motive ausdenkt und die Frau sie dann webt. Solche antiquierten, frauenfeindlichen Vorstellungen von genialem Mann und hand-werkelnder Frau hat Roth nie bedienen wollen! Außerdem: Roth und Wiener haben mit ihren Kollaborationen die vorherrschende Hierarchiemeinung, dass das „Kunsthandwerk" nicht so edel sei wie die „Kunst", einfach ausgehebelt.

Dieter Roth im Kunstmuseum Basel,
1976 © Leonardo Bezzola

Im Gegensatz zu Ingrid Wiener lernte ich ihren ebenfalls berühmten Mann Oswald Wiener nie kennen. Wie ich aus Wikipedia ersehen konnte, war er 1968 einer der Teilnehmer an der Aktion „Kunst und Revolution (Uni-Ferkelei)" am 7. Juni an der Universität Wien, einem der Höhepunkte der Studentenbewegung 1968 in Österreich. Er wurde deswegen zu sechs Monaten Gefängnis verurteilt. Nach seiner Flucht aus Wien 1969 – es drohte ihm in Österreich auch ein Verfahren wegen „Gotteslästerung" – lebte er bis 1986 als Gastwirt in Berlin. Er studierte dort von 1980 bis 1985 Mathematik und Informatik an der TU Berlin. Er war auch literarisch sehr aktiv, und sein Hauptwerk: *„die verbesserung von mitteleuropa, roman"* wurde 1969 bei Rowohlt und 1985 als Neuausgabe veröffentlicht. In der Auseinandersetzung unter anderem mit Ludwig Wittgenstein setzt sich der Text in vielfältiger Weise mit der Allmacht der Sprache auseinander und inwiefern durch diese das Bewusstsein manipuliert wird. Dieses Buch wurde auch schon als Anarchisten-Roman bezeichnet und war unter den Intellektuellen der 1968er-Generation populär. Gemäß der NZZ (26.7.2014) war dieser Klassiker einer der letzten literarischen Avantgarden im Europa des 20. Jahrhunderts und zudem ein Dokument der fantasiebewegten Subversion unmittelbar vor 1968.

An der Ausstellung wurden auch Bleistiftzeichnungen und sogenannte Matten von D. R. gezeigt.

Zu den Bleistiftzeichnungen äußert sich Roth im Katalog wie folgt: *„zum Beispiel 1–17 habe ich gemacht, wenn ich nichts anderes mehr tun konnte, als blindlings auf Papier herumfahren; krank – im Kater oder wenn grippig – hergestellt, im Nebel, sind sie mir aus dieser Unklarheit nie aufgetaucht."*

„Die Matten aber kann ich besprechen: Sie haben anfangs nur die Spuren meiner häuslichen Tätigkeit gezeigt, indem das Herabfallende & Wegtropfende auf ihnen aufgefangen wurde. Sie dienten als Unterlagen in 2en meiner Haus-Departements, Kochen & Essen und Malen & Kleben. Vom Esstisch weg nahm ich sie früher, leicht gefleckte, ins Mal- & Klebe-Departement. Wo sie, wie von selbst, stark gefleckt und beschmutzt wurden. (Es gibt eine Mattenart, die im Büro-Dept. entsteht. Dort kommt zu allerlei Flecken Gekritzel, und neben automatisch – könnte man sagen – Gezeichnetem und Verschmiertem ist das Kleinskizzierte getreten;"

Frau Heidi Häfeli (heute Nietlispach) erinnert sich an die folgende Matten-Geschichte: *„Bei seiner Ausstellung im Jahre 1987 stellte D. R. einige seiner Matten aus (Format 80 × 100 Zentimeter) Eine davon war aus relativ dicken Holzplatten zusammengezimmert und sehr schwer. Am Montag nach der Vernissage wurde mir telefonisch mitgeteilt, dass dieses Bild im Ausbildungszentrum auf den Boden gefallen und kaputt sei. Tatsächlich, der Bruch ging quer durch das Bild. D. R. war sofort zur Stelle, und wir beförderten das auseinandergefallene Bild in die damals noch existierende Werkstatt, wo D. R. mithilfe von Hammer und Nagel das Bild auf der Rückseite wieder zusammenfügte. Auf der Vorderseite war der Bruch noch gut sichtbar. D. R. beauftragte mich, für ihn eine Dose Farbe zu holen – auf einem andern Bild hatte er ein Depot mit Farbdosen angelegt. Auf meine Frage, was für eine Farbe, meinte D. R., einfach eine Farbe, die mir gefalle. Für mich war dies eine Art Herausforderung, und so brachte ich ihm ein knalliges Pink, in der Meinung, diese Farbe würde er nun wirklich nicht mögen und dann selbst eine passende holen. Aber nein, er öffnete den Verschluss, tröpfelte die Farbe einfach auf das Bild, nahm einen Pinsel zur Hand und verteilte die Farbe „locker vom Hocker" darauf. Ich schaute mit großen Augen zu und tatsächlich, das Bild war wieder im Lot, das Pink schien schon immer dort gewesen zu sein, und die Matte konnte wieder an die Wand gehängt werden."*

Zu meinem großen Schrecken glänzte D. R. an dieser Ausstellung 1987 durch Abwesenheit, was selbstverständlich auf Unverständnis bei uns und auch bei den Besuchern stieß. Sein Sohn Björn mit Frau und Kind waren jedoch anwesend.

Aus Kostengründen ging es beim Abendessen in der Kantine etwas weniger lukullisch zu und her als in früheren Ausstellungen. Aber immerhin: Es gab feines Risotto mit gemischtem Salat, guten Wein und zum Dessert Küchenchef Gerbers berühmte rauchende Glace. In einem speziellen Behälter trug das Servierpersonal hervorragende „ice creams" herum, die mit Trockeneis vermischt waren, sodass dadurch eine bemerkenswerte weiße „Nebelwolke" über dem Boden entstand.

Diese Ausstellung 1987 in Holderbank wurde von der Kunstwelt stärker als diejenige von 1983 zur Kenntnis genommen. Auch die Anzahl der Verkäufe der Teppiche, Bilder, Matten und Bleistiftzeichnungen war größer als erwartet, sodass die Ausstellung in jeder Beziehung erfolgreich war.

Beim Aufbau der Ausstellung erklärte D. R. aus eigenem Antrieb, dass er uns fünf Prozent des Verkaufserlöses als Vermittlungsgebühr in Form von Bildern zurückerstatten werde. Zu unserer großen Überraschung konnte D. R. fast für eine CHF-Million Kunstwerke verkaufen. Für die beinahe CHF 50'000, die wir von ihm somit zugutehatten, konnten wir, nach seinen Angaben zum halben Preis, ungefähr fünfundzwanzig Lithos kaufen. Es war allerdings nicht klar, auf welcher Grundlage er den halben Preis berechnete, da damals kein eigentlicher Markt für D.-R.-Werke bestand. Wir ließen diese Bilder rahmen und stellten sie im ersten Stock und in den Büros des Ausbildungszentrums auf und hatten dadurch eine erstklassige wunderschöne Grafiksammlung. Von den Lithos waren – im Gegensatz zu den übrigen D.-R.-Werken – fast alle Mitarbeiter begeistert. In der Folge gab es von Zeit zu Zeit Sammler oder Kunstliebhaber, die sich am Empfang meldeten und die dann diese hochkarätige Sammlung betrachten konnten. Bei runden Jubiläen von Mitarbeitern kauften wir D. R. sehr günstig auch Lithos ab und verschenkten diese an die Jubilare.

Mehr als ein Jahr vor der oben beschriebenen Ausstellung vom 1. Mai 1987 war Dieter Roth im Januar 1986 in einen Skandal an einer Fernsehsendung verwickelt, der die Presse – mindestens die Boulevardpresse (ich habe die Zeitungen bis heute aufbewahrt) – tagelang in Atem hielt:

Im „SonntagsBlick" vom 12. Januar 1986 wurde auf zwei Seiten ein Interview mit Dieter Roth von Robert Naef abgedruckt. Ein kleiner Ausschnitt daraus:

… *Und Island selbst?* **Roth**: Bedeutet Großzügigkeit, Ruhe.

Was hält Sie denn in Basel? **Roth**: Die rein finanzielle Lebenstechnik. In der Schweiz kann ich meine Bilder verkaufen, in Island nicht. Davon lebe ich. Und damit finanziere ich die Literatur, die ich schreibe.

Schreiben Sie lieber? **Roth**: Ja, aber ich kann, was ich male, besser verkaufen.

Warum? **Roth**: Weil ich ein paar gute Freunde habe, die meine Bilder regelmäßig kaufen.

Mäzene? **Roth**: Ja. Ich habe mich jahrelang mit Galeristen abgegeben, mit Kunsthändlern also, aber das ist nie gut gegangen. Das war eine Katastrophe.

Und von Ihren Bildern leben Sie? **Roth**: Ich kann nicht nur leben davon, ich kann auch meine Bücher herausgeben.

Geschockt waren viele Zuschauer sicher, als Sie der Köchin Elfie Casty einen unsittlichen Antrag machten. **Roth**: Und wie lautete er?

Sie boten sich ihr an – fürs Bett. **Roth**: So. Ah.

Schämen Sie sich nicht? **Roth**: Ich kann mich nicht mehr erinnern.

In der Tageszeitung „Blick" war am 14. Januar 1986 die erste Seite vollständig Dieter Roth „gewidmet": Die 2,5 Zentimeter dicke und rot unterstrichene Schlagzeile lautete: **„Schweizer Bühnen-Stars protestieren gegen TV-Skandal"**. Und weiter: *„Acht Schweizer Bühnengrößen, darunter Ruedi Walter, Walter Roderer und Hans Gmür, haben bei TV-Programmdirektor Ulrich Kündig scharf Protest gegen die letzte ‚Ziischtig-Club'-Sendung eingelegt und eine Entschuldigung bei den Zuschauern verlangt."*

„In dieser Sendung, bei der es um Essen und Trinken ging, sorgte der Basler Künstler Dieter Roth für einen Skandal. Er beschimpfte seine Diskussionsteilnehmer als „dummi

Sieche" und „Idioten", soff während der Sendung aus der Flasche, machte einer Diskussionsteilnehmerin einen unsittlichen Antrag und ging mitten in der Sendung hinaus, um, wie er sagte, zu „seichen". Dabei machte er mit den Fingern Bewegungen am Hosenladen. Der Auftritt Roths war von der TV-Leitung prompt gedeckt worden. Dagegen, und auch weil man die Sendung als Aufzeichnung ausstrahlte, ohne etwas zu schneiden, protestierten auch Stephanie Glaser, César Keiser, Margrit Läubli, Max Rüeger und Jörg Schneider. Sie schlossen sich damit den vielen Hundert TV-Zuschauern an, die schon während der Sendung empört beim Fernsehen und auch beim BLICK anriefen. Das TV DRS stellte sich auf den Standpunkt, der ‚Ziischtig-Club' verstehe sich als ‚freies Forum', in dem jeder so sein kann, wie er ist."

Am 15. Januar 1986 war der „Skandal" um Dieter Roth dem Blick immer noch dicke Schlagzeilen auf der ersten Seite wert: „TV-Boss Kündig zur ‚Suff-Sendung': Eine ‚Entgleisung', ‚geschmacklos', aber „... wir müssen die TV-Freiheit schützen." Gleichzeitig sagte Kündig, die Reaktionen auf diese geschmacklosen Pannen seien übertrieben gewesen: Auch die Freiheit des Fernsehens, das Lebhaftigkeit in seine Sendungen bringen wolle, sei zu schützen. „Wir haben jetzt dreißig ‚Ziischtig-Clubs' hinter uns, ohne dass so etwas passiert wäre. Jetzt ist da eine Entgleisung passiert."

Am 16. Januar 1986 verlagerte sich der Skandal bereits auf Seite 2 und 3; Fall Roth: Ruedi Walter greift TV-Mann an, beziehungsweise Blick-Leser zum TV-Skandal: „TV-Säufer Roth steckt in jedem Schweizer!"

Am 17. Januar 1986 war auf Seite 2 und 3 nichts mehr von Roth zu lesen. Hingegen war auf Seite 3 eine hübsche, halb nackte junge Frau zu sehen und darüber stand: „Das Wort zum Freitag von Maria: Ich habe ein neues Verhütungsmittel: Ich gehe mit Lockenwickler ins Bett." Erst auf Seite 5 stand: „Letzte BLICK-Lesermeinungen zur Suff-Sendung": „Die Schuld am Roth-Debakel trägt allein das Fernsehen!" – „Aus den unzähligen Leserbriefen zur ‚Suff-Sendung' geht klar hervor: Die BLICK-Leser verzeihen dem Künstler Roth seinen Auftritt, doch mit TV DRS gehen sie hart ins Gericht: Es hat wieder einmal versagt! Die Sendung, eine Aufzeichnung, hätte niemals ausgestrahlt werden dürfen."

Am 16. Januar 1986 publizierte DIE WELTWOCHE einen seriösen und gut recherchierten Artikel mit der Überschrift: „Sensibler Elefant im Porzellanladen seiner Gefühle – Hinter dem Rabauken aus dem „Ziischtig-Club' verbirgt sich einer der bedeutendsten Künstler der Schweiz". Ein paar Auszüge aus diesem Artikel:

„Roth", so Emil Wartmann, Pächter des Basler Bahnhofbuffets und größter schweizerischer Privatsammler von Roth-Werken der Schweiz, „will alles besessen auf die Probe und die Kunst immer wieder infrage stellen. Wenn er das Gefühl hat, ein Netz wird über ihn geworfen, bricht er berserkerhaft aus." Das praktizierte er auch in der Fernsehrunde, in die er geriet wie ein Falstaff (dicker Angeber und Genießer) in eine Müsli-Gemeinde. „Der Irrsinn war doch, dass gar nicht miteinander diskutiert wurde, sondern jeder nur Behauptungen aufstellte, schrecklich." Peinlich ist ihm im Nachhinein der ganze Rummel nur wegen einer Person: seiner Mutter, die in einem Basler Altersheim lebt und der man prompt den „Blick" unter die Nase hielt: „Ist doch schrecklich, oder?"

Die sieht das doch ganz falsch, zumal Dieter ohnehin das Enfant terrible der Familie war. 1930 in Hannover als Sohn eines Schweizers und einer Deutschen geboren, verbrachte Dieter zusammen mit seinem jüngeren Bruder einige Jahre der Kindheit in der niedersächsischen Hauptstadt, ehe er – als die Bombenangriffe einsetzten – in die Schweiz übersiedelte. „Ich wurde", erzählt er, „von einem Zürcher Hotelier aufgenommen, in dessen Pension viele Künstler und Musiker lebten." 1947 flog er aus dem Gymnasium, weil er den ganzen Schulbetrieb nicht mehr vertrug, lieber Gedichte schrieb und sich in der Malerei versuchte. Er absolvierte eine Grafikerlehre in Bern, verdingte sich als Gelegenheitsarbeiter auf Baustellen und gründete 1951, zusammen mit Eugen Gomringer und Marcel Wyss, die Kunstzeitschrift „Spirale".

„Er fördert andere Künstler, zum Bespiel aus Island, hat aber fast mit jedem Galeristen Krach", sagt Emile Wartmann. „Er kann wunderbar die deutschen Romantiker rezitieren wie Hölderlin und Mörike und handkehrum an Vernissagen total ausflippen. Er ist wohl das, was man simpel einen ‚schwierigen Menschen' nennt – oder doch nur ein geniales Showtalent?"

Wie ich bereits im Kapitel der ersten Dieter-Roth-Ausstellung (Nr. 3) von 1983 beschrieben habe, holten Willi Walser und ich in Hamburg 1984 eine Anzahl von Bildern in der Anwaltskanzlei von Dr. Buse ab und brachten diese nach Holderbank, um ein Pfand für seine Schulden im Zusammenhang mit den ausstehenden Mietzinsen für das von ihm gemietete Atelier und Wohnhaus in Mols am Walensee zu besitzen. Wir hatten auch den Preis für jedes einzelne Bild mit ihm im Voraus abgemacht. Die bisher erfolgreichen Ausstellungen hatten den Organisatoren zwar zu einem gewissen Prestige verholfen, wir mussten aber jederzeit damit rechnen, dass die Finanzabteilung der „Holderbank" uns noch mehr Vorwürfe für das fehlende Geld in der Kasse machen würde, womit das Risiko bestand, dass zukünftige Ausstellungen gestoppt würden. Wir fingen dann an, einige der Kunstwerke zu verkaufen, und Willi Walser und ich kauften der Not gehorchend in bescheidenem Rahmen selber Bilder; dies alles mit dem Ziel, die ausstehenden Mietzinse von D. R. auf die Zahl Null hinunterzudrücken.

Nach dem Fernsehskandal mit Dieter Roth merkten einige der großen Schweizer Schauspieler und Humoristen, die den angriffigen Brief an das Fernsehen unterschrieben hatten, dass es sich beim unbekannten, verpönten und unseriösen Trunkenbold-Künstler um einen der bedeutendsten Künstler der Schweiz handelte. Auch das Fernsehen wurde sich dieser Tatsache bewusst und rief mich zwei oder drei Monate nach dem inzwischen in der Presse längst nicht mehr aktuellen Skandal an, ob ich bereit wäre, einige Dieter-Roth-Bilder für eine Fernsehsendung des schweizerischen Fernsehens in meinem Haus über den offenbar sehr bekannten Künstler zur Verfügung zu stellen. Da die Aufnahmen erst in einer Woche erfolgen sollten, sagte ich zu. Ich ließ sofort einige der Dieter-Roth-Bilder in Holderbank abnehmen und nach Aarau in mein Haus transportieren, wo ich diese temporär zusammen mit meiner Frau in aller Eile aufhängte. Als es dann so weit war, zogen wir unsere Kinder hübsch an und stellten noch frische Blumen in die Vasen in der Annahme, dass das Wohn- und Esszimmer möglicherweise auch gefilmt würde. Das Fernsehteam konzentrierte sich dann aber auf nur drei oder vier Bilder, und ich musste stehend neben einem der Bilder einen Kommentar über den Künstler und die Bilder abgeben. Eine Woche später wurde dann während vier bis fünf Minuten eine entsprechende Sendung am Abend ausgestrahlt. Ich hatte dabei ein befriedigendes Gefühl, wurde doch endlich einem breiteren Publikum der großartige Allroundkünstler Dieter Roth im richtigen Licht dargestellt.

Neben verschiedenen Besuchen bei uns in Aarau, nahm D. R. zwei oder drei Mal an einem 6. Dezember am St.-Nikolaus-Tag am frühen Abend teil. Der älteste Sohn Oli war als Nikolaus verkleidet und verteilte den braven Kindern Äpfel, Nüsse und andere Geschenke – genauso wie dieser Brauch seit dem 12. Jahrhundert in Mitteleuropa verbreitet ist. D. R. kam sehr gut mit unseren Kindern aus und schenkte ihnen auch einmal kleine Bilder, an denen sonst niemand interessiert war. Oliver musste dann an der Klaus-Feier dem zwei Jahre jüngeren Bruder Nicolas und der noch viel jüngeren Schwester Laura mit tiefer Stimme erzählen, was sie unter dem Jahr gut gemacht hatten und was noch verbesserungswürdig war. Dem Sohn Nicolas schenkte D. R. einmal ein kleines Bild, unter dessen Glas im

Bildrahmen sich ein gebrauchter Kaffeepapierfilter mit dem alten Kaffeesatz eingequetscht befand; dieser Papierfilter ist übrigens inzwischen längst brüchig geworden, da dessen „Verfallsdatum" schon vor längerer Zeit abgelaufen war. Diese Art von Kunstwerken aus organischem Material gehörten wie die vielen andern von ihm erfundenen derartigen Kunstobjekte zu solchen, die einem Prozess der allmählichen Veränderung und des Zerfalls unterlagen; so unter anderem luftdicht abgeschlossene Gewürz- und Schimmel- sowie Schokoladenobjekte, die von Schokoladenmotten zerfressen wurden. Zusammen mit Daniel Spoerri und André Thomkins fertigte er solche Werke als „Eat-Art" an.

Die organischen Verfallsprozesse bis hin zur völligen Selbstauflösung sind jedoch untrennbarer Bestandteil seiner Werke. Die Hauptmotivation Dieter Roths für die Arbeit mit vergänglichen Materialen besteht in der Verweigerung eines endgültigen, verbindlichen Werkzustands.

Während dieser Besuche bei uns zu Hause, aber auch anlässlich anderer Gelegenheiten, wollte er immer an seinen Bildern mit seinen Künstler-Kindern Björn und Vera weitermalen. Um des Friedens willen ließ ich ihn gewähren. Dies führte in einem Fall aus meiner subjektiven Sicht zu einer Verbesserung der Bildqualität und im andern leider zu einer Verschlechterung.

Geradezu als rührend empfand ich, wie er mehrmals im Jahr verschiedene Exemplare seiner Bücher – er hat insgesamt über zweihundert Stück publiziert – und Kataloge seiner aktuellen Ausstellungen mit den dazugehörenden Einladungskarten sowie Kartengrüße zu uns nach Aarau sandte. In unserer Bibliothek hat es über dreißig D.-R.-Bücher. Auch schwierige Menschen, besonders wenn sie genial sind, wachsen einem mit der Zeit ans Herz, man denkt viel an sie und kümmert sich dann um sie.

Bernhard Luginbühl war von D. R. immer fasziniert und schlug mir einige Zeit nach der D.-R.-Ausstellung 1987 vor, einmal seinen Bruder Wolfgang in Gerlafingen zu besuchen, was wir dann auch gemeinsam taten. Leider habe ich von diesem interessanten Gespräch keine Notizen gemacht, immerhin erinnere ich mich an Folgendes: Wolfgang machte uns einen sehr dynamischen Eindruck, wie einer der mit beiden Füßen auf dem Boden steht; mit seinem völlig andersgearteten Bruder Dieter kam er gut aus und verhalf ihm deshalb auch zu einem Atelier mit Schlafgelegenheit in seinem Lager in Basel.

Wolfgang Roth sprach – im Gegensatz zu Dieter – den lokalen Akzent und konnte Hochdeutsch (Schriftdeutsch) nur mit schweizerischem Akzent sprechen. Auf die Frage, weshalb dies so sei, antwortete er, dass er nach der Übersiedlung von Hannover in die Schweiz 1943, also gegen Ende des Kriegs zu einem Bauer im Kanton Solothurn – quasi als Verdingkind – gekommen sei; dieser habe ihm jedes Mal eine Ohrfeige verpasst, wenn er Hochdeutsch gesprochen habe. Dieter anderseits sei in Zürich einige Zeit in einer Pension mit vielen deutschen Emigranten gewesen und habe deshalb sein reines norddeutsches Hochdeutsch bewahrt. Dieter sei ein leidenschaftlicher Musikfreund gewesen und bereits als elfjähriges Kind mit dem Tram selbstständig an klassische Konzerte in Hannover gefahren.

Wolfgang absolvierte dann eine Malerlehre und wurde Malermeister mit eigenem Geschäft. Seine Unternehmerlaufbahn hatte er 1958 mit der Gründung der Roth Malerei AG begonnen und gleichzeitig die Vorgängerfirma der Roth Gerüstbau AG im solothurnischen Gerlafingen gestartet. Das Geschäft mit dem Gerüstbau wurde 1983 in die eigenständige Firma Roth Gerüste ausgelagert, die sich zum Schweizer Marktführer mit siebzehn Standorten und über dreihundert Mitarbeitern entwickelte. 2004 verließ er die Firma, nachdem er bereits 2001 im Rahmen der Nachfolgeregelung 50 % des Aktienkapitals abgegeben hatte. Er war bis zuletzt als charismatischer Geschäftsmann aktiv und gründete im Alter von dreiundsiebzig Jahren noch eine Kleinfirma. Er starb im Jahr 2010 – zwölf Jahre nach seinem Bruder – im Alter von neunundsiebzig Jahren.

D. R. erzählte mir viel über seine drei Kinder. Björn lernte ich sehr gut kennen, Vera war zwei oder drei Mal an Vernissagen und in Begleitung ihres Vaters dabei. Karl kannte ich weniger gut. D. R. erzählte mir verschiedentlich, dass sein Sohn Björn ein guter Künstler sei, der aber bisher nicht viel verkauft habe. Für Holderbank kaufte ich Björn dann ein schönes Bild mit einem Fisch ab, das wir auch zur Freude des Vaters im Ausbildungszentrum aufhängten.

Im Buch von 2002 „Dieter Roth – Gesammelte Interviews" (herausgegeben von Barbara Wien; edition hansjörg mayer) steht über seinen Sohn Björn unter anderem:

Er arbeitet nur für Sie?

„Er malt Bilder in Island, macht Ausstellungen mit Ölgemälden … Vögel, die da geschossen werden, oder Fische, die er angelt."

Realistisch? *„Ja. Nein, so ein bisschen Schmiere schon. Aber er ist ein naiver Maler. Er macht das schon. Er kann das gut. Er kann auch verkaufen. Die Leute, Angler oder irgendwelche Jägertypen, die kaufen Bilder bei ihm. Die sagen: Malst du mir einen großen Lachs? Dann malt er so einen großen Lachs. Und da kann er gut davon leben. Könnte er, nicht wahr? Aber ich habe ihn jetzt schon lange hypnotisiert, er kann nicht mehr abhauen, einfach, das darf er nicht. Er darf . . . bevor ich tot bin, darf er nicht abhauen. Er hält mich für einen lästigen Typen. Einen lästigen Säufertypen . . . Ich hab ja dieses Familienleben alleingelassen. Ich hab ihn ja auch verlassen, also als er drei, vier Jahre alt war, bin ich abgehauen . . ."*

Viel erzählte mir D. R. bei Spaziergängen oder beim gemütlichen Beisammensein mit recht viel Wein auch über seine große Liebe Dorothy Iannone, wobei er mir recht ausführlich beschrieb, wie er diese Künstlerin kennenlernte – ihre Malerei bezeichnete er mit Faszination als ungeheuer naiv, noch viel naiver als diejenige von Niki de Saint Phalle. Dorothy heiratete 1958 in New York James Upham und begann dann zu malen. Dieser hatte in Harvard Mathematik studiert, nahm gleichzeitig Malunterricht und studierte einen Sommer lang beim weltberühmten Künstler Hans Hofmann. Von 1963 bis 1967 betrieb sie gemeinsam mit ihrem Mann die *Stryke Gallery* in New York. Emmett Williams (1925–2007), der an einem Buch über das Werk von D. R. arbeitete, schlug James Upham und Dorothy Iannone vor, in einem Frachter nach Reykjavik zu fahren, dort zwei oder drei Tage bei D. R. zu bleiben und im Flugzeug zurück nach New York zu fliegen. Emmet Williams, ein ehemaliger Weggefährte von Joseph Beuys, war ein amerikanischer Dichter und Performance-Künstler und gehörte zu den Begründern der Fluxus-Bewegung (um Robert Filliou und Daniel Spoerri), die auch die Pop-Art inspirierte. Allerdings fühlt Daniel Spoerri sich selber nicht als zentrale Figur des Fluxus.

D. R. war damals arm und lebte in einer ehemaligen Wäscherei, wobei er halb unter dem Straßenniveau seine Behausung hatte. Der Mann von Dorothy war – wie D. R. mir gegenüber mehrmals betonte – ein amerikanischer Milliardär. Es entwickelte sich dann eine große Liebesgeschichte in den fünf Tagen Aufenthalt in Island. Dorothy flog mit ihrem Mann nach New York zurück, um ihn dort zu verlassen und dann gleich wieder zu D. R. nach Island zurückzufliegen. Wie in einem Buch, „Dieter Roth & Dorothy Iannone, Sprengel Museum Hannover", nachzulesen ist:

„Mit dem Tag der Ankunft entwickelte sich eine euphorische, kreative und lebenslange Verbindung zum Universalkünstler, die das Paar nach Dorothys Scheidung von Upham für die nächsten sieben Jahre an wechselnde Schauplätze durch ganz Europa führen

soll – nach Basel, London und Düsseldorf …Immer wieder thematisiert sie in ihren Arbeiten der 1960er- und 1970er-Jahre die sexuelle Ekstase als Sinnbild universeller Vereinigung und gegenseitiger Erfüllung. Selbstbewusst kürt sie, die auch den Schriftsteller Norman Mailer oder den Maler Robert Motherwell zu ihren Freunden zählt, den ihr an Prominenz überlegenen Roth nicht nur zum Liebhaber, sondern schon bald auch zur männlichen Muse ihrer Kunst. Ab 1967 beginnt sie mit der Arbeit an den ,Dialogues', einer Serie von einzeln handgefertigten Kunstbüchern, in denen sie alltägliche Szenen und Gespräche ihrer Liebesbeziehung zu Roth festhält.

Iannone porträtiert das Paar nackt im Bett, kurz vor dem Ausgehen, beim Liebesakt oder im Streit darüber, wer aufstehen muss, um das Licht auszuschalten. Der intime und zärtliche Blick Iannones ist in jedem Detail spürbar – im sorgsam hingestrichelten Brusthaar ihres Partners, in der opulenten Ausschmückung des Mobiliars, das Tische und Betten zu Altären und Totems werden lässt." …

„Es war ein einmaliges Vorkommnis in der amerikanischen Geschichte: Iannone hatte als Privatperson erfolgreich 1961 die Regierung der Vereinigten Staaten in einem spektakulären Prozess auf die Rückgabe ihrer vom US-Zoll beschlagnahmten Ausgabe von Henry Millers weltberühmtem Buch (Wendekreis des Krebses) verklagt." Die Henry-Miller-Bücher galten damals in den USA als Pornografie.

„Die sprachliche Offenheit bei erotischen Beschreibungen führte dazu, dass Millers Bücher bis in die 1960er-Jahre in den USA und in Großbritannien verboten waren. Die Anhörung unter dem damaligen Generalbundesanwalt Robert Kennedy wurde zugunsten der Klägerin entschieden, und von nun an durften Millers Werke in die USA eingeführt werden." „Das oberste Gericht der USA erklärte im Jahr 1964 das Buch für nicht obszön und der modernen Literatur zugehörig.

Gemäß der SonntagsZeitung vom 18.11.2001 ist Sex für Dorothy Fun – und Provokation. Sie hat auch schon mal eine Liste ihrer ersten Liebhaber zusammengestellt und publiziert, die Herren chronologisch nummeriert und nicht ohne Hinweis auf den jeweils gemeinsam erreichten sexuellen Status. Dabei ist Roth auf dieser Liste die Nr. 31. „Wenn ich nicht die Reihenfolge, sondern eine Rangfolge aufsetzen würde", sagt Dorothy heute verschmitzt, „Dieter wäre die Nummer eins."

Bei einer 1970 von Harald (Harry) Szeemann organisierten Ausstellung in der Kunsthalle Bern wurden Dorothy Iannones Arbeiten wegen ihrer als provokant empfundenen Darstellung von Genitalien mit Klebebändern versteckt, woraufhin Iannone und Roth ihre Teilnahme absagten. Wie mir André Kamber mitteilte, wurde die Ausstellung nicht von Harry, sondern von D. R., Gerstner, Thomkins und Spoerri gemeinsam organisiert. Sie luden Freunde zur Beteiligung ein. Diese wiederum ihre Freunde. Harry sagte in einem Text, dass es endlich eine Ausstellung gegeben habe, die ihm keine Arbeit brachte. Diese Ausstellung wurde anschließend in der Kunsthalle Düsseldorf problemfrei gezeigt.

1974 trennten sich Dorothy und Dieter, blieben aber weiterhin, bis zu Roths Tod im Jahr 1998, befreundet. Bis in die Gegenwart nahm Dorothy an zahlreichen internationalen Ausstellungen teil.

Ich wusste, dass D. R. nicht nur mit Richard Hamilton und Ingrid Wiener gemeinsame Kunstwerke („Collaborations") erstellte, sondern auch mit dem bekannten österreichischen Künstler Arnulf Rainer (1929). Er brachte mir deshalb einmal, schön verpackt, einige dieser gemeinsamen farbigen Zeichnungen mit Arnulf Rainer. Diese waren für mich damals aber zu teuer. Im weiteren Gespräch kam ich dann auf die Idee, D. R. anzufragen, ob er sich eine Zusammenarbeit mit meinen Mitarbeitern auf der Weltkarte in meinem Büro vorstellen könnte. Zu meiner Überraschung war D. R. einverstanden, auf eine solche Zusammenarbeit einzugehen.

Zur Vorgeschichte: In den 1970er-Jahren war die Firma „Holderbank" in der Schweiz wenig bekannt, im Gegensatz zum Namen der Industriellen-Familie Schmidheiny. Unter anderem sollte ich auch begabte junge Mitarbeiter (heute Talents genannt) für Holderbank anstellen. Ich kaufte deshalb eine große Weltkarte mit runden kleinen Magneten, die die Standorte von Holderbank-Zementgesellschaften in der Welt zeigte. Damit sollten bei einer Anstellung von jungen Leuten (zukünftigen Führungskräften) die internationalen Karrieremöglichkeiten schmackhaft gemacht werden. Diese große, farbige Weltkarte (122 auf 200 Zentimeter) ließ ich hinter meinem Pult gut sichtbar montieren. Mit der Zeit wurde „Holderbank" immer größer, internationaler und entsprechend bekannter, sodass diese Art von Werbung nicht mehr nötig war, weshalb wir diese schwere Weltkarte an einem andern Ort im vierten Stock aufhängen ließen.

Bedingung für eine „Collaboration" war gemäß D. R. jedoch, dass – wie bei Schulwandtafeln üblich – ein Brett unter die Karte montiert wurde. D. R. stellte dann auf dieses schmale Brett Farbtöpfe mit verschiedenen Farben und Pinseln darauf.

Er malte ein paar Pinselstriche auf die Weltkarte und forderte die Mitarbeiter in einem neben dem Bild befestigten Zettel auf, am Bild mitzumalen. Das Ergebnis war von der Kreativität und der Qualität her eher enttäuschend, denn niemand wagte sich so recht daran, dem Meister ins Handwerk zu pfuschen. Nur die Kinder der Putzfrauen leisteten in ihrer Unbefangenheit einen unübersehbaren Beitrag. Nach der Eröffnung der Ausstellung am 1. Mai 1987 meinte D. R., dass es nun wohl an ihm sei, das Bild fertig zu erstellen. Es wurde deshalb aus dem allgemein zugänglichen Gang entfernt und wieder in meinem Büro aufgehängt. Jedes Mal, wenn D. R. zu Besuch kam, malte er daran weiter, bis das großartige Bild mit Sonnenblume und verschiedenen Vasen in eher dunklen Farben etwa 1988/89 beendet und das Gesudel meiner Mitarbeiter vollständig übermalt war (Materialbild 1986 bis 1989).

An seiner deutschen Mutter, die in einem Altersheim in der Nähe von Solothurn ihre letzten Tage verbrachte, hing er sehr und hatte großen Respekt vor ihr. Er besuchte sie immer wieder, hatte aber – wie er mir gegenüber gestand – jedes Mal vor dem Besuch ein etwas mulmiges Gefühl. Von ihr sprach er im kleinen Kreis in Holderbank von Zeit zu Zeit. In einem Interview (Gesammelte Interviews; herausgegeben 2002 von Barbara Wien) erklärte D. R.: *„Ich empfinde zum Beispiel meine Mutter als eine sehr starke Person, die war nie krank, nie, nur ein bisschen Kopfweh, und hatte immer alles so im Griff. Und jetzt ist sie eben, jetzt ist sie natürlich hinfälliger geworden, und schwächer, und manchmal auch etwas krank, und jetzt wird es menschlich."*

Lebt Sie alleine noch? Oder ist jemand bei ihr?

„Die lebt alleine, aber mein Bruder wohnt nicht weit von ihr."

Ihr Vater ist nicht mehr dabei?

„Nein, mein Vater hat, das hab ich Ihnen erzählt, mein Vater hat … Selbstmord gemacht."

Heidi Häfeli erhielt von D. R. drei Bücher seiner Mutter Vera Roth: Bilder 1968–1992 und Gedichte 1991–1992 sowie Gesammelte Gedichte 1933–1990. Im Folgenden zwei Gedichte aus dieser Sammlung, von seiner Mutter verfasst, die Dieter Roth betreffen:

Wenn im Nachtwind die Bäume flüstern *Und des Mondes Ampel Trost leuchtet –* *Dann fällt der Schleier der Weite,* *Und ich sehe dich:* *Wie du hinblickst über das Meer,* *der Schiffe Weg begleitend mit den Sinnen –* *das – vielleicht – auch ein Denken ist* *an deine Mutter.*	*Es schwebt die Melodie und schwebt* *und dringt ins Herz in diesem Raum* *und fliegt zu dir, zu dir,* *zu deiner Ferne, deinem Traum.* *Da wandern unsere Träume, wandern* *Vereint in dieser dunklen Melodie* *Und kommen einer mit dem andern* *Geschwebt zurück in diesen Raum.*
(Zielmatt bei Vollmond im Herbst 1957; *an Dieter in Reykjavik)*	*An Dieter (Biberist, 8.1.1960)*

D. R. hat mir einmal davon erzählt, dass die Deutsche Bank AG einen ganzen Stock ihres Hochhauses in Frankfurt mit seinen Bildern geschmückt hat. Bei einer Geschäftsreise nach Frankfurt hatte ich Gelegenheit, diese Werke zu besichtigen. Im Geschäftsbericht 1990 hatte die Deutsche Bank als Beispiele zeitgenössischer Kunst Arbeiten von Dieter Roth zur Illustration des Geschäftsberichts 1990 ausgewählt. Mit der Titelseite waren insgesamt elf Werke dieses Künstlers im Jahresbericht der Deutschen Bank auf verschiedenen Seiten im Text eingebaut. Diesen Geschäftsbericht – den ich von D. R. zugestellt erhalten hatte – habe ich noch heute. In einem von Hans-Joachim Müller gestalteten – dem Geschäftsbericht beigelegten Heft – waren alle diese Bilder unter Bezugnahme auf den Geschäftsbericht nochmals in einem größeren Format abgebildet und mit dem Werkverzeichnis und einer Einführung versehen.

Theo Hotz, Architekt und bedeutender Kunstsammler und Förderer von verschiedenen Künstlern, hat eine unglaubliche Geschichte mit D. R. erlebt. Im Bürohaus des Architekten an der Münchhaldenstraße in Zürich befand sich im Dachgeschoss eine Gästewohnung, die Hotz den Künstlern oft als Absteigequartier zur Verfügung stellte – Hotz wohnte mit der Familie außerhalb von Zürich. D. R. tauchte – wie übrigens auch Spoerri – ab und zu als Wohngast im Bürohaus auf. Sowohl Spoerri wie Dieter Bachmann erinnerten sich, dass an der Wand dieser kleinen Wohnung ein „Kopffüßler"-Bild von Horst Antes (*1936) hing. Diese Kopffüßler-Gemälde besitzen keinen Hals; Kopf und Füße scheinen ineinander überzugehen.

Dieter Bachmann hielt die Begebenheit in der Zeitschrift „du" (6/1993) fest, wie Roth plötzlich das Antes-Bild zu übermalen begann:

„Jahre früher hatte ich ihn eines Nachts, im Beisein von Daniel Spoerri, in der Gästewohnung eines Zürcher Architekten getroffen … Wir saßen und tranken. An der Wand hing ein ‚Kopffüßler' von Horst Antes, blassgrüner Kopf auf farbigem Grund. Eine Weile betrachtete Dieter Roth das Bild wortlos. Dann murmelte er: Er wisse nun, was falsch sei. Auf dem Tisch lagen Farben und Pinsel; der Architekt hatte für seine Freunde an alles gedacht. Roth nahm einen kleinen flachen Pinsel, drückte ein wenig leuchtendes Grün darauf, ging zur Wand, setzte den Pinsel auf das Antes-Bild und malte dem großen Kopf, akkurat und sorgfältig, einen zweiten, kleinen giftgrünen Zwerg in antesscher Manier hinter das Haupt. Ich muss gestehen, dass ich entsetzt erstarrt war: Gibt es denn etwas Unberührbareres als ein Kunstwerk? Dieter Roth wischte den Pinsel am Lappen ab, betrachtete noch einmal das Bild und sagte ruhig: ‚So, jetzt schtimmt's'. Auf die zaghafte Frage, was wohl der Architekt dazu sagen würde, wenn er die Sache entdecke, sagte Roth in aller Einfachheit: ‚Was soll er schon sagen? Jetzt hat er eben nicht nur einen Antes, sondern auch einen Dieter Roth dazu.'"

Erst einige Zeit später, als diese ungefragte Zutat von D. R. auf einem ihm nicht gehörenden Bild fertig war, entdeckte Hotz den Fremdeingriff auf seinem teuer erstandenen schönen Antes-Bild. Theo Hotz soll eine Zeit lang stocksauer auf D. R. gewesen sein! Diese sehr spezielle Geschichte wird noch heute in Kunstkreisen erzählt, wenn das Gespräch auf D. R. und Theo Hotz kommt.

Karl Gerstner an einem Künstlertreffen
bei Teo Jakob in Bern, 1975
© Leonardo Bezzola

KARL GERSTNER

**Begrüßung: Derrick Widmer; Einführung: Ernst Schegg.
Vom Künstler gestalteter fotokopierter Katalog „Auslese – Nachlese"**

Tobia Bezzola schrieb im Kunstbuch Holderbank, Bd. 1, 1994 über diesen Künstler:

„Ich liebe es, meine Berichte nicht nur zu programmieren, sondern das Programm auch zu zeigen" – diesen methodischen, analytischen Ansatz von Karl Gerstners Kunst hat André Thomkins in einem Anagramm lapidar resümiert; aus dem Namen seines Freundes machte er zwei neue: „Streng Klarer" und „Klar Strenger".

Gerstner bildete sich zuerst in Basel zum Grafiker und Typografen aus; an der Kunstgewerbeschule Zürich besuchte er Hans Finslers Fotokurse. Er wurde Grafiker bei Ciba-Geigy, arbeitete als Freelancer und gründete 1961 zusammen mit Markus Kutter und Paul Gredinger die Werbeagentur GGK. Ab 1970 zog er es vor, sich als freier Künstler seinen Projekten zu widmen.

Entscheidende Impulse erhielt Gerstner von den Zürcher Konkreten wie Max Bill, Camille Graeser und Richard Paul Lohse, aber auch von der Generation der Großväter ließ er sich inspirieren: Josef Albers, Hans Arp, Marcel Duchamp, Hans Hinterreiter, Georges Vantongerloo. Gerstner hat sich mit Pionieren rationaler Gestaltung nicht nur bildnerisch auseinandergesetzt, sondern er ist auch ein versierter Theoretiker der konstruktiven Kunst, und zahlreiche Texte reflektieren und begleiten seine künstlerische Arbeit.

Gerstners Werk hat sich in Schüben entwickelt. Es zeichnen sich distinkte Serien ab, in denen bildnerische Ideen systematischen Experimenten unterzogen wurden. „Aperspektiven" nennt Gerstner die früheste Werkgruppe. Mittels Magneten fixierte er auf einem Bildgrund eine bestimmte Anzahl formaler Segmente, die sich zyklisch zu stets neuen

Konstellationen versetzen ließen; das Bild soll immer nur relative Gültigkeit haben – jederzeit lassen sich aus denselben Elementen neue Flächenaufteilungen erzeugen. Mit den „Reihen-Bildern" fing Gerstner an, nicht nur die Form, sondern auch die Farbe rationalen Prinzipien zu unterwerfen. Das Problem, wie sich Farbenempfindung analog der mathematisierbaren Eindeutigkeit von Gestalten definieren lasse, verfolgte Gerstner weiter in der der Serie der „carro-bilder": Durch Schiebung, Spiegelung, Drehung wird hier die Anordnung von Farbreihen in einer quadratischen Grundfläche variiert. Die Reihe der „Metachromes" setzt Farbspekulationen fort: Zum Teil in polychromen Skulpturen versuchte Gerstner, prototypische Farbphänomene zu erfassen und umzusetzen. Auch technisch trieb der Künstler die Grenzen seiner visuellen Versuche weiter: Die sogenannten „Apparate" untersuchen optische Gesetzmäßigkeiten unter Verwendung von Lupen, Linsen, Glühlampen, musikalische Frequenzen, Fernsehschirmen, Kaleidoskopen usw. Mit den „AlgoRithmen", Kreisstrukturen von hoher symmetrischer Regelmäßigkeit, aus denen sich Milliarden von Konstellationen asymmetrischer Formen ableiten lassen, fand Gerstner zu traditionelleren Medien zurück. Die Serien der „Color Lines", Expeditionen in die komplexe Welt der Ornamentik, markieren den weiteren Weg von Gerstners Forschungsgeist.

„Kalte Kunst", heißt eine programmatische Schrift Gerstners, und in der Tat hält sich seine Arbeit fern von Ausbrüchen des Irrationalen und orientiert sich an der Strenge des Kosmos mathematischer Gesetze. Das ganze Werk stellt sich dar als ein Protokoll systematischer und unentwegter Explorationen. Karl Gerstner sucht in der Welt der Farben und der Formen der Gesetze der Kontinuität und der Veränderungen habhaft zu werden. Die Bedingungen kontinuierlicher und diskreter Progression von Gestalt und chromatischer Emotion verfolgt er seit Jahrzehnten auf ebendieselbe zurückhaltende Weise: kontinuierlich und diskret.

Karl Gerstner wurde mir von Bernhard Luginbühl für eine Ausstellung in Holderbank empfohlen und regelrecht vermittelt. Ich traf ihn dann für ein erstes Gespräch über die kommende Ausstellung in seiner kleinen, aber gediegenen Wohnung in der Basler Altstadt. Es fiel mir sofort auf, dass Gerstner ein sehr ordnungsliebender Mensch ist. Alle seine Farbstifte auf dem Pult waren fein säuberlich geordnet. Alles an seinem Platz, von einem Künstler-Chaos keine Spur. Er war mir sofort sympathisch, aber schnell Zugang zu seiner Kunst zu erhalten war mir auf Anhieb nicht möglich, erst mit der Zeit gelang mir dies einigermaßen. Ich musste bei Gerstners Kunst oft an das Anagramm von André Thomkins über Karl Gerstner denken: „Streng Klarer" oder „Klar Strenger". Hingegen fand ich via seinen bemerkenswerten beruflichen Erfolg schnell Zugang zur Person von Karl Gerstner: Er gehört zu den wichtigen Erneuern von Typografie, Werbegrafik und Corporate Design. Schon 1949 gründete er sein eigenes Grafik-Atelier und kam bald als Auftragsgrafiker zu Ciba-Geigy. Dort lernte er Markus Kutter kennen, mit dem er gemeinsam 1959 die Werbeagentur Gerstner + Kutter gründete. Mit Paul Gredinger als Drittem im Bunde expandierte man ab 1963 zur GGK (Gerstner, Gredinger, Kutter) und avancierte in den 1970er-Jahren zu einer der erfolgreichsten Werbeagenturen der Schweiz, mit Filialen im europäischen und amerikanischen Ausland. Gerstner war es auch, der die Corporate Identity der Swissair gegen Ende der 1970er-Jahre sanft, aber unübersehbar auf neuen Kurs brachte: mit einem neuen Zeichen und Perspektiven bis 2000.

Das Bundesamt für Kultur zeichnete Karl Gerstner 2012 im Rahmen des „Eidgenössischen Preises für Design" mit dem „Grand Prix Design" aus.

Nach seinem Rückzug aus dem Werbegeschäft engagierte sich Gerstner im Verlagswesen. So konzipierte er viele Jahre mit der Chefredaktion inhaltlich und optisch die Titelgeschichte des „capital". Auch für das Wirtschaftsmagazin „impulse" konzipierte er 1980 das visuelle Erscheinungsbild des Heftes und war an der Ausgestaltung der Titelgeschichte maßgebend beteiligt.

Kein Wunder, war der von ihm gestaltete schöne Holderbank-Ausstellungskatalog „Auslese – Nachlese" mit farbigen Seiten, versehen mit einer Spirale, für die Ausstellung 1986 sehr sorgfältig gemacht und selber ein kleines Kunstwerk. Der überaus gelungene Katalog macht zum Durchblättern noch heute Freude, und die Herstellung hat Karl Gerstner damals selber Spass gemacht. Auf der letzten, orangen Seite finden sich vier Zentimeter große, ebenfalls orange Buchstaben: VWX, VW und XY. Diese in besonderer Form dargestellten Buchstaben zeigen eine schöne Schriftart, die er selber geschaffen hatte, die sich aber nie durchgesetzt hat.

Die Einführung hielt – wie bereits bei der allerersten Ausstellung mit Rolf Iseli – Ernst Schegg, mittlerweile Dozent am SBG-Ausbildungszentrum Wolfsberg. Schegg wies darauf hin, dass beim Betrachten seiner Kunstwerke schnell deutlich wird, dass die konstruktive Form für Karl Gerstner so etwas wie Mittel zum Zweck, Träger seiner Farbexperimente ist. Sie sichere ihm jedoch durch *„ihre unserem Jahrhundert entsprechende Ästhetik allgemeine Akzeptanz"*.

Zwischen dem großen W und X ist in 0,5 Zentimeter großer Schrift zu lesen:

```
                    K
                    A
                    R
                    L

    S T R E N G     K L A R E R
                    E
                    R
                    S
                    T
                    N
                    E
                    R
```

Diese Darstellung scheint mir eine Weiterentwicklung des Anagramms von André Thomkins zu sein.

Heidi Häfeli (heute Heidi Nietlispach) schrieb mir, dass ihr Karl Gerstner nicht unbedingt als Künstlertyp vorgekommen sei; dieser sei nämlich immer gut gekleidet gewesen, fast wie ein Geschäftsmann. Ihr gegenüber sei er immer distanziert gewesen, jedoch stets nett.

Karl Gerstner habe die noch nicht umgebaute alte Werkstatt besonders gut gefallen, und man sei sich übereingekommen, denselben in die Ausstellungsräume einzubeziehen. Unter anderem sei es ihre Aufgabe gewesen, Stellwände für die Bilder von Gerstner zu organisieren. Bald sei sie bei der Firma Syma Messestandbau in der Nähe des Katzensees fündig geworden. Holderbank konnte diese Wände mieten, wobei Karl Gerstner sie vorgängig darauf aufmerksam gemacht habe, dass seine Bilder ziemlich schwer seien. Und richtig, als die Wände aufgestellt waren und sie sich näher mit den inzwischen angelieferten Bildern beschäftigt hätte, habe sie einige bange Minuten durchlebt. Die Wände mochten die Bilder nur ganz knapp tragen. Den skeptischen Blick, mit welchem Karl Gerstner die Wände inspizierte, werde sie nie vergessen. Jedenfalls sei sie froh gewesen, dass die Ausstellung nur drei Wochen gedauert habe und nichts passiert sei.

Wie Heidi Häfeli mir weiter berichtete, habe es Gerstner Spass bereitet, das Menu für das Essen für unsere Vernissage-Gäste mitzugestalten. Zu diesem Anlass habe er ganz speziell das Flugblatt „Karl Gerstners Kochphilosophie" verfasst, in welchem er seine zehn Grundsätze im Zusammenhang mit Küche, Kochen und Kunst dargelegt habe. Was es dann tatsächlich zu essen gegeben habe, wisse sie nicht mehr.

Als Gerstner (1972) und Kutter (1975) genug vom Geschäft mit der Werbung hatten, erwarb Paul Gredinger die Anteile seiner Mitgesellschafter und rückte zum Alleinaktionär auf. Gredinger war an der Vernissage 1988 dabei und kam noch mehrmals an Vernissagen in Holderbank. Er war ein großer und ziemlich schwerer Mann und hatte immer speziell weite, bequeme Anzüge an. Als ich ihn einmal darauf ansprach, erklärte er mir, dass er diese immer von einem Schneider nach Maß machen lassen würde, wobei er beim Maßnehmen sitze, damit der Anzug ja nicht zu eng sei.

Im Jahre 1964 wurden Arbeiten von Gerstner auf der documenta 3 in Kassel in der Abteilung Grafik und 1968 auf der 4. documenta gezeigt.

Heidi Häfeli erinnerte sich noch an mehr: „Wir hatten ja – vor allem was anfängliche Ausstellungen anbetrifft – jeweils größte Mühe, Artikel in der Presse zu platzieren. Da war Annelise Zwez eine treue Begleiterin. Anlässlich der Ausstellung von Karl Gerstner veröffentliche sie im damaligen Aargauer Tagblatt einen informativen Artikel. Daraus nur einige Abschnitte:

„Karl Gerstner (* 1930) gehört wohl zu den bedeutendsten Vertretern der konstruktiven Kunst in der Schweiz. Unser Land nimmt dies zur Zeit allerdings nur bedingt zur Kenntnis. Sein mathematisch präzises, technisch perfektes, in seiner Substanz auf Wirkung und Eigenart des Farbenspektrums ausgerichtetes Werk ist im Ausland wesentlich bekannter als bei uns. Wenn Derrick Widmer – Initiant der Ausstellungen bei ‚Holderbank' – für die 88er-Ausstellung Karl Gerstner eingeladen hat, so erweitert er damit den bisher gezeigten Kreis von ‚Künstlerfreunden', gibt anderseits der Schweiz einen Anstoß, sich vermehrt mit dem Werk des Baslers auseinanderzusetzen.

Karl Gerstner an der Vernissage seiner Ausstellung
in der Stiftung Saner in Studen, 1998 © Leonardo Bezzola

*„Obwohl dieses Jahr zusätzlich zu Foyer und Korridoren im Verwaltungsgebäude erst-
mals wieder ein Teil einer kleinen Werkhalle für die Ausstellung zur Verfügung steht,
sind die Ausstellungsbedingungen grundsätzlich nicht optimal. Die Kunst respektive
das Kunstsponsoring, so Derrick Widmer an der Vernissage, gehören eben (leider)
noch nicht zur ‚Corporate Identity' der Firma ‚Holderbank'. Was die Ausstellung trotzdem außergewöhnlich macht, ist zum einen die Qualität der Werke der eingeladenen
Künstler (in den letzten Jahren waren Rolf Iseli, Dieter Roth, André Thomkins, Daniel
Spoerri zu Gast), anderseits das persönliche Engagement des Initianten, der aus ganz
anderen (wirtschaftlichen) Positionen heraus Kunstausstellungen realisiert als zum
Beispiel Museumskonservatoren und dadurch ein Publikum für Kunst begeistert, das
sich sonst selten Zeit nimmt, sich mit künstlerischer Gestaltungskraft auseinanderzusetzen ... Die Ausstellung in Holderbank ist nur eine kleine Retrospektive, die Faszination,
die von den Werken ausgeht, kann aber Anstoß sein, sich vertieft in die Vielfalt und die
Präzision des gerstnerschen Werkes einzuschauen und einzulesen. Quasi als ‚Entreacte'
erscheint 1989 freilich ein Buch über Karl Gerstners Kochphilosophie."*

Fritz Billeter schrieb am 23.9.1988 in einem ausführlichen Artikel im Tages-Anzeiger unter anderem: „... *Schon 1957 erschien sein erstes kommentierendes Buch ‚Kalte Kunst – Zum Standort der heutigen Malerei'. Damals lagen die Verhältnisse noch so, dass man für ungegenständliche Kunst, insbesondere für die als ‚gefühlslos' und ‚intellektuell' verschriene konkrete, um Verständnis werben musste. Die Ausstellung führt in gedrängter Form fast alle vom Künstler angegangenen Themen vor. Nur die früheste Themagruppe, die Anfang der Fünfzigerjahre begonnenen ‚Aperspektiven', fehlt; dafür sind die die ganz kürzlich entstandenen ‚Color Fractals' bereits zur Stelle – der Name dieses Werkstyps ist von ‚fraktaler Geometrie' abgeleitet, das ist höhere Mathematik ...*"

Meine Frau und mich lud Karl Gerstner einige Zeit nach der Ausstellung in sein attraktives Heim im Elsass zu einem Essen ein. Dieses kleine Haus auf dem Land war geschmackvoll eingerichtet und dazu richtig gemütlich. Auch hier herrschte – wie in seiner Wohnung in der Nähe des Kunstmuseums Basel – größte Ordnung und Sauberkeit. In seiner großzügigen Küche kochte er uns selber ein hervorragendes Essen. Das Gespräch mit ihm verlief auf hohem Niveau. Eine schöne Einladung, von der wir noch lange sprachen.

Alfred Hofkunst, Biel, 1970
© Leonardo Bezzola

ALFRED HOFKUNST

(1942–2004) MIT SABINE SCHROER (*1946)
UND ESTHER HOFKUNST (*1969)
AUSSTELLUNG VOM 23. JUNI–4. AUGUST 1989 – NR. 8

Begrüßung und Einführung: Derrick Widmer
Vom Künstler aus Fax-Korrespondenz zusammengestellter
„Faxolog" mit Texten von Derrick Widmer und Peter Drupbacher

1.9.1992 erscheint eine Publikation zur „Famille Cimentière" mit einem Text von
Derrick Widmer

Hofi, so nannten seine Freunde Alfred Hofkunst, lernte ich lange vor dieser Ausstellung 1989 kennen. Witzigerweise war der Name Hofi damals auch die gängige
Abkürzung für Holderbank Financière Glarus AG, also die Holding der verschiedenen
Zementgesellschaften. Es muss im Jahr 1970 gewesen sein, als meiner Frau und
mir der für seine spektakulären Glasbauten bekannte Architekt und passionierte
Kunstsammler Theo Hotz an einer Vernissage in Zürich – anlässlich einer Einzelausstellung von Zeichnungen von Alfred Hofkunst bei Gimpel & Hannover (1974
fand dort eine zweite mit Hofkunst statt) – erklärte, dass man jetzt noch preislich
günstige Zeichnungen von Alfred Hofkunst kaufen sollte. Er habe bereits mehrere
Zeichnungen gekauft; im Übrigen sollten wir einmal im modernen Möbelgeschäft Teo
Jakob (Möbeldesigner und Möbelhändler) eine von Hofi übermalte und gezeichnete
weiße Tischplatte eines Eero-Saarinen-Tisches ansehen. Teo Jakob sei nämlich auch
ein Fan von Hofkunst. Dies taten wir dann auch, da wir aber gerade einen neuen,
relativ teuren Saarinen-Tisch mit sechs Saarinen-Stühlen gekauft hatten, kamen Be-
denken auf. Wir stellten uns nämlich vor, dass Hofi Speisereste, Mücken und Fliegen
auf den neuen, ganz weißen Tisch zeichnen und alle unsere Gäste schockieren würde.
Der Gedanke, eine günstige, tolle Hofi-Zeichnung zu besitzen, ließ uns jedoch nicht
mehr los. Als Alternative einigten sich meine Frau und ich, unseren quadratischen,
weiß angestrichenen hölzernen Tee-Tisch (1,2 auf 1,2 Meter), der mit einer Glasplatte versehen war, mit einer Zeichnung von Alfred Hofkunst zu verschönern. Hofi
war mit diesem Auftrag sofort einverstanden und schien sich darüber zu freuen.

Der vorerwähnte passionierte Kunstsammler und Architekt Theo Hotz schenkte übrigens 2002 dem Departement Architektur der ETH die vier Meter hohe Plastik „Silver Ghost" (1966) von Bernhard Luginbühl. Diese schöne Figur hat heute ihren Platz an der Südseite des ETH-Zentrums.

Mit meiner Familie wohnten wir in den frühen 1970er-Jahren in Kilchberg in einer Attika-Wohnung. Von Hofi hörten wir monatelang überhaupt nichts mehr, sodass wir die in Auftrag gegebene Zeichnung schon völlig vergessen hatten. Nach mehr als acht Monaten seit der Bestellung läutete es um 22.30 Uhr an der Haustüre, und wir konnten den 1,90 Meter großen, hünenhaften Hofi mit zwei noch schlimmer aussehenden angetrunkenen Kumpanen erkennen. Hofi erklärte, er habe jetzt die bestellte Zeichnung bei sich und möchte uns diese überreichen und das Geld dafür einziehen. Nach dem ersten Schrecken entschlossen wir uns, die drei bedrohlich aussehenden, angetrunkenen jüngeren Männer in die Wohnung einzulassen. Zum Trinken wollten sie Bier, wobei alle drei „Wilden" mit den Zähnen den Bierdeckel locker von der Flasche entfernten und direkt daraus das Bier in die Kehle hinunterschütteten. Mir wurde es beim Anblick dieser drei ungepflegten und ziemlich laut sprechenden Männer unheimlich, meine Frau hatte richtiggehend Angst. Immerhin, die schöne Zeichnung passte genau unter die Glasplatte des Tee-Tisches. Nun stellte Hofi seine beiden Kumpels vor. Den kraushaarigen rundlichen Mann, welcher durch riesige rote Hosenträger auffiel, stellte er als Edi Meiers „London-Taxi" vor. Mit diesem Vehikel waren die drei Besucher nach Kilchberg gekommen. Tatsächlich war dieser Meier mit seinem alten und echten London-Taxi damals in Zürich recht bekannt, wobei der Ruhm nur von kurzer Dauer war, da er alkoholisiert als Taxifahrer in eine Polizeikontrolle geriet und sofort die Lizenz verlor. Der andere war ein Künstlerfreund, Alex Sadkowski aus Zürich. Wie die NZZ (3.5.2014) schrieb, gehörte der heute achtzigjährige Zürcher Künstler in den Siebzigerjahren mit Friedrich Kuhn und Hugo Schuhmacher zu den großen Malerstars der Limmatstadt. Er war aber nicht immer nur Künstler: Als Jazzmusiker, Handelsreisender für Waschmaschinen und Rasierklingen, als Stepptänzer und für kurze Zeit sogar als Preisboxer hat er sich versucht.

Als die drei Kumpane, jetzt noch alkoholisierter, sich flüchtig verabschiedeten und im Treppenhaus verschwanden, konnten meine Frau und ich endlich aufatmen. Nachdem wir uns etwas erholt hatten, betrachteten wir in aller Ruhe nochmals die Zeichnung von Hofi und kamen zum Schluss, dass es sich bei der so präzis ausgeführten Bleistiftzeichnung um ein kleines Meisterwerk handelte und wir zu dieser feinen Zeichnungsarbeit von Alfred Hofkunst eigentlich günstig gekommen waren.

Keine zwei Monate später gewann Hofi an der 10. Biennale von São Paulo einen großen Preis und wurde über Nacht berühmt. Gefeiert wurde sein Triumph damals in der renommierten Galerie Gimpel & Hannover in Zürich, und dort wurden auch seine enormen Kochkünste einem breiten Publikum auf eindrückliche Weise vorgeführt.
Bevor wir auf die Ausstellung und die umfassenden Vorbereitungsarbeiten für die Vernissage in Holderbank eingehen, vermittelt der Text von Tobia Bezzola im großformatigen Buch „Kunstausstellungen Holderbank", Bd. 1, einen guten Einblick in die Person, das Leben und Werk dieses Künstlers:

„Alfred Hofkunst wird in Wien geboren. Als er sechs Jahre alt ist, zieht er mit seinen Eltern nach Zürich. Nach der Schule beginnt er eine Lehre als Typograf und arbeitet danach als Bühnenbildner am Opernhaus Zürich und anschließend am Berner Stadttheater. Seit 1965 ist er freier Künstler. Schon 1963 stellt er in Galerien aus; er erhält mehrere wichtige öffentliche Stipendien, und anfangs der Siebzigerjahre stellt sich rasch der internationale Erfolg ein.

Die Anfänge sind geprägt vom Bestreben nach höchster zeichnerischer Präzision und Objektivität. In täuschender Detailtreue hält Hofkunst mit seinem Bleistift Gegenstände seiner alltäglichen Umgebung fest: eine Matratze, einen Kleiderständer mit Mänteln und Jacken, einen Klappstuhl, eine von Fliegen umsurrte Glühbirne. Den Abschluss und Höhepunkt dieser Werkphase bildet die maßstabsgetreue Wiedergabe seines Ateliers, eine Arbeit, die 1976 an der documenta 6 in Kassel gehörig Furore macht: Hofkunst bringt die dreidimensionale Wirklichkeit seines Ateliers mit einer enormen Ausdauer und Genauigkeit bis zum kleinsten Fliegendreck an der Wand in die zweidimensionale Bildfläche. In den Siebzigerjahren setzt die Beschäftigung mit Fotografie ein, und die Farbe beginnt in den Bildern eine wichtige Rolle zu spielen. Die Natur, das Wasser insbesondere, wird neu zum dominierenden Motiv. In einem zweiunddreißig Bilder umfassenden Zyklus fängt der Künstler Stimmungen der Welt des Neuenburgersees ein. Er arbeitet rund um die Uhr, oft auf seinem Boot, und es entstehen faszinierende Umsetzungen des stündlich wechselnden Form- und Farbenspiels auf der Wasseroberfläche. 1981 verblüfft Hofkunst das Publikum anlässlich der ‚Hammer-Ausstellung' in Basel mit einer neuen druckgrafischen Technik: Mit einer Dampfwalze druckt er fein gezeichnete Radierungen, die er zudem mit dem Saft frischer Blüten einfärbt.

Anfang der Achtzigerjahre erhält Hofkunst Gelegenheit, sich in einem Lagerhaus des Marseiller Hafens, in der Sperrzone des ‚port autonome', ein Atelier einzurichten. Was er am Neuenburgersee begonnen hatte, setzt er am Mittelmeer fort. Er schafft über sechzig große Bilder: Strand und Meer, der Markt und Hafen von Marseille sowie ein am Hafen gelegenes riesiges Wohnsilo sind die Motive: Die Lichtreflexe der schäumenden Gischt; die öligen Spektren im brackigen Hafenwasser; die rostenden Kähne; die bizarren Ornamente angehäufter Hummer oder Tintenfische auf dem Fischgroßmarkt; die sich im Abstrakten verlierende Struktur moderner Zweckarchitektur. Oft von einer foto-grafischen Gedächtnisstütze ausgehend malt Hofkunst so einen epischen Zyklus, ein realistisches Porträt der südlichen Millionenstadt.

Ruhelos unterwegs, immer an der Arbeit mit der Druckerpresse, Bleistift, Pastell, Pinseln, Fotoapparaten und Papier, ist der menschliche Körper, die Landschaft der Haut, bislang das letzte Thema von Hofkunsts Arbeiten. Seit 1982 untersucht er die Feinheiten des Ausdrucks von Farbe, Gestalt und Zügen des menschlichen Äußeren, die Härchen und Poren, die feinen Narben und kleinen Flecken, die Maserungen und Marmorierungen der Haut.

Hofkunst ist ein barocker Mensch, auch als Künstler ein Mann des Konträren. Die subtilen Schattierungen zeichnet er in lebensgroßen Dimensionen, feinsten Farbwechseln widmet er ausgedehnte Zyklen, mit einer tonnenschweren Dampfwalze fährt er triumphierend über seine zarten grafischen Blätter. Dies alles ist symptomatisch für ‚Hofi', wie der Künstler von seinen Freunden genannt wird. Sein Werk spiegelt die glückliche Auf-lösung einer Spannung zwischen einem kraftmeierischen, barock-wienerischen Ge-müt und einem helvetisch-gewissenhaften, peniblen, ja oft pedantischen Arbeitsethos."

Die Vorbereitungen für die Ausstellung 1989 mit Hofi erwiesen sich als sehr zeit-aufwendig, aber höchst interessant. Hofi wuchs uns, trotz seines schwierigen Charakters, immer mehr ans Herz. Wie Heidi Häfeli mir in einem Mail erklärte, hat ihr seine spezielle Art schlussendlich viel Spass bereitet. Er war ein Mensch mit unglaublicher Fantasie und einem immensen Einfallsreichtum.

Hofi erzählte Heidi Häfeli in einer ruhigeren Stunde aus seiner Jugend: In jungen Jahren sei er mit seinen Eltern aus Österreich in die Schweiz gezogen. Er habe längere Zeit Mühe gehabt, sich hier anzuklimatisieren. Vor allem die Sprache habe ihm zu schaffen gemacht, und er habe sich oft als Außenseiter gefühlt. Dies bis zum Tag, an welchem er und seine Mitschüler im Zeichnungsunterricht eine

Tulpe malen mussten. Nach Beendigung der Stunde habe ihn sein Lehrer zurück-gehalten und ihm gesagt: „Fredi, du hast die schönste Tulpe der ganzen Klasse gemalt." Er habe sich unbändig über dieses Kompliment gefreut, sei nach Hause geeilt, habe seiner Mutter erklärt, dass er Künstler werden wolle, und habe sein Zimmer ab sofort „Atelier" genannt. Und Künstler wurde er dann auch tatsächlich!

Für die Kommunikation in der Vorbereitungszeit der Ausstellung 1989 benützte Hofi vor allem das Telefax. Seine Nachrichten waren jeweils voller Witz und oft auch illustriert.

Unter den Deckel des Faxgeräts hatte Hofi am 2.6.89 in Frankreich auf ein weißes Blatt eine frische Bauernlilie gelegt und mir auf dem weißen Blatt links und rechts neben der Lilie den folgenden handgeschriebenen Text gefaxt: *„Lieber Herr Widmer, es kann sich nur noch um Stunden handeln, bis diese Bauernlilien in meinem Garten jährlich explodieren werden. Ich habe über Jahre Tausende davon sozusagen kultiviert immer am selben Ort gepflanzt + dieses Jahr will ich sie blühen sehen. Jede Blüte blüht nur ein Tag, jeder Stängel hat aber zehn bis fünfzehn Blüten, und es gibt ein Feuerwerk zu sehen, zehn bis vierzehn Tage lang. Ich habe es hier dann mit vielem Rot zu tun, wenn's losgeht. Ich freue mich immer mehr, dass wir eine stille Einladungs-karte verschicken konnten (dabei handelte es sich um eine gezeichnete Garten-Sitzbank mit dem Signet ‚Holderbank'). Die macht dann vielleicht mehr Lärm als uns recht ist. Ich freue mich, dass Sie mir ihre Unterstützung versprechen, ich gebe Vollgas! Ihr Hofi."*

Per Fax schickte er Heidi Häfeli mit der oben beschriebenen Methode eine Rose mit den Blättern und schrieb dazu: *„Schon wieder **GOOD NEWS** sage ich ganz **p-ROSA-isch** Dank – Ihr Hofi."* Am 4.4.89 sandte er Heidi eine Amaryllis und schrieb dazu mit einem Pfeil auf die Blume gerichtet: **„Amaryllis gefaxtis".**
Als mich Hofi einmal für die Vorbereitung der Ausstellung in Holderbank aufsuchen wollte, war ich gerade an einer Konferenz in Vitznau. Er faxte mir am 26.6.89: *„Ich bin wieder **Fitz**(z = durchgestrichen**)-now,** und Herr Erich Gysling hat mir gesagt, dass morgen 18 h, also 27.6., auf dem Fernseher 3 SAT meine ‚famille cimentière' innerhalb einer Art-Reportage zu sehen sei. Vielleicht stimmt's. A bientôt – Ihr Hofi"*

Um die folgende Geschichte über den großen Ärger von Hofi über Herrn Adolf Plüss zu verstehen, muss ich etwas ausholen und das damalige Arbeitsklima schildern: Herr Plüss war Ingenieur ETH und marschierte in den 70er-Jahren stets mit einem grauen Arbeitskittel (Berufsmantel) in den Gebäuden umher. Er kam nach Holderbank mit dem Velo und ging sogar zum Mittagessen mit dem Velo von Holderbank nach Lenzburg zu seiner Frau. In Holderbank gab es fast nur Ingenieure und Chemiker. Für diese war er eine Art hoch qualifizierter Administrator. Zentrale Funktionen wie Marketing, Human Resources, Controlling und Business Consulting waren nur ansatzweise vorhanden, hingegen war die Technik gut ausgebaut. Die Kaderlöhne und die Pensionskasse waren im Vergleich zu Versicherungen und Banken bescheiden, nach heutigen Maßstäben sogar äußerst bescheiden. Die Kantine war das einfache Wohlfahrtshaus, welches für die Arbeiter der Zementfabrik als sozial fortschrittliche Einrichtung erstellt worden war. Dynamik und Erneuerung strahlten vor allem von den beiden Delegierten der Holderbank Financière AG aus, das heißt bei Anton Schrafl in Zürich und Max D. Amstutz in Céligny. Diese gaben ständig Dampf und neue Impulse, um mehr aus diesen Stabsstellen für die Gruppe Holderbank herauszuholen. In Holderbank, wo längere Zeit ein etwas gemächliches Klima herrschte, war der zuverlässige, etwas bedächtige Adolf Plüss eine ernst zu nehmende Figur. In einem Fax an mich und Frau Häfeli verschaffte sich Hofi gegenüber einem kleinen Vorfall mit Herrn Plüss etwas Luft:

„Es ärgert mich nachhaltig, dass ich gestern das Entrée Ihres Hauptgebäudes leer vorfand. Dies im Besonderen, weil ich gestern, 29.6.89, Herrn Hans-Peter Platz, Chefredaktor der Basler Zeitung, und seinen Mitarbeiter, Herrn Eckert, um 15.30 Uhr zu einem Besuch unserer Holderbank-Ausstellung begrüßen durfte. Nach einem 1 ½-stündigen gemeinsamen Rundgang durch die große Halle, die Ausstellung von Sabine Schroer, und die Ausstellung im Ausbildungszentrum führte ich die Herren kurz nach 17.00 Uhr zum Haupteingang, um ihnen meinen ‚Torso 1989‘ sozusagen als Rosine in meiner Ausstellung zu zeigen. Die Halle war leer. Meine Skulptur stand achtlos am Boden. Der schwarze Sockel war verschwunden. Ich versuchte, die etwas penible Überraschung zu übergehen, was mir aber nicht gelang. Ich möchte ganz ausdrücklich betonen, dass die Verantwortung vom Aufstellen meiner Skulpturen ganz bei mir liegt und ich dieselbe auch voll übernehme. Über die läppischen Einwände von Herrn Plüss, welcher die Standfestigkeit meines Torsos in Zweifel zog, möchte ich mich an dieser Stelle nicht auslassen. Dass sich Herr Plüss jedoch eigenmächtig an meiner Arbeit vergreift, geht eindeutig zu weit. Dass meine Skulptur für Herrn Plüss nur ein Sack Zement ist, und wohl auch bleiben wird, stellt für mich keine Probleme dar. Wenn mir aber Herr Plüss ‚Fahrlässigkeit‘ bei meiner künstlerischen Tätigkeit unterschieben will, muss ich mich wehren. Ich werde heute, am frühen Nachmittag am Tatort sein.

Humor ist, wenn man trotzdem lacht. Darum sage ich:

Rien ne va Plüss! *Herrgottsackzementnochmals!*

Gruß, Hofi"

Ein kleiner Auszug aus dieser speziellen Fax-Korrespondenz wurde im „Faxolog", so nannte Hofi den von uns herausgegebenen Katalog mit seinen handgeschriebenen kurzen Faxen (Briefen), die mit originellen Zeichnungen, Witzen und Sprüchen versehen waren; der Empfänger der Faxe erhielt zusätzlich Blumen und Pflanzen, die vom Absender Hofi ins Faxgerät hineingelegt wurden. Dieser Katalog wurde an der Vernissage aufgelegt, wobei als Einband dieser „Faxologe" alte Bundesordner dienten, die wir eigentlich in Holderbank hätten entsorgen wollen. So wurden diese verschiedenen Faxe in Sichtmappen hineingeordnet und in den Bundesordnern abgelegt; schlussendlich wurden die Bundesordner vakuumverpackt, da sie sehr verstaubt und schmutzig waren. Auf diese Weise wurden siebenundvierzig Exemplare erstellt, wobei diese Zahl deshalb gewählt wurde, weil Hofi im Ausstellungsjahr 1989 gerade siebenundvierzig Jahre alt geworden ist.

Faxe werden heute nur noch selten versandt. Heimisch wurde das Faxgerät in den schweizerischen Büros Ende der 1980er-Jahre. Besonders als das zunächst für den Empfang benötigte Thermopapier durch normales Schreibpapier ersetzt werden konnte, ging es rasant aufwärts. Bereits anfangs der Neunzigerjahre kam kaum ein Büro ohne Faxgerät aus. Die Bedeutung des Fax wurde dann durch das E-Mail und Internet erst so richtig in der zweiten Hälfte der 1990er-Jahre abgelöst und war im neuen Jahrhundert nicht mehr wegzudenken.

Während der letzten Tage vor der Vernissage wuchs die Spannung auf beiden Seiten dramatisch an. Die Zeit wurde immer knapper, und mit Ausnahme der zweiunddreißig Neuenburgersee-Bilder gab es – wie sich Heidi Häfeli gut erinnert – im Ausbildungszentrum nur leere Wände. Wir wurden zunehmend nervöser, umso mehr als bezüglich Ausstellungsmöglichkeiten ein Wunder geschehen war: Die Fabrikleitung hatte uns eine riesige Halle, die speziell für unsere Ausstellung geräumt wurde, zusätzlich zum Ausbildungszentrum für die Ausstellung zur Verfügung gestellt. Unser langjähriger Wunsch war in Erfüllung gegangen! Die vielen großformatigen Neuenburgersee-Bilder hätten sonst nirgends ausgestellt werden können. Sie waren zum Glück bereits eine

Woche vor der Vernissage aufgehängt beziehungsweise montiert worden. Die „Familie Cimentière" – darauf wird noch näher eingegangen werden – war rasch in der Mitte der Ausstellungshalle platziert, aber Hofi konnte sich nicht entscheiden, welches Bild an welche Wand musste, und schob seine Werke immer wieder hin und her. Eine knappe Stunde vor der Eröffnung turnte er auf der „Laufkatze" (overhead crane) herum und fragte Heidi, um welche Zeit nun eigentlich die ersten Leute eintreffen würden. Die zu einer „Kunsthalle" verwandelte Ersatzteil-Magazin-Halle sah überhaupt nicht einladend aus. Werkzeuge, Kisten, Leitern, angeknabberte Butterbrote, leere und schmutzige Gläser, Teller, Malutensilien, Zeitungen, Aschenbecher und vieles mehr lag und stand da noch herum. Wie Heidi sich erinnert, versuchte sie Hofi klarzumachen, dass man doch endlich die umherliegenden Utensilien wegräumen sollte. Eine halbe Stunde später packten wir dann diese in Windeseile in seinen Lastwagen. Der letzte Nagel wurde eine Viertelstunde nach Eröffnung der Ausstellung eingeschlagen.

Besser klappte es mit den Vorbereitungen für das Nachtessen. Dieses war auf der Einladungskarte für die Vernissage-Gäste wie folgt angekündigt: „Nachtessen im Personalrestaurant à la mode du Maître Hofi avec le Chef de Cuisine de Holderbank." Fisch war das Thema! Aber nicht ein gewöhnlicher Fisch, nein, ein Haifisch musste es sein. Wir haben für unsere Künstler immer fast alles getan, was in unserer Macht stand, um sie bei guter Laune zu halten, und so organisierten wir auch den Haifisch, welcher zwei Tage vor der Vernissage per Flugzeug eintraf. In Eis verpackt und 44 Kilogramm schwer wurde dieser immer noch gefährlich aussehende Haifisch am Flughafen Kloten auf einen Pick-up-Wagen geladen und sofort nach Holderbank gefahren. Hofi und unser Küchenchef nahmen sich des Hais an, und am Vernissage-Abend genossen unsere zahlreichen Gäste aus der ganzen Schweiz und teilweise sogar aus dem Ausland feinste, frische Haifischsteaks. Daneben kochte und räucherte Hofi im Garten des Personalrestaurants noch dreißig Lachse in einem – auf einem Sockel sich befindlichen – Behälter von 1,5 Meter Durchmesser und mit einer entsprechend großen Haube (Deckel), die eine Höhe von 1,6 Meter aufwies. Nach Aussagen der Gäste wiederum hervorragend zubereitete Fische, die köstlich schmeckten.

Hofi war begeistert über die große Zahl der eingeladenen Gäste, und vor lauter Freude über die vielen positiven Reaktionen auf seine Kunst und Koch-Kunst taufte die Halle der Zementfabrik Holderbank in **„Halle-luja"** um.

Die neuen, stark erweiterten Ausstellungsmöglichkeiten gaben mir dermaßen Auftrieb, dass ich beschloss, nicht nur die Begrüßung wie bisher, sondern auch die Einführung in das Werk einmal selber vorzunehmen. Erstmals hatten wir auch eine musikalische Begleitung der Vernissage, ein Orchester vorgesehen; dieses setzte sich aus Mitarbeitern, Lehrern und Architekten zusammen – alles Musikfans, die gerne in ihrer Freizeit zusammen spielten. Sie traten drei Meter über dem Hallenboden auf einer kleinen Bühne ohne Geländer auf.

Unter anderem erklärte ich in der Einführung:

„Wie die meisten von Ihnen wissen, haben wir die Ausstellungen bisher im Ausbildungszentrum und teilweise in der alten Werkstatt durchgeführt. Herr Suter und Herr Böhlen von der Zementfabrik haben sich entgegenkommenderweise bereit erklärt, dieses Magazin räumen zu lassen und so der Kunstausstellung hier in Holderbank zu einem Experiment und einer neuen Dimension zu verhelfen. Insbesondere möchte ich aber Herrn Thomas Schmidheiny danken, der seit Anbeginn, d. h. seit 1981, unseren Kunstaktivitäten mit großem Verständnis und Interesse gegenüberstand. Ohne sein Wohlwollen wären solche Experimente hier in Holderbank selbstredend gar nicht möglich. Es ist dies – nebenbei gesagt – vielleicht auch der Ausdruck der Führungsphilosophie von ‚Holderbank‘, die jedem einzelnen Mitarbeiter Eigeninitiative und großen Handlungsspielraum einräumt.“

„Wie Sie sicher bemerkt haben, wird heute nicht nur Alfred Hofkunst ausgestellt, sondern drei Hof-Künstler: einmal die 19-jährige Tochter Esther Hofkunst. Sie ist Töpferin. Erst seit Kurzem ist sie selbstständig und zeigt bereits ihr Talent mit ungewohnten, verspielten, aber kreativen Formen. Dann Sabine Hofkunst-Schroer, die Frau von Alfred Hofkunst. Sie bezeichnet sich bescheiden als wissenschaftliche Zeichnerin. Zu ihren Auftraggebern gehören Hochschulinstitute, Wissenschaftler und Verlage, aber zum Beispiel auch die Swissair (Menükarte der 1. Klasse). Tiere und Pflanzen sind ihre bevorzugten Motive. Ebenso sehr versteht sie sich auf die wissenschaftlichen und biologischen Zusammenhänge. Unzählige wissenschaftliche Publikationen, Dissertationen und Zeitschriftenbeiträge, Hand- und Lehrbücher hat sie illustriert. In vielen Fällen war es ihre Illustration, die einem Werk zu Beachtung und Wertschätzung verhalf und weniger der dazu geschriebene Text. Sabine Schroer hatte zusammen mit A. Hofkunst 1980 eine Ausstellung im „Aargauer Kunsthaus“ …“

Sabine Schroer, Missy, 1978 © Leonardo Bezzola

„In Aarau wurde ein anderer Hofkunst gezeigt: Aus dem Zeichner war ein Maler geworden. Er mietete ein Wohnboot auf dem Neuenburgersee und begann auf dem Schiff zu malen; seither wohnt und arbeitet er ganz in der Nähe des Neuenburgersees, und zwar in Missy; er studierte Schilfwälder, Wellenformationen, Licht- und Stimmungswechsel. Heini Widmer, der verstorbene und hochverdiente Leiter des Aargauer Kunsthauses hat das wie folgt umschrieben: ‚Hofkunst entwickelte aus einem neuen Naturverständnis, aus einer Art impressionistischer Grundhaltung heraus Bilder, in denen das Licht die Hauptrolle spielt. Aus dieser Zeit stammten zweiunddreißig großformatige Bilder. Sie geben die Stimmung von vierundzwanzig Stunden eines Tages wieder.'"

„Auf der 1. Internationalen Jugendtriennale + Meister der Zeichnung in Nürnberg (der Geburtsstadt Dürers) im Jahr 1979 war der Schweizer Alfred Hofkunst neben dem Deutschen Joseph Beuys, dem Engländer David Hockney und der Spanierin Isabel Quitanilla einer der vier ‚Meister der Zeichnung'."

Sein Interesse ab 1982 gilt auch dem menschlichen Körper, vor allem dem weiblichen. Er wurde jedoch nicht zum eigentlichen Akt-Maler und Zeichner. Ihn faszinierte, wie Willi Rotzler festhielt, das plastische Detail, die Nahsicht auf die sanfte Landschaft eines Nabels, die Rundung eines Schenkels, die Wölbung einer Hinterbacke.

„Nun noch eine Bemerkung zu den Plastiksäcken. In einem Brief vom September 1988 an Willi Rotzler erklärte Hofkunst: *‚Seit einigen Jahren versuche ich, den Menschen ins Bild zu bringen. Berge von Abfallsäcken erinnern mich an Körperlandschaften. Vor etwa sechs Wochen bemalte ich einen Abfallsack mit einer Krawatte. Seither bin ich hypnotisiert und habe mich ganz dieser Verwandlung verschrieben. Ich habe nichts mehr anderes gemacht als Menschensäcke. Ich träume davon, dass auf der ganzen Welt meine Körper stehen und liegen. Millionen von Körpern, nie einer wie der andere. Ein Wahn, in welchen ich mich hineingearbeitet habe.'"*

In einem längeren Artikel von Willi Rotzler „Alfred Hofkunst entdeckt den ‚Garbage Body'" schreibt er unter anderem: *„Seitdem der Künstler seine Aufgaben nicht mehr von potenten Auftraggebern – der Kirche, den weltlichen Machtträgern – erhält, also seit dem Anbruch des bürgerlichen Zeitalters, verfolgt dieser Künstler nur noch seine eigenen Zielsetzungen. Das hat ihn, fast zwangsläufig, immer weiter weg von der Gesamtgesellschaft in eine künstlerische Isolation geführt. Daher versteht die Gesellschaft vielfach die zeitgenössische Kunst nicht mehr, reagiert mit Unverständnis oder* *gar mit Aggressionen auf neue, schwer verständliche Tendenzen in der aktuellen Kunst. Diese Kluft zwischen Künstler und Gesellschaft, oft beklagt, ist ein trauriger, nur schwer reparierbarer Aspekt im heutigen Kunstleben.*

Und nun setzt sich ein zeitgenössischer Künstler mit etwas Banalem, Unkünstlerischem, geradezu Unappetitlichem wie einem Kehrrichtsack auseinander! Dieser ungewöhnliche Brückenschlag zwischen Kunst und Alltäglichem fasziniert uns." …

Mit einem Fax vom Juni 1989 schlug mir Hofi eine neue Idee der Weg-Gestaltung vom Parkplatz zum Holderbank-Gebäude vor: *„Ich stell mir vor, dass ich die Wege zu unseren Ausstellungen und Essgeländen mit meinen Garbage Bodies flankiere. Eine ART-SACK-ALLEE, eine Schnitzelbank in Holderbank, mit Müllbeuteln, Abfallsäcken. Garbage Bags,* **Sac poubelles** *oder* **Sac plus belles?**

Es folgten dann per Fax Bilder der Säcke: „Harry's" (Krawatte offen) oder mit UR-Säcken, wie er sie nannte, krawattisiert, Big Bosse (mit Nadelstreifenanzug) und so weiter.

Vierzehn Tage vor der Vernissage befand sich Hofi auf seinem – wie er es nannte – „Schatoo" (einem alten Château, das er gekauft hatte in der Nähe von Nîmes) und entwickelte für seine Ausstellung in Holderbank seine neueste Kreation: „Galerie Cimentière". Wie er in einem Fax an mich festhielt, ging es um Folgendes:

„Es handelt sich dabei um circa fünfzehn versteinerte Zementsäcke, welche ich in Südfrankreich an den eigentümlichsten Orten finden konnte. Ich montierte diese bizarren, stehen gelassenen oder endlich losgewordenen, in nahe gelegene Büsche geworfene, meist fünfzig Kilogramm schweren Säcke auf Eisenfüße oder Sockel. Diese Sockel sind alle verschieden und ebenfalls aus Fundstücken zusammengebaut, geschweißt. Es ist mir gelungen, diesen ‚Füßen' ein eigenes Gesicht zu geben, um sowohl Tinguely wie Luginbühl umgehen zu können."

„Einmal so weit, verwandle ich mit kleinsten künstlerischen Eingriffen, mit Bleistift-Farbstift und dem Aquarell-Pinsel diese Zementsäcke in menschliche Körper. Mit der Andeutung eines Bauchnabels oder einer Scham ist mir dies gelungen."

In seinem Fax meinte er weiter dazu: *„Noch stehen diese Menschen in meinem Atelier. Ich sehe sie gerne an. Es ist etwas von Ur-Zeit drin, auch eine Schuld unserer*

Zivilisation, nichts Anklägerisches, aber auch nichts Lustiges. Etwas Melancholie und Besinnlichkeit. Ich gebe sie nicht gerne weg. Auch möchte ich, dass sie zusammenbleiben und nicht in verschiedenen Entrées, Salons oder Museumsremisen vereinsamen müssen."

Für mich war bereits die Vorbereitung dieser Ausstellung mit Hofi ein einmaliges Ereignis und eine echte Bereicherung. Auch ein stilles Staunen über einen kreativen Menschen, vollgestopft mit Ideen, die der Verwirklichung harren. Seine Ideen haben die Tendenz, sich zu vergrößern, und nehmen auf einmal gigantische Formen an.

Im September 1992 erschien eine Publikation zur „Famille Cimentière" mit einem Text von mir. Mein Mitarbeiter Klaus Kayatz amtete dabei als fachkundiger Lektor. Für den Einband (Vor- und Rückseite) benützten wir das Signet und die gelbliche Farbe der Zementsäcke der Zementfabrik Untervaz. Auf jeder Doppelseite hat der Künstler einen der Zementsäcke nachgezeichnet, und zwar so präzis, dass man auf den ersten Blick glaubt, es seien einfach Fotos der Zementsack-Plastiken. Alfred Hofkunst vereinte seine „Zementmenschen" schlussendlich zur „Famille Cimentière" und gab den Familienmitgliedern wohlklingende Namen: Mère, Père, Adelaine, St. Pierre, Colle bèrthe, Frère Jacques, Georgette de Draguignan, Henry le fou, Caspar, John de Tarascon, Roland, Ginètte, Rockie, Mon amour de Méjannes.

Am Schluss meines Vorworts dieser Publikation schrieb ich: *„Zementgesellschaften sind nicht anonyme industrielle Monstergebilde, sondern mehrheitlich überschaubare Betriebseinheiten, zur industriellen Produktion vereinte Großfamilien, die sich in lokale Märkte einordnen, mit ihrer Umgebung verwachsen sind und in denen jeder noch jeden kennt. Wer einmal in der Zementindustrie gearbeitet hat, weiß das.*

Auch in der Gruppe ‚Holderbank', einem weltweiten Zusammenschluss von Konzerngesellschaften und unabhängigen Drittfirmen, ist der familiäre Gedanke, die Vision der ‚Famille Cimentière' bis heute verwirklicht und erhalten geblieben. Wir glauben und hoffen, dass es auch in Zukunft so bleiben wird. Trotz modernster Technologie, Automation und immer perfekteren Anlagen bleibt der Mensch der entscheidende Erfolgsfaktor. Und Menschen brauchen eine Familie, um sich wohlfühlen und optimal entfalten zu können. Alfred Hofkunst hat das richtig erkannt: Familiäre Harmonie muss auch Bestandteil der unternehmerischen Realität und Kultur sein und bleiben."

Hofi traf ich 2004 zum letzten Mal in der Klinik Hirslanden in Aarau an seinem Spitalbett. Vom vielen Rauchen und Drogenkonsum hatte er offenbar ein ernsthaftes Problem mit seinen Beinen und Füßen. Ein mit ihm und mir befreundeter Arzt und Hofkunst-Sammler kümmerte sich im Spital rührend um ihn. Was für eine böse Überraschung, als mich dieser Arzt anrief und mir mitteilte, Hofi sei aus dem Spital verschwunden. Offenbar ging er einfach nach Hause, wo er einige Wochen später starb.

Annelise Zwez schrieb in einem Zeitungsartikel unter dem Titel *„Einst ein Star der Schweizer Kunstszene – Alfred Hofkunst am 17. Juli 2004 in Cudrefin gestorben: A. H. ist nach schwierigen, von Sucht und Krankheit geprägten Jahren gestorben. ...Hofkunst ist, möglicherweise als Ausdruck erster Krankheitssymptome, nicht mehr so pflegeleicht. Hier und dort kommt es zu Zwistigkeiten, Sammler ziehen sich zurück, und schließlich distanzieren sich auch Freunde immer mehr. Worte, die vielleicht nicht meinten, was sie sagten, hatten sie verletzt. Eine schwierige Zeit für den erfolgsverwöhnten Künstler. Er muss insbesondere Frankreich (das Schloss) aufgeben und wohnt nun wieder in Cudrefin. Immer vereinzelter werden die Gänge ins Atelier und auch Ausstellungen selten. Jetzt gibt der traurige, bittere, frühe Tod von Alfred Hofkunst der Familie und danach auch der Kunstgeschichte den Blick frei auf ein Gesamtschaffen, das speziell in den 70er- und 80er-Jahren von historischer Bedeutung ist."*

Die NZZ (19.7.2004) schrieb im Zusammenhang mit seinem Tod: *„Aufsehen hatte Hofkunst unter anderem mit seinen Swatch-‚Gemüseuhren', ‚Gu(h)rke', ‚Verdu(h)ra' und ‚Bonju(h)r' erregt. Vor zwei Jahren zeigte das Museum für Kunst und Geschichte in Freiburg Werke des Tinguely-Freundes. Die ausgestellte Bildserie trug den Titel „Hundert für Jean'. Die Serie war erstmals 1988 in Lausanne zu sehen. Die inzwischen ebenfalls verstorbene Lebenspartnerin von Jean Tinguely, Niki de Saint Phalle, hatte die Hofkunst-Serie dem Kanton Freiburg geschenkt."*

Tatsächlich hat Hofkunst nie unterschieden zwischen Hochkunst und angewandtem Design. Die von der Bieler Swatch SA Ende der 80er-Jahre mit einem Entwurf für eine Uhrenkollektion in Auftrag gegebenen Swatch-„Gemüseuhren" (in limitierter Auflage) haben meine Frau und ich auch relativ teuer gekauft. Die drei Uhren wurden in einem Plexiglaskasten verkauft, wobei die drei Uhren im Innern des durchsichtigen Kastens so befestigt wurden, dass sie vertikal der Länge nach aufgehängt sind. Die drei farbigen Gemüseuhren im Plexiglaskasten stehen auch heute immer noch in unserem Haus.

Die NZZ berichtete am 6.7.2011 unter dem Titel Kunst für die Masse: *„Tomate, Gurke, Speck. Wir erinnern uns an die klobigen und wenig funktionalen Swatch-Uhren, die anno 1991 international für Furore sorgten. Von Alfred Hofkunst entworfen, war das Gemüse-Set innert Stunden ausverkauft. Der Plastikuhren-Hersteller aus Biel hat es von Beginn weg verstanden, den Bekanntheitsgrad seiner Marke mit Hilfe renommierter Künstler wirkungsvoll zu steigern. Dafür werden neben Alfred Hofkunst auch Keith Haring, Kiki Picasso oder Mimmo Rotella für die Marke verpflichtet. Das Rezept ging auf. Sondereditionen aus dem Haus Swatch wechselten für Tausende von Franken den Besitzer. Es entstand ein wahrer Kunst- und Sammlermarkt. Ein gutes Vierteljahrhundert später ist dieser Markt zum bedeutungslosen Randphänomen verkommen. Auf den Auktionsplattformen sind die gefragten Sonderserien von damals Ladenhüter. Vor den Geschäften übernachtet auch niemand mehr, um der Erste zu sein, wenn es wieder mal ein Sonderangebot gibt. Dies ist heute dem Computerhersteller Apple vorbehalten.“*

Meine Frau und ich kauften auch die Künstlerdose von Hofkunst, die im Auftrag von Uncle Ben's Rice entstanden ist; rings um die Büchse zeichnete Hofi Hunderte minutiös gemalte Reiskörner. Diese Büchse erfreut uns bis heute; sie steht immer noch in unserer Küche, gefüllt mit richtigem Reis, und erfüllt ihre Aufgabe als Reisbehälter. Die Firma Uncle Ben's ließ eine signierte und nummerierte Auflage von 150'000 Dosen machen. Material Blech, Inhalt Reis, Kosten Fr. 8.90. (NZZ, 19.9.1986: „Dosierte Kunst").

Der Könner und zeichnerische Tausendsassa Alfred Hofkunst hat es verstanden, sich immer wieder künstlerisch zu regenerieren, um dadurch den Gefahren bloßer Routine und vordergründiger Perfektion zu entgehen.

Wie er uns einmal erzählt hat, war es ihm auch ein Bedürfnis, etwas Neues zu erschaffen, das es in der Kunstwelt bisher noch nicht gegeben hat. Er erklärte uns zudem, dass er reich werden möchte; dies ist ihm eine Zeit lang auch gelungen, wobei er nie sparte und großzügig viel Geld ausgab. Gegen Schluss seines relativ zu kurzen Lebens musste er mit dem Geld wieder viel sparsamer umgehen und sein „Schatoo" in Südfrankreich aufgeben. Wir fühlten uns aber mit ihm und seiner Frau auch in dieser schwierigen Zeit bis zum Schluss sehr verbunden und schätzten seine Kreativität und seinen Humor.

Robert Müller, Kunstmuseum Solothurn, 1990
© Leonardo Bezzola

ROBERT MÜLLER

(1920–2003): KRETA. ZEICHNUNGEN UND HOLZSCHNITTE 1978–1987
AUSSTELLUNG 23. NOVEMBER 1990 – NR. 9

Begrüßung: Derrick Widmer,
Einführung: André Kamber, 19.00 Uhr

Nachtessen: Im Personalrestaurant (nach griechischen Rezepten von Robert Müller)

Zur Ausstellung erscheint ein Katalog, herausgegeben vom Kunstmuseum Solothurn, verlegt vom Nikator-Verlag Dieterswil und der „Holderbank" Management und Beratung AG

André Kamber schrieb im Buch „Kunstausstellungen ‚Holderbank'/2": *„Robert Müller überlässt uns nun seine Zeichnungen aus Kreta zum Ausstellen und zu einer ersten Publikation einer Auswahl daraus. Das freut uns sehr. Wir hoffen, darin einen Ausdruck seiner Verbundenheit mit dem Kunstmuseum Solothurn sehen zu dürfen.*

Ausstellung und Publikation dürften – heute noch oder heute wieder – für viele eine Überraschung bedeuten. Nachdem er bereits Mitte der 60er-Jahre, auf dem Höhepunkt seines Ruhms, die Eisenplastik verlassen hatte für eine neue Skulptur, gab er sich in der zweiten Hälfte der 70er-Jahre neue Ausdrucksformen und -anliegen für sein Zeichnen: Die noch authentisch gelebte, dörfliche Kultur der Menschen in Weilern und kleinen Dörfern im Innern Kretas wurde die Thematik seiner Zeichnungen. Kargste Mittel genügten: alte und rüde Papiere; kleine und mittlere Formate; Federkiel und Pinsel; Bleistift und selbstgebraute Tinte …"

Tobia Bezzola hat im Buch „Kunstausstellungen ‚Holderbank'", Bd. 1, festgehalten: *„Schon in früher Jugend will Robert Müller Bildhauer werden. Sein Vater, ein Getreidehändler, setzt diesem Wunsch keinen Widerstand entgegen. Mit neunzehn Jahren tritt der angehende Bildhauer in Zürich in das Atelier von Otto Bänninger und Germaine*

Richier ein, wo er sein Handwerk von Grund auf erlernt. Er macht Bekanntschaft mit dem Surrealismus und mit den Skulpturen von Marino Marini, beides wichtige frühe Einflüsse. Als 1945 das Atelier von Bänninger und Richier geschlossen wird, zieht er nach Lonay bei Morges. Zwei Jahre später verlässt er die Schweiz. Im Anschluss an eine ausgedehnte Italienreise, die hauptsächlich den Stätten etruskischer Kunst gilt, lässt er sich in Genua nieder. Germaine Richier ermuntert ihn 1949, nach Paris zu kommen. Dort hat er Kontakt mit amerikanischen Künstlern wie Sidney Geist, Larry Rivers oder George Sugarman; wichtig ist auch die Bekanntschaft mit dem Literaten André Pieyre de Mandiargues und René Solier.

Anfang der Fünfzigerjahre entstehen die ersten Arbeiten in getriebenem Metall. Müller, der sich mit dem Ungefähren nie zufriedengab, will das Medium gründlich meistern und erlernt bei einem der letzten Hufschmiede in Paris das Schmiedehandwerk.

Er wendet sich fortan intensiv der Eisenplastik zu. Die Skulpturen verschweißen Technomorphes mit Organischem. Agrarisches mit Industriellem, Sexuelles mit Maschinellem. Sicheln und Dreizack verschlingen sich mit eingerollten Panzern, Blüten entblättern sich, durchzuckt von Schwertern, raue Narben durchziehen spiegelglatt polierte Flächen; das zentrale Motiv der Verschmelzung der Gegensätze in der erotischen Vereinigung kristallisiert sich in den vielfachen Formen heraus. Müller erhält öffentliche Aufträge für Brunnen und Großskulpturen, und er wird weltweit zu den wichtigsten Ausstellungen eingeladen. Ende der Fünfzigerjahre relativiert sich die Stellung der Eisenplastik; Müller erweitert sein technisches Repertoire: Assemblagen, Bronzegüsse und Holzschnitte entstehen. Die Sechzigerjahre sehen eine konsequente Weiterentwicklung des formalen und technischen Vokabulars, orchestriert von Erfolgen rund um den Globus.

Dann, Anfang der Siebzigerjahre, ein radikaler Bruch. Müller, nunmehr einer der berühmtesten Eisenplastiker der Welt, verzichtet darauf, ein bewährtes Erfolgsrezept beliebig weiterzuvariieren. Er besinnt sich wieder auf die Anfänge, er arbeitet wieder mit Holz und Bronze, er entdeckt Kunststoffe, Polyester, als neues Material; kleine subtile Marmorskulpturen, Reliefs, Marmorintarsien entstehen, er zeichnet auch vermehrt. Persönliche Schicksalsschläge einerseits, die Ablehnung der neuen Arbeiten seitens des Publikums und des Kunstmarkts zum andern führen den Künstler in eine bedrohliche Krise. Müller wird in Sizilien in einer psychiatrischen Klinik interniert, Freunde holen ihn heim. Die Zäsur spiegelt sich vor allem im grafischen Werk. Müller bewältigt die Krankheit, indem er zu Papier bringt, was ihn bedrängt. Gelöst von formalen Konventionen gewinnen die Zeichnungen eine ganz neue Individualität. Wilde, geheimnisvolle Protokolle von düsterer Intensität begleiten die psychische

Genesung. Mit der wiedergewonnen Balance erhält auch die Zeichnung neuartige Festigkeit. Ohne Angst vor dem Banalen oder dem Absurden, vor Naivität oder dem Scheitern führt das Zeichnen wieder an die am Anfang der Fünfzigerjahre verlassene Konkretion zurück. Eindrückliche Belege dafür sind etwa die Zeichnungen, welche in den Jahren zwischen 1978–1987 auf Kreta entstanden: abgeklärte und souveräne Impressionen einer uralten Kultur, bescheiden und karg, in klassischer Ruhe Mythos und Alltag zwanglos verschmelzend."

Neben Zeichnungen und Holzschnitten konnten wir auch einige kleinere Plastiken in der Ausstellung zeigen.

In den Jahren 1956 bis 1960 war er als Künstler auf der Biennale von Venedig, der Biennale von São Paulo und der Biennale von Paris vertreten. 1959 war er Teilnehmer der documenta 2 in Kassel. Seine Werke wurden von wichtigen Museen und Sammlungen, auch US-amerikanischen Museen und Sammlungen angekauft. Robert Müller ging als „Eisen-Müller" in die Kunstgeschichte ein, weil er zusammen mit den Schweizer Bildhauern Bernhard Luginbühl und Jean Tinguely als einer der Erschaffer der modernen Eisenplastik gilt.

Im Jahr 1999 fand eine große Ausstellung von Robert Müller im Aargauer Kunsthaus statt. Der Direktor, Beat Wismer, konnte mehrere Eisenplastiken aus amerikanischen Sammlungen für die Ausstellung beschaffen. Nachdem ich mir auch diese Ausstellung genau angesehen hatte, war ich überzeugt, dass der Künstler jetzt wieder international bekannter würde und dies, obschon er ab den 1970er-Jahren keine Eisenplastiken mehr erschaffen hat. In der internationalen Kunstszene wird heute nur noch selten von ihm gesprochen. War er nur ein Star der 50er- und 60er-Jahre wie Hofkunst in den 70er- und 80er-Jahren? Sind auch sehr bekannte Künstler einfach den Modeströmungen ausgesetzt, oder bleiben nur die allerbekanntesten Weltstars über Generationen hochbegehrt, erzielen an Auktionen Millionenbeträge und bringen viel Publikum in die Museen sowie großen Galerien?

Dieser grundsätzlichen Frage ist in einem Interview (www.litlog.de) mit Prof. Dr. Carsten-Peter Warncke (Professor für Kunstgeschichte an der Universität Göttingen) Frau Verena Zimmermann nachgegangen (veröffentlich am 15.9.2011).

V. Z.: Inwiefern hat sich denn Ihr Blick auf die Kunst im Laufe Ihrer Tätigkeit als Professor für Kunstgeschichte verändert?

C.-P. W.: Der hat sich eigentlich ständig verändert. Dadurch, dass man an Kunstkenntnissen dazugewinnt, ist das Geschmacksurteil nie stabil. Dinge, die man früher nicht begreifen konnte, findet man heute vielleicht besonders schön, und umgekehrt findet man Dinge, die man früher für etwas Besonderes gehalten hat, vielleicht heute nicht mehr so einzigartig.

V. Z.: Was ist denn eigentlich für Sie Kunst?

C.-P. W.: Lexikalisch betrachtet kommt Kunst von Können. Kunst ist etwas, das mit Wissen, Übung, Wahrnehmung und Intuition zu tun hat und nicht unbedingt eine praktische Funktion erfüllt. Sie ist also etwas ohne Zweckbindung. Als Basisdefinition passt diese Beschreibung sicher, aber dieses Fundament ist natürlich einem ständigen Wandel unterzogen. Wir haben schon viel darüber gesprochen, dass der Kunstbegriff dem historischen Wandel unterworfen ist.

V. Z.: Könnten Sie allen Kunstinteressierten vielleicht einen kurzen Crashkurs darüber geben, inwiefern sich der Kunstbegriff im Laufe der Zeit verändert hat?

C.-P. W.: Die Auffassung, was eigentlich Kunst ist und auch wer eigentlich Künstler ist, hat sich im Laufe der Geschichte sehr stark verändert: In der Antike und dem Mittelalter wurden bildende Künstler noch als reine Handwerker betrachtet und wenig geschätzt. Die bildenden Künste gehörten noch nicht einmal zu den sogenannten freien Künstlern, also den Künstlern, die für freie Menschen gedacht waren, die nicht in einem Abhängigkeitsverhältnis lebten. Erst in der Renaissance wurden die bildenden Künste den freien Künsten gleichgestellt. In dieser Epoche wurden gelehrte Künstler, an die intellektuelle Anforderungen gestellt wurden, zum Ideal erhoben. Die Moderne veränderte dann wieder vieles: Das traditionelle Bild des Künstlers mit professioneller Ausbildung, der bestimmten Normen und Gesetzgebungen folgte, war plötzlich keine zwingende Voraussetzung mehr, um als Künstler anerkannt zu werden. Daher stammt auch das Bild des verkannten Genies, wie zum Beispiel van Gogh, der nie eine professionelle Kunstschule besucht hat. Heute lösen sich die traditionellen Kunstgattungen durch neue Entwicklungen wie Videokunst immer mehr auf, und es gibt viele Grenzüberschreitungen zwischen Architektur, Bildern und Plastiken. Es gilt: Was als Kunstwerk anerkannt wird, wird als Kunstwerk anerkannt. Das klingt vielleicht pleonastisch, aber es ist so! Fachleute (Anmerkung des Autors: Führende Kunsthändler, Museumsdirektoren, Sammler und Kunstjournalisten spielen dabei eine wichtige Rolle)

Beat Wismer, Robert Müller und Samuel Burri.
Vernissage in Holderbank, 1990 © Leonardo Bezzola

übernehmen die Meinungsführerschaft und entscheiden, was denn nun eigentlich Kunst ist. Kunst ist heute also mehr oder weniger ein Verabredungsbegriff, auf den man sich geeinigt hat. Zwischen Fachleuten und dem allgemeinen Publikum kommt es aber immer wieder zu Streitigkeiten, was die einen und die andern für Kunst halten.

Am 2.9.2013 schrieb ich Heidi H.: *„Mit dem Schreiben über Robert Müller hapert es jämmerlich, da ich den Ausstellungskatalog und denjenigen, der ein Jahr später André Kamber für das Museum Solothurn geschrieben hat, nicht mehr finden kann. Heidi, so viele Ausstellungen in Worte zu fassen ist eine ‚Herkules'-Aufgabe."*

Heidi mailte zurück: *„Das tönt ja gar nicht nach Derrick – fast ein wenig resigniert. Du hast dich tatsächlich auf etwas Großes eingelassen, aber ich bin sicher, dass du es schaffen wirst."*

„An unserer Ausstellung lag ein Katalog auf. Dieser erschien am 29.9.1990, und die Ausstellung fand vom 29.9. bis 11.11.1990 statt. Jedenfalls habe ich immer noch ein

Exemplar, das mir Robert Müller gewidmet hat, und ich habe ihn ja nur einmal ge-
sehen, und zwar an der Vernissage. Die Ausstellung ist dir sicher nicht so präsent, da
die Bilder still und leise und mit viel Geschick von André Kamber mit seinem Gehilfen
bei uns im Ausbildungszentrum aufgehängt worden sind. Gemäß Einladung gab es
wie immer ein Abendessen in der Kantine und anscheinend hat uns Robert Müller
griechische Rezepte zur Verfügung gestellt. Ich mag mich aber nicht mehr daran er-
innern, was wir serviert bekamen. Ich habe nur noch eine Erinnerung an Robert Müller:
Ich habe für ihn und seine Frau ein Zimmer in der Krone Lenzburg gebucht und musste
ihn vor der Vernissage dort abholen. Der 29. September 1990 war kalt, regnerisch, und
es lag sogar etwas Schnee (circa 10 Zentimeter). Als ich in die Lobby des Hotels trat,
war er mit seiner Frau schon dort und wartete auf mich. Er war fein säuberlich an-
gezogen: dunkler Anzug und ein weißes Hemd, offen und ohne Krawatte. Fast wie ein
Geschäftsmann sah er aus. Seine Füße jedoch steckten in offenen Holzschuhen mit
einem Lederriemen versehen (eine Art Zoccoli, eine Bezeichnung für Holzsandalen)
und schienen mir schrecklich unbequem zu sein. Außerdem passten sie überhaupt
nicht zum garstigen Wetter. Er jedoch bewegte sich sicher und selbstbewusst durch
den Vernissage-Abend, und seine Holzschuhe schienen ihm das Normalste auf dieser
Welt zu sein. Sie schienen übrigens ganz neu, ‚frisch ab Presse' zu sein!

Wenn du möchtest, kann ich dir die Einführung im Katalog kopieren und zustellen.
Das Vorwort hat André Kamber geschrieben, daran anschließend je ein Text von Dieter
Bachmann und E. Th. Zürcher. Ich habe auch noch drei Zeitungsartikel: Aargauer Tag-
blatt (A. Zwez), NZZ (eine Hs.) und züri-tip (unbekannter Autor)."

Hilfreich für den Leser scheint mir der Text von A. Zwez im Aargauer Tagblatt zu
sein: *„Der Eisenplastiker, Bildhauer, heute Zeichner und Holzschneider, Robert Müller*
(1920) schreibt mit seiner Ausstellung kretischer Zeichnungen und Holzschnitte im Aus-
bildungszentrum der ‚Holderbank' Management und Beratung AG in Holderbank ein
neues Kapitel in Derrick Widmers ‚Holderbanker Buch der Kunst'. Einmal mehr gibt
es dabei ein Bindeglied zum Kunstmuseum Solothurn, dessen Konservator, André
Kamber, schon mehrfach an Eröffnungsabenden zur illustren Schar aus Industrie
und Kunst gesprochen hat. Diesmal kann von einer eigentlichen Zusammenarbeit
die Rede sein, haben doch Solothurn und ‚Holderbank' den Katalog – ein druck-
grafisches Meisterwerk – gemeinsam finanziert. Und die Zeichnungen (nicht die Holz-
schnitte) bilden im Frühling dieses Jahres eine Ausstellung im Graphischen Kabinett
des Kunstmuseums Solothurn. Die in gewissem Sinne archaisch wirkenden, Leben
schildernden Zeichnungen von Robert Müller sind nicht einfach ein Aspekt aus dem

Gesamtschaffen des Künstlers, sondern – auf heute bezogen – das Werk selbst. Die Ausstrahlung der häufig mit Federkiel auf faserhaltiges, altes Papier ‚geschriebenen' Zeichnungen gründet auf dieser Konzentration. Den zwischen 1978 und 1987 während jährlicher Aufenthalte an einem (fast) geheim gehaltenen Ort im Innern der Insel Kreta entstandenen Blättern geht eine Lebensgeschichte voraus. Anfangs der 50er-Jahre gehörte der in Paris lebende Robert Müller zu den weltbekanntesten Eisenplastikern. Seine ungegenständlichen, zwischen ‚Konstruktion und Geste' stehenden, körperliche Sinnlichkeit thematisierenden Plastiken reisten um die Welt. Um 1970 wechselte der Künstler den Werkstoff, ging dazu über, mit Holz, Marmor, Polyester, Beton zu arbeiten, wobei es ihm nicht gelang, mit den neuen Arbeiten dieselben Erfolgs-Höhenflüge zu bewirken wie bis anhin; der Markt machte nicht mehr mit. Diese Entwicklung lähmte den Künstler mehr und mehr, um 1977/78 entstanden die letzten Skulpturen. Auf die Leere folgte ein Neubeginn, abseits der Heerstraße der Kunstszene. Das Sich-Zurücknehmen äußerte sich nicht nur in der Lebenshaltung, sondern auch in der anschließenden Konzentration auf Zeichnungen und Holzschnitt. Den Hauptteil bilden die kretischen Blätter, von denen eine Auswahl nun in Holderbank ausgestellt ist … Robert Müller bezeichnete die Erotik einmal als die einzige reine Inspirationsquelle. Dieses körperlich-sinnliche Moment ist auch heute noch Nahrung für den Künstler. Doch die Thematik als Ganzes ist weiter gefasst, dreht sich im Kreislauf von Werden, Sein und Vergehen, betrachtet aus der Optik eines alternden Mannes, der sich – Picasso gleich – oft als Selbstbildnis in die Darstellung einbringt. Alt oder zumindest älter sind oft auch die kretischen Frauen und Männer, die da gehen, sitzen, rauchen, trinken, einen Hasen häuten, einen Schafbock führen, Totenwache halten, zur Kirche gehen usw. … Das Faszinierende an den Arbeiten ist letztendlich die Fähigkeit des Künstlers, das Anekdotische ins Allgemeingültige überzuführen und damit der Zeichnung jene Eigenständigkeit zu geben, die zur Aussage berechtigt, dass das Schaffen von Robert Müller in ihr eine gültige Fortsetzung gefunden habe (was der Markt übrigens mit entsprechenden Preisen zwischen 5'000 und 10'000 Franken honorierte).

Zum Abschluss möchte ich noch kurz Ausschnitte aus einer überarbeiteten Fassung von Dieter Bachmann in der Publikation von 1990, herausgegeben von André Kamber zitieren; es handelte sich dabei um eine überarbeitete Fassung eines Porträts für die Zeitschrift „du" mit dem Titel „**JE ME BASE SUR LE PLAISIR**".

„Im Atelier von Miriam Müller, seiner zweiten Frau, steht, mit einem Tuch abgedeckt, die berühmte ‚Veuve du Coureur' Robert Müllers, die einst so viel Skandal gemacht hat, das Fahrrad auf Füßen, aus dessen Sattel, tritt man die Pedale, ein ordentlicher Prügel stößelt – die ‚Witwe', die rührende von 1957, die sich zu einem Sexshop von 1990 so verhält wie Schneewittchen zur Bahnhofsdirne ...

‚C'est à Paris que ça se passe', hatte Germaine Richier Müller geschrieben."

Auch Cuno Amiet (siehe Kapital 2: Frühe Begegnungen mit der Kunst) hat die Südfranzösin Germaine Richier sehr verehrt und von ihr 1937 das Gemälde „La Dame d'Arles" gemalt.

„An Weihnachten 1949 kommt Müller in Paris an, auf dem Sprungbrett in die tollen Fünfzigerjahre, als das Nachkriegs-Paris, aufblühend, aufschäumend, jubelnd wieder das Weltzentrum der Kunst wird, der Philosophie, der Literatur, des Lebens – ja, ‚ein Fest fürs Leben', wie Hemingway 1950 schreibt; ‚wenn du das Glück hattest, als junger Mensch in Paris zu leben, dann trägst du die Stadt für den Rest deines Lebens in dir, wohin du gehen magst, denn Paris ist ein Fest fürs Leben.'"

„1959 geht die erste Retrospektive von Basel nach Zürich, Los Angeles, San Francisco, North Carolina, Ottawa, Baltimore, New York; im gleichen Jahr nimmt er in Minneapolis, Kassel (documenta II) und Paris an Ausstellungen teil. Robert Müller ist ‚gesetzt', wird von privaten und vielen öffentlichen Sammlungen angekauft. Neben den (älteren) Gonzales und Chillida und den (jüngeren) Tinguely und Luginbühl ist er der berühmteste Eisenplastiker der Welt. 1964–65 wandert eine große Ausstellung mit fünfundvierzig Skulpturen, hundertfünfunddreißig Zeichnungen und achtzehn Holzschnitten von Amsterdam (Stedelijk) über Bern nach Brüssel, Düsseldorf und Wien. Harald Szeemann schreibt: ‚Eine Ausstellung von Robert Müllers Skulpturen ist eine einzigartige, selten gewordene Demonstration dessen, was wir unter einer kontinuierlichen künstlerischen Entwicklung verstehen.'"

„Ende der Sechziger-, Anfang der Siebzigerjahre bricht Müller mit seiner eigenen Geschichte aus Eisen und Stahl. Einerseits besinnt er sich wieder der Anfänge als Bildhauer – und arbeitet erneut in Holz, in Bronze. Neu kommt der Marmor dazu und Polyester. Wie trotzig ist das: Ihr werdet mich auch ohne Eisen akzeptieren. Eine Serie von Entwürfen haben wir in allen vier Materialien ausgeführt. 1971 zeigt die Galerie de France die neuen Arbeiten. Sie stoßen auf Befremden. Ein Tabu ist verletzt. Robert Müller hat einen Schritt getan, den man auf diesem Markt nicht ungestraft tut: Er hat die künstlerische Identität, mit der er berühmt geworden ist, gewechselt. In den Künsten, nirgendwo mehr, wird so viel von Freiheit geredet, dass Kunst schon fast der Freiheit zum Verwechseln ähnlich sieht. Aber sehe sich jeder vor, der sich die Freiheit nimmt, sich zu ändern. Hat man sich, mühsam genug, ein Bild vom Eisenschmied gemacht, um jetzt einen Marmormüller zu erleben? Die Kritik steht fröstelnd. Der Markt quittiert: Aus. Natürlich tröpfelt noch etwas nach – aber im Vergleich mit den fröhlichen Eisenzeiten zieht nun die Eiszeit ein."

Mehr als drei Jahrzehnte stand die 30 Tonnen schwere Betonskulptur „Fanfare" auf dem Heimplatz direkt vor dem Kunsthaus in Zürich. Zwischendurch wurde sie wieder frisch angemalt. Seit Mai 2010 ist sie von dort verschwunden, das heißt, sie wurde im Hof des Gymnasiums in Langenthal aufgestellt. Die Aktion kostete 160'000 Franken.

Beim Neubau des Gymnasiums und des Seminars sah die zuständige Kommission 1967 vor, im Schulhof eine Monumentalplastik aufzustellen. Ein Kunststreit sorgte für hitzige Debatten und zornige Leserbriefe. 1968 forderten elf Gymnasiallehrer den Langenthaler Gemeinderat auf, Müllers „Fanfare" fallen zu lassen. Gleichzeitig trat die „Aktionsgruppe für guten künstlerischen Schmuck" auf den Plan und sammelte mehrere Hundert Unterschriften gegen die „Fanfare". Der Gemeinderat knickte unter diesem großen Druck ein. Die Arbeiten an der „Fanfare" wurden sistiert, der Auftrag von der Baukommission rückgängig gemacht. Erst 1977 konnte Robert Müller seine „Fanfare" vor dem Kunsthaus Zürich doch noch realisieren.

Persönlich hat mich der Abtransport der großen Betonplastik vor dem Kunsthaus symbolisch an den traurigen Untergang des einstigen weltweiten Ruhms von Robert Müller erinnert. Jedenfalls ist es um den einst so bekannten und begabten Künstler ziemlich stille geworden.

Wie mir Leonardo Bezzola berichtete, gab es dann noch einen peinlichen Solothurner Skandal um Robert Müllers „Objet Soleure". Dank dem Einsatz von André Kamber schuf Robert circa 1972 für das Seminar Solothurn die große Metallplastik „Objet Soleure" (abgebildet im ersten Buch „Kunstausstellungen Holderbank"). An dieser eleganten und eindrücklichen Plastik setzte innen mit der Zeit Rost an, weshalb André Kamber die Behörden darauf aufmerksam machte. Die Antwort: „Wir sind da, um Kunst zu kaufen, und nicht, um sie zu unterhalten."

Der Rost breitete sich sachte weiter aus, und so ließ der Kultursekretär des Kantons Solothurn ungefähr vor zwei Jahren die Plastik bei Nacht und Nebel entsorgen. André Kamber und Peter Jeker knöpften sich den Stadtpräsidenten und den zuständigen Regierungsrat vor. Diese begriffen schnell, dass sie in einer gewaltigen „Seldwylerei" mit drin hingen, und pfiffen ihren eigenwilligen Sekretär zurück.

Leonardo Bezzola konnte André mit seinem Nachbarn in Bätterkinden, Vizedirektor und Vorsteher der Abteilung Restauration der Hochschule der Künste Bern, und dessen Spezialisten zusammenbringen. Die einzelnen Teile der Plastik waren in einem Werkhof in Aarburg – vor der endgültigen Verschrottung – zwischengelagert. Von dort konnten sie noch rechtzeitig in eine spezialisierte Werkstätte in St. Gallen gebracht und restauriert werden. So steht heute glücklicherweise das „Objet Soleure" wieder an seinem alten Ort.

Urs Bohlen, Margrit und Hans-Peter Müller steigen
aus dem Wagen von Ben Vautier, Holderbank, 1991
© Leonardo Bezzola

50

„KUNSTZUG IN HOLDERBANK"

Ansprache: Derrick Widmer. Ohne Publikation
Franz Anatol Wyss – Gérard Dufresne „Paris, ein bildnerisches Tagebuch"
Begrüßung und Einführung: Derrick Widmer

Zur Vorgeschichte dieser bemerkenswerten Ausstellung: Am 27.11.1990 erhielt ich einen Brief von Markus R. Bodmer (Public Relations Gruner & Partner AG in Basel) mit folgendem Inhalt:

„Haben Sie besten Dank für die Einladung zur Vernissage vom vergangenen Freitag mit Robert Müller. Recht gelungen war auch das griechische Kulinarium, welches mich in Gedanken in hellenische Lande versetzen ließ. … Ich erlaube mir deshalb, Ihnen auf diesem Weg, den Kunst-Zug (eine Idee erster Klasse) vorzustellen: Sieben prominente bildende Künstler der Schweiz kreieren zusammen mit der Basler Galerie Littmann einen Kunst-Zug. Eine fahrende Ausstellung, die zum 700-Jahr-Jubiläum der Eidgenossenschaft im hintersten und letzten Winkel der Schweiz zur Vernissage lädt. Für den Start wird eine Kombination mit der Art '91 Basel gesucht: Das Finale dürfte im November nächsten Jahres sein. Dazwischen ist alles offen. Möglich, dass der Kunst-Zug zwei bis drei Tage bei Ihnen in Holderbank stationiert wird."

„Die Formation des Kunst-Zuges besteht aus Güterwagen plus einem Bar-Speise-Wagen. Für jeden dieser Wagen gestaltet einer der Künstler (Beilage) sein Konzept. Der zusammengekoppelte Kunst-Zug beinhaltet somit sieben Einzel-Ausstellungen in einer noch nie dagewesenen Form.

Die Suche nach Sponsoren hat bis dato eine feste Zusage und zwei Absichtserklärungen hervorgebracht. Ich könnte mir vorstellen, dass die Idee vom Kunst-Zug auch für die ‚Holderbank' von Interesse sein könnte …"

Installation des „Kunstzuges" (oder „Kunstgüterzuges") unter der Regie
von Jean Tinguely in einer MUBA-Halle in Basel, 1991 © Leonard Bezzola

Am 28.3. 1991 erhielt ich ein weiteres Schreiben von Herrn Bodmer:

*„Welcome back from Hong Kong! ... Die Galerie Littmann bekundet in der Tat Mühe
mit der Organisation des propagierten Kunst-Zuges. So hat denn Ihre Rücksprache
mit Bernhard Luginbühl eine gereizte Reaktion seitens Klaus Littmann provoziert. Es
scheint Herrn Littmann unangenehm zu berühren, dass sein Projekt bei beteiligten
Künstlern hinterfragt wurde. Ein Unterfangen, Sie können es sich vorstellen, welches
meine Beziehungen zum Hause Littmann betrüben ließ. Unter den gegebenen Umständen habe ich mich entschlossen, mich vom Projekt zurückzuziehen. Ob und wie
Sie die Angelegenheit mit der Galerie Littmann weiterverfolgen zu gedenken, möchte
ich Ihnen überlassen ..."*

Mit Klaus Littmann wurde ich dann rasch handelseinig, wobei die Kosten dieses
Unterfangens mittlerweile bereits wesentlich höher waren als die ersten vier
oder fünf Ausstellungen. Die Anzahl der Gäste (Kunstsammler, Kuratoren, Politiker
und Geschäftsleute) an der Vernissage war viel größer geworden, ebenfalls die
positiven Reaktionen in den Tageszeitungen. Die an der Art Basel 1991 erstmals

gezeigte Zugskomposition rollte dann nach Holderbank, beladen mit Kunst. Das Nachtessen beim Zug von und mit Bernhard Luginbühl fand ab 19.30 Uhr statt. Dieser Anlass war zu einem eigentlichen „Event" von Zürich bis Basel und Bern geworden, man musste einfach dabei sein. So viele prominente Gäste hatten wir bisher noch nie.

Unter dem Titel „Kulturgüterwagen" schrieb Tobia Bezzola im Buch „Kunstausstellungen ‚Holderbank'/1": *„Auf Initiative des Basler Galeristen Klaus Littmann ging im Jahr 1991 ein sogenannter Kulturgüterzug auf die Reise durch die Schweiz; unter anderem machte er auch halt in Holderbank. Littmanns Idee einer fahrenden Galerie, bestehend aus alten SBB-Güterwagen, fand bei einer ganzen Reihe namhafter Künstler großen Anklang, und sie alle gestalteten oder bestückten einen Wagen mit ihrer Arbeit.*

Eva Aeppli, in Paris lebende Schweizer Künstlerin, füllte einen der SBB-Güterwagen mit ihren gespenstischen Stoffpuppen; Bernhard Luginbühl fügte Eisen zu Eisen und schuf eine Schrott-Assemblage; Milena Palakarkina hängte ihre schrillen Gemälde vor die Fenster eines Speisewagens; aus Daniel Spoerris Güterwagen, einem eigentlichen Naturgüterwagen, grünte und spross es aus allen Ritzen und Fugen; Jean Tinguely ließ in seinem Güterwagen eine Anzahl erotischer Juxmaschinen rattern; Ben Vautier, Fluxus-Veteran aus Nizza, gestaltete seinen Wagen als fahrendes dadaistisches Bordell, und Jim Whiting, Pionier computeranimierter Kinetik, schickte eine riesige Menge alter Koffer auf die Reise."

Ben Vautier hatte die Besucher mit seinem fahrenden Bordell nicht so stark geschockt wie mit seiner Botschaft auf einem Bild am Eingang des Schweizer Pavillons in Sevilla anlässlich der Weltausstellung 1992; diese Botschaft trug den Titel „La Suisse n'existe pas!" Sie wurde von vielen Besuchern aus der Schweiz als Provokation empfunden, wurde in den Medien emotional hochstilisiert und im Parlament heftig diskutiert. Mein Freund, der Berner Musiklehrer Adolf Burkhardt (2002 gestorben), hatte sich national mit der künstlerischen Leitung des Schweizer Pavillons 1992 in Sevilla einen Namen gemacht. Eigentlich ging es mit der Botschaft von Ben Vautier nur darum, zu unterstreichen, dass die Schweiz kein einheitliches, sondern ein Land der kulturellen Vielfalt ist.
Die alte Zementfabrik hatte noch einen direkten Geleise-Anschluss für den Transport des Zements per Bahn. Allerdings lag dieser jetzt neben einem neuen Gebäude, das der Gipsunion vermietet war. Die Länge der sechs Güterwagen mit dem Speisewagen war für die Platzverhältnissee vor der Lagerhalle der Gips-

union zu groß. Da sich der Speisewagen mit der Kunst von Milena Palakarkina durch ziemlich große Frivolität auszeichnete und vermutlich bei den Besuchern Anstoß erregt hätte, ließen wir mit der Bewilligung des Bahnhofvorstands von Wildegg den Speisewagen am dortigen kleinen Bahnhof auf ein Nebengeleis abstellen. Der Bahnhofsvorstand meinte uns gegenüber, diese Bilder seien etwas unzüchtig. Die noch junge Künstlerin Palakarkina konnte in der letzten Zeit verschiedene Kollaborationen mit Jean Tinguely machen. Das Gerücht wollte wissen, dass es sich bei der jungen Dame um die letzte Geliebte von Tinguely gehandelt hatte.

Kaum war die Zugskomposition – einige Stunden vor der Vernissage – vor dem hinteren Ausgang der Gipsunion-Lagerhalle mithilfe einer SBB-Lokomotive aufgestellt, begann ein emsiges Treiben. Klaus Littmann war ebenfalls zur Stelle, um nach dem Rechten zu sehen. Die Söhne von Luginbühls waren auch bereits eingetroffen, um sich um ihren Luginbühl-Wagen zu kümmern. Sie bespritzten den von grünen Pflanzen vollständig bewachsenen Güterwagen von Daniel Spoerri mit Wasser. Ein von Helen Wüthrich (vom Luginbühl-Clan) zusammengesetztes Prachtbukett stellte diese in eine große weiße Stufenvase (auch ein Kunstwerk) von Ursi Luginbühl, welche die Firma „Holderbank" Management und Beratung AG ihr vor einiger Zeit als Dekoration für das Ausbildungszentrum abgekauft hatte. Daniel Spoerri sagte mir einmal, dass Ursi Luginbühl eine begnadete Keramikerin sei und mit etwas mehr Zeit eine der weltbesten sein könnte. Ursi war eigentlich die Managerin des gesamten Luginbühl-Familien-Kunstbetriebs und dazu noch eine begnadete Köchin.

Der Güterwagen von Jean Tinguely stimmte die anwesenden Künstler Dieter Roth, Daniel Spoerri, Jim Whiting und die Familie Luginbühl etwas traurig, war Jean Tinguely doch eine Woche zuvor – am 30.8.1991 – verstorben. Ursi Luginbühl erkundigte sich bei mir, ob ich ein schwarzes Tuch organisieren könne, um dieses am Güterwagen von Tinguely als Trauerflor zu befestigen. In meinem Büro fand ich noch eine schwarze Militärkrawatte, die Ursi auseinanderriss und so am Tinguely-Wagen befestigte.

Die Gipsunion stellte freundlicherweise nicht nur ihr immer noch benütztes Bahngeleise zur Verfügung, sondern räumte auch einen Teil ihrer mit Gipsplatten gefüllten modernen Lagerhalle, um Platz für die Ansprache und das großzügige Essen der Vernissage-Teilnehmer zu machen.

Auf der Einladungskarte der HMB stand auch: „Benützen Sie die Gelegenheit am Freitag, 6. September 1991, ab 17.30 Uhr das fahrende Museum zu besichtigen. Nachtessen beim Zug von und mit Bernhard Luginbühl ab 19.30 Uhr."
Bernhard Luginbühl traf auch noch vor der Vernissage ein, und dann fing die ganze Großfamilie Luginbühl mit der Vorbereitung des Buffets für die Vernissage-Gäste an. In einem Riesentopf kochte schon bald eine schmackhafte und nahrhafte Suppe. Dazu gab es verschiedene Emmentaler Spezialitäten wie Holzofen-Brot, Zöpfe, guten Käse, Oliven und so weiter. Auch roter Wein war in großen Mengen verfügbar. Bärni hatte überdies seine Enkelkinder – damals im Erst- und Zweitklässler-Alter – mitgebracht. Kurz nach dem Eintreffen der ersten Gäste und bis kurz vor Einbruch der Dunkelheit verschwanden diese immer wieder unter dem Tinguely-Wagen. Hatten sie ein neues Spiel entdeckt? Wir stellten dann fest, dass sich die witzigen Tinguely-Maschinen im Güterwagen nur bewegten, wenn diese mit 50-Rappenstücken gefüttert wurden; die Münzen fielen aber nicht etwa in eine Kasse, sondern direkt unter den Bahnwagen aufs Bahngeleise. Auf diese Weise besserten die Luginbühl-Großkinder ihr Sackgeld auf, und so wurde diese Vernissage auch für die Kinder zu einem unvergesslichen und lukrativen Abend. Wie Annelise Zwez im Aargauer Tagblatt vom 7.9.1991 schrieb, ist der verschmitzte „Stützlisex" für Kinder eines der letzten Werke, die der Künstler mit seinem Assistenten Sepp Imhof realisiert hat. Tinguely soll im Sommer 1991 einem Journalisten gesagt haben: *Mein Testpublikum sind die Kinder, ihre Reaktion auf meine Werke, das ist der Maßstab, den ich anlege. Wenn ich einen ‚makabristischen' Apparat baue, grausig und schauderlich, dann prüfe ich diesen an den Kindern: Laufen diese davon, so heißt dies, dass ich etwas falsch gemacht habe."*

Frau Zwez schrieb weiter: *„Der Basler Kunst-Zug ist zweifellos mit viel Lust fürs außergewöhnliche Spiel entstanden. Das heißt aber mitnichten, dass die installierten Werke nur vordergründig wären. Zu sehr sind die Filmberichte der Judendeportationen aus dem Zweiten Weltkrieg in uns, als dass wir von Eva Aepplis eindrücklicher, textiler Figurengruppe, die dicht gedrängt aus der seitlichen Schiebetüre schaut, nicht an die entsprechenden Bilder erinnert würden, und zwar von einer Intensität, die unter die Haut geht."*

Der 6.9.1991 war ein herrlich warmer Spätsommerabend. Man speiste und trank auf „Waldfestbänken" zwischen den noch in der Halle verbliebenen aufgestapelten Gipswänden, und die Stimmung war perfekt. Dazu trug natürlich auch bei, dass wir zum ersten Mal zur Unterhaltung unserer Vernissage-Besucher eine Jazzband engagiert hatten. Unser offiziell nicht existierendes Budget war jetzt wesentlich großzügiger geworden. Am späten Abend ließen sich einige Gäste zur immer stärker aufspielenden Musik noch zu einem Tanz verführen – trotz rohen Zementbodens. Die gute Stimmung der Gäste und der anwesenden Künstler hatte einen neuen Höhepunkt erreicht.

Meines Wissens war die Reise der Kulturwagen durch die Schweiz beziehungsweise Littmanns Idee einer fahrenden Galerie, mangels genügender Sponsoren, von relativ kurzer Dauer. Wir profitierten aber davon, dass wir ein eigenes Bahngeleise hatten und diese Güterwagen erst an der Art Basel 1991 einmal gezeigt worden waren.

Mit dem Kunst-Zug fand auch die länger dauernde Ausstellung mit **Franz Anatol Wyss** und **Gérard Dufresne** statt. Tobia Bezzola hat diese beiden Künstler wie folgt beschrieben:

„Franz Anatol Wyss (geboren 1940 in Fulenbach SO; lebt in Fulenbach). Als er sich Mitte der Sechzigerjahre zum Zeichenlehrer ausbilden ließ, hatte er an der Kunstgewerbeschule auch einen Kurs im Radieren zu besuchen. Diese anspruchsvolle Technik faszinierte ihn dermaßen, dass er sich als freier Künstler bald ausschließlich der Radierung widmete. Die Anfänge zeigen Einflüsse des Jugendstils, bald treten fantastische, surrealistische Menschendarstellungen ins Zentrum. Menschen und Menschenmaschinen, humanoide Automaten, Köpfe mit seltsamen Masken und Helmen, gegürtet, an Schläuche und Kabel angeschlossen, eine unheimliche Science-Fiction-Welt.

Zum Teil in umfangreichen Mappen gebündelt, hat Wyss bis heute ein reiches druckgrafisches Werk geschaffen. Unerreicht seine handwerkliche Beherrschung der Drucktechnik, die er in enger Zusammenarbeit mit Druckern seines Vertrauens immer zu neuen Grenzen treibt. Inhaltlich hat sich das Spektrum in den letzten Jahren erweitert. Landschaft und Architektur, von der archaischen Hütte bis zum industriellen Großbau, treten auf, die Blätter spiegeln das Aufeinanderprallen von Natur und Kultur, die Konvergenz der Formen, die Konfrontation der gegenseitigen Ansprüche.

Im Sommer 1988 hielt sich Wyss im Atelier des Kantons Zürich in der Cité Internationale in Paris auf. Während zweier Monate entstand ein 70-teiliger, tagebuchartiger Bildzyklus, inspiriert von den Eindrücken der Großstadt. Wyss bat seinen Freund, den Fotografen Gérard Dufresne, spezialisiert auf Architekturaufnahmen, auf seine Zeichnungen künstlerisch zu reagieren. Dufresne ordnete jeder der Zeichnungen eine Schwarz-Weiß-Fotografie einer Pariser Szene zu, der spannende Dialog zwischen Zeichner und Fotograf war 1991 anlässlich einer Ausstellung im Ausbildungszentrum der ‚Holderbank‘ Management und Beratung AG zu sehen."

Zwez schrieb im Aargauer Tagblatt: *Nur einer, der Paris wie seine Hosentasche kennt, kann „sein" Paris so sensibel in die Werke eines „Fremden" einbringen.*

Diese Ausstellung dauerte vom 6. September bis 4. Oktober 1991. Wir hatten die Bilder und Fotografien teilweise auch in den Gängen des Hauptgebäudes aufgehängt. Ich bin verschiedentlich nach einem langen Arbeitstag mir nochmals die eindrücklichen Zeichnungen und Grafiken anschauen gegangen. Je mehr ich mit der Kunst von Wyss vertraut wurde, desto besser gefiel sie mir und desto entspannter fühlte ich mich. Aus einer der Zeichnungen von Franz Anatol Wyss produzierten wir dann die Weihnachtskarte 1991 für „Holderbank".

Dieter Roth, Holderbank, 1992
© Leonardo Bezzola

DIETER ROTH – BJÖRN ROTH UND COLLABORATIONS MIT INGRID WIENER & RICHARD HAMILTON

AUSSTELLUNG 1992 – NR. 11, 23. OKTOBER 1992 – 19. MÄRZ 1993

Begrüßung und Einführung: Derrick Widmer
Vom Künstler gestalteter fotokopierter Katalog

Im Juni 1993 folgte unter dem Titel „Wahn. Sinn. Kunst. Müll. Dieter Roth in der Fabrik" eine diese Ausstellung dokumentierende Nummer der Zeitschrift „du".

Ein Wunder war geschehen: Die große Betonhalle wurde definitiv geräumt und stand uns nun für weitere Ausstellungen zur Verfügung. Jahrelang hatte ich auf diese Möglichkeit gehofft und gedrängt. Einzig bei der Ausstellung von Alfred Hofkunst 1989 erhielten wir erstmals die nicht vollständig geräumte Holzhalle für die Zeit der Ausstellung zur Verfügung. D. R. spürte sofort, dass er jetzt völlig frei war, diese Halle nach seinen Ideen unkonventionell zu gestalten und dass ihm hier kein Museumsdirektor, kein Kurator, einfach niemand dreinreden oder gute Ratschläge erteilen würde und wir ihm jeden noch so verrückten Wunsch erfüllen würden. Zudem war die Halle erstmals zweckentfremdend eingesetzt, d. h., sie wurde weder neu gestrichen, noch wurden die gelben Markierungen am Boden entfernt, und der große Kran (overhead crane), mit welchem früher tonnenschwere Ersatzteile für die Fabrik an den richtigen Lagerplatz in der Halle befördert wurden, blieb unverändert und funktionstüchtig erhalten. Wir ließen einzig die aus Neonröhren bestehende Beleuchtung durch viele starke Glühbirnen ergänzen und einige kaputte Oberlichtfenster reparieren.

Im Titel der Ausstellung Nr. 11 wird auch von Collaborations mit Ingrid Wiener und Richard Hamilton gesprochen. Im Kapitel der Dieter-Roth-&-Ingrid-Wiener-Ausstellung 1986 – Nr. 6 in Holderbank wurde die Künstlerin Ingrid Wiener kurz vorgestellt, aber noch nicht der britische Maler und Grafiker Richard Hamilton (1922 bis 2011). Weltberühmt wurde Hamilton, als im Jahr 1956 die Whitechapel Art

Gallery in London ihn mit der zukunftsweisenden Ausstellung *„This is Tomorrow"* präsentierte. Mit der dort ausgestellten Collage *„Just what is it that makes today's homes so different, so appealing?"* kreierte Hamilton eine Ikone der Pop-Art, was als Beginn der Pop-Art gilt. Er verwendete Gebrauchsgegenstände und führte moderne Technik in der bildenden Kunst ein; er verwendete Fotografien sowie Plakate für seine Gemälde und Collagen. Richard Hamilton wurde offenbar durch die Literaturwürste auf D. R. aufmerksam und schlug ihn für den Copley-Preis vor. Mit Hamilton begann so eine jahrelange Freundschaft, in deren Verlauf gemeinsame Bilder und Interviews entstanden.

Über die Literaturwürste erklärte D. R.: *„From time to time I take a book I can't stand or from authors I want to annoy and make: sausages circa 40 cm long, 8 cm thick, should end up as an edition of 50, titled, at the outside signed, numbered (get a recipe from a butcher for sausages and follow this recipe exactly…)"*

D. R. nahm im Spätsommer 1992 zusammen mit seinem Sohn Björn und drei oder vier isländischen Freunden die Betonhalle in Beschlag und dies während vieler Wochen. Nach kurzer Zeit wurde mir klar, dass hier etwas völlig Neues und vielleicht sogar Verrücktes und Wegweisendes am Entstehen war. Deshalb musste diese hervorragend zusammenarbeitende Crew unseren bestmöglichen Support erhalten. Wir betreuten sie auch beim Mittagessen. Sie tauchten immer wieder stundenlang in der Halle auf, und dem Hotelier und Wirt in Wildegg – wo sie alle im Hotel wohnten – machten wir klar, dass uns an deren Wohl sehr gelegen war. Allerdings tranken sie am Abend im Restaurant des Hotels manchmal so viel, dass dabei großer Lärm entstand, sodass sich andere Gäste des Hotels beklagten und wir am andern Morgen den Hotelwirt wieder beruhigen mussten. Dies fiel uns umso leichter, als die Isländer und D. R. für gutes Essen und vor allem für Tranksame nicht sparten und das Hotel ohnehin ständig von Lieferanten und Gästen der Holderbank viel profitierte.

Anfänglich glaubten wir, dass in der Betonhalle ein hoffnungsloses Chaos am Entstehen war. Wir irrten aber, wenn wir meinten, bei D. R. regiere der Zufall. Wahrscheinlich liebte er den Zufall, aber ihn regierte der Hang und Zwang eines ebenso skrupulösen Ordnungssystems. So hatte er auch in seiner nach konventionellen Maßstäben viel zu großen Jacke präzise Ordnung, d. h. seine Agenda mit vielen Notizen und seine Farb- und Filzstifte waren klar und säuberlich in seiner überdimensionierten Rocktasche geordnet. D. R. erklärte uns einmal, dass er nie einen

Anzug einfach so kaufe; sobald er sich in einem Ladengeschäft für einen Kittel entschieden habe, müsse die Innentasche so abgeändert beziehungsweise vergrößert werden, dass seine große Agenda und die Bleistifte und Farbstifte darin Platz hätten. Bernhard Luginbühl hat mich einmal auf diese Tatsache aufmerksam gemacht und erklärt, dass D. R. – im Gegensatz zur weitverbreiteten Meinung – gar kein Chaot, sondern ordnungsliebend sei. Schon zu Beginn des Aufbaus der Ausstellung wusste D. R., wie seine Ausstellung auszusehen hatte. Von Chaos keine Rede. Er faxte Björn im September 1992 ein Bild der Cardinal's Gallery (G. F. Panini), um ihm zu zeigen, wie er die Halle bestückt haben wollte. Außerdem arbeitete er einen genauen Plan aus, auf dem ersichtlich war, wer von seinen Mitarbeitern (inklusive ihm selbst) wann wo zu sein hatte (Björn, Eggert, Gudlang, Gunnar, Pétur und Pora, an welchem Tag in Basel, Holderbank, Island oder Hamburg).

D. R und seine Mannschaft schleppten unheimlich viel Material des täglichen Lebens an. Dabei fiel auch eine Vorliebe für veraltete Apparate auf: Telexgeräte, Polaroidfoto-, Video- und Filmkameras auf. Ferner wurden Telefone, Transistorradios, Tonbandgeräte, elektronische Musikinstrumente und Fernsehapparate vor oder neben den großen Holzskulpturen befestigt oder direkt in diese eingebaut. Natürlich wurden auch viele Bilder und Zeichnungen an den Wänden befestigt.

D.R. brauchte für seine „Gartenskulptur" immer mehr Material. So entdeckte er auf dem Werksgelände einen alten Zwei-Räder-Karren aus Holz und fragte uns an, ob er diesen für seine Skulptur verwenden könnte. Ohne jemanden zu fragen, zogen wir diesen Karren einfach still und heimlich in die Lagerhalle und stellten ihn D. R. zur Verfügung. Wir halfen dem Künstler und seiner Mannschaft auch mit Leitern aus Holz, Einmachgläsern und vielen andern Gebrauchsgegenständen aus. Heidi Häfeli war immer dafür besorgt, dass sich genügend volle Weißwein-Flaschen (Marke Epesses) an der Bar neben dem Klavier befanden. Dafür spielte D. R. gegen Abend bei den wochenlangen Vorbereitungen der Ausstellung von Zeit zu Zeit auf dem Klavier, das er bestens beherrschte.

Ungefähr vierzehn Tage vor der Vernissage erklärte mir D. R., dass er die westliche Stirnwand bei Eingang der Halle so leer finde. Er hätte da eine Idee: Sein mehrfach übermalter Atelierboden in seinem Haus in Island könnte vor Ort abgesägt und nach Holderbank spediert werden. Ich fragte ihn, ob er dies wirklich in vierzehn Tagen per Schiffstransport bewerkstelligen könne und was der Transport seiner Schätzung nach etwa kosten würde. Da ich bereits ahnte, dass wir die bei früheren Ausstellungen üblichen Kosten von CHF 50'000 längstens um ein Mehrfaches überschritten hatten, andererseits zunehmend spürte, dass ein Gesamtkunstwerk von Weltformat im Entstehen begriffen war, sagte ich spontan zu. D. R. telefonierte sofort nach Island, und in der Tat zwei Tage vor der Vernissage traf dieser Boden (11 auf 6 Meter) zu meinem Erstaunen in Holderbank ein, wo er sofort von den Isländern an die noch leere Wand montiert wurde. Dort, wo sich die Türe zur Halle befand, war jetzt ein Teil des riesigen Holzbodens seines Ateliers als Bild montiert. Kurzerhand wurde von den flinken Isländern eine Tür in die Holzwand gesägt – genau dort, wo sich die Eisentüre der Halle befand, und fertig war der Eingang zur Kunst-Halle. Dieses riesige „Holzboden-Bild" wurde später sehr berühmt und gilt heute als eines der wichtigsten großen Bilder von D. R.

Heidi Häfeli mailte mir beim Lesen meines Manuskripts noch eine Bemerkung zum ausgestellten hölzernen Atelierboden aus Island zu: *„Beim Betrachten des Fußbodens fiel mir auf, dass sich darauf unzählige Farbspritzer befanden, die weiß umkreist waren. Ich fragte D. R. nach dem Warum, und er erklärte mir, dass er sich jeweils, wenn er nicht hätte schlafen können, sich auf den Fußboden seines Ateliers gesetzt und einen Kreis um die sehr kleinen und sehr vielen Farbspritzer gemalt habe."*

Eine weitere Erinnerung von Frau Häfeli und mir möchte ich erwähnen: Kurz bevor die Ausstellung zu Ende ging, gab es hohen Besuch. Bernhard Luginbühl mit Familie traf ein, und die Freude, den alten Freund D. R. wiederzusehen, war beidseits groß. Mit einem Glas in der Hand wurden alle Werke von D. R. eines nach dem andern, betrachtet und kommentiert. Ein sehr großes Bild auf Holz gemalt fand den Gefallen von Ursi und Bärni und schnell war man sich handelseinig. Am folgenden Samstag sollte der Transport stattfinden, und zwar im Beisein von D. R. Gewisse Schwierigkeiten waren vorprogrammiert. Das Bild war nämlich für Luginbühls Altstadtwohnung in Murten bestimmt, und Bärni und Ursi waren sich bewusst, dass das nicht gerade breite Treppenhaus ein großes Hindernis für das große Bild darstellen könnte. Nach einigen Tagen erzählte uns D. R., dass das Bild trotz aller Bemühungen nicht nach oben in die Wohnung hätte befördert werden können. Also wurde im Beisein von D. R. das Kunstwerk in zwei Teile entzweigesägt, einzeln in zwei Teilen nach oben getragen, wo D. R. und B. Luginbühl Hand anlegten und die beiden Teile mit Hammer und Nagel wieder zusammensetzten und zum Schluss mit dem Farbpinsel die Bruchstellen behandelten.

Dieter Roth an der Vernissage von Daniel Spoerri (links), Holderbank,
1985 © Leonardo Bezzola

Wie Heidi sich erinnerte: *„Und dann gab es ja noch die Geschichte von der eis-kalten Halle. Du hast einmal im Winter zusammen mit D. R. und Martin Schön, der einen dicken Wintermantel trug – einen Rundgang durch die Ausstellungshalle gemacht. Da fand auf Vorschlag von D. R. spontan ein Tausch von Schöns Wintermantel gegen ein Bild statt!"* Die Vermutung liegt nahe, dass Schön diesen Tausch nie bereute.

In einem Artikel vom 28.1.93 in der Süddeutschen Zeitung von Laszlo Glozer, **„Die Strategie der Spinne"**, konnte man lesen: *„In der Fabrikhalle wuchert Kunst. Ein Ort mit fester Vorbestimmung wurde innen verwandelt: nicht so, wie man es inzwischen gewohnt ist, nämlich als cool-überlegene Alternative zum Museum. Hier in Holderbank, auf dem Land zwischen Brugg und Aarau, nicht weit von Zürich, ging eine Metamorphose der besonderen Art vonstatten."*

„Der Künstler, der sich in die leer geräumte Maschinenhalle eingenistet hat, hinterließ diese nach mehreren Wochen als irrwitzig überbordende Materialhalle. Ein Voll-Haus, ein Toll-Haus, ein apokalyptisches Kunst-Warenhaus wartet mit seinem szenischen Schlussverkaufs-Totalprogramm auf. Der Künstler hört auf den Namen Dieter Roth. Nach der Fortissimo-Überrumpelung beginnt das Staunen."

Wie Karl Gerstner im erwähnten „du" schrieb: *„Räume ausfüllen bis zum Bersten, D. R. füllt auch seine Bilder und Objekte aus bis zum Bersten. Immer setzt er noch etwas dazu oder darauf. Und manchmal fotografiert er das Ganze, um auf dem Foto weiterzumachen. Ist es Angst vor dem Horror vacui? Mir fiel auf, dass er in der letzten Zeit keine leeren Leinwände für seine Bilder benützt; er kauft sich vielmehr bedruckte Tischtücher und spannt sie in den Keilrahmen. Darauf beginnt er dann zu malen, bis von dem Gedruckten kaum mehr etwas oder gar nichts mehr zu sehen ist. Dann montiert er noch die Pinsel dazu. Und zuletzt die Farbtöpfe."*

„Das Füllen findet auch in andern Medien statt. Die meisten literarischen Stücke gibt es in vielen Varianten, Erweiterungen und Fortsetzungen. Beispiel ,Tränensee'. Das sind kleine Texte, nicht länger als ein Satz. Wie: ,Die beweinen, wollen beweint werden.' Man muss sich dazu vorstellen, dass die Zeile als Anzeige in einer Luzerner Anzeigen-Zeitung aufgegeben ist und inmitten des üblichen Anzeigen-Wirrwarrs steht. In der nächsten Ausgabe wird man lesen: ,Wer mir ein Filetsteak serviert, bekommt von mir zwei Filetsteaks serviert.' Dann: „Wer mir zwei Filetsteaks serviert, bekommt von mir ein Filetsteak zurückserviert". Und so fort, ein ganzes Jahr lang (1972). Am Ende ließ

D. R. die kompletten Zeitungen mit den versteckten kryptischen Sätzen zu einem gewaltigen Buch ‚Tränensee' binden (Auflage 150 Stück)."

„Das Dokumentieren, das Lebensprotokoll als Kunst, hat bei D. R. noch eine andere, durch und durch originale Dimension. Was wir anderen – unter zunehmendem Stöhnen – wegwerfen, dient ihm als Material für seine Kunst."

„Wenn er Kaffee durch einen Filter braut, geht der Filter (mitsamt Kaffeesatz), dito der Pappbecher, aus welchem getrunken wird, dito die Kaffeetüte in eine ‚Turmgebilde' genannte Abfallskulptur ein".

„Falls die Gegenstände flach (nicht über einen Zentimeter dick) sind, werden sie bisweilen auch – in Cellophanhüllen – in Leitzordnern abgelegt. Im Laufe des Jahres 1976 haben sich auf diese Weise circa siebenhundert Ordner gefüllt, sauber nach Tagen geordnet: die ‚Sammlung flacher Abfall', als da sind: Trambillets, Restaurantquittungen, Klopapier, aber auch mal ein Kamm, eine zerquetschte Zigarettenpackung, ein Taschentuch, Hosenträger und so fort."

„Wir produzieren – entgegen allen Bemühungen – immer mehr Abfall und drohen darin zu ersticken. D. R. hat die Abfallentsorgung – ein Lebens- respektive Überlebensproblem unserer Zeit – zum Thema der Kunst erhoben (wie Bruce Naumann die Gewalt). Auch andere Künstler haben den Zivilisationsmüll als Medium usurpiert. Aber D. R. ist der unerbittlichste. So in der Produktionsanlage in Holderbank, in welcher er Abfall aus Abfall herstellt. Es handelt sich um einen mannshohen Behälter, in welchen – als Rohmaterial – sämtliche organische Abfälle hineingeworfen werden (Bemerkung Autor: Der Behälter war im Freien neben der Halle aufgestellt, sodass Regenwasser hineinfließen konnte). Durch die Verwesung und den Druck ständig neu hinzukommender Abfälle wird Saft erzeugt, der unten aus den Behältern herausgefiltert und auf Flaschen gezogen wird."

D. R. hat mir mehrmals gesagt, seine Bilder und Grafiken seien vor allem für den Kommerz gemacht. Das sei, was den Kunstliebhabern gefalle und Geld bringe. Allerdings war D. R. meistens, wenn ich ihn traf, gerade in Finanznöten, was manchmal fast etwas peinlich war. Er erzählte mir oftmals, dass er nicht mit Galeristen zusammenarbeiten könne, da diese immer wieder versuchten, ihn aufs Ohr zu legen, besonders wenn es ihm an Geld mangle. Konnte er für gutes Geld ein Bild verkaufen, so gab er dieses sogleich wieder aus.

Karl Gerstner meint, D. R. sage nicht ohne Genugtuung und Stolz: *„Ich fahre mit dem Farbwalzer einmal über den Litho-Stein – ruck –, das zahlt mir den Flug nach Reykjavik. Und – zuck – zurück, das zahlt mir den Rückflug."*

„Seine Bücher – schwieriger abzusetzen – hält er für wichtiger. Und dennoch: Der erste Poesie-Band heißt ‚Scheiße'. Es folgten ‚Scheiße 2' und ‚Scheiße 3', und ‚Noch mehr Scheiße'. Er liebt es abschätzig, über seine Arbeit zu reden, und tut dies so überzeugend."

Anfangs 1993 führte Frau Häfeli Dieter Bachmann zusammen mit Medard Meier (damals Chefredaktor der „Bilanz") durch die Ausstellung. Die beiden Besucher waren begeistert und konnten nicht verstehen, dass diese Ausstellung fast kein Echo in den wichtigsten Zeitungen der Schweiz wie Neue Zürcher Zeitung und Tages-Anzeiger hervorgerufen hatte. Noch vor Ort meinte Dieter Bachmann, dass er sich vorstellen könnte, dieser Ausstellung ein „du"-Heft zu widmen. Bereits in der folgenden Woche wurde die Ausstellung von zwei professionellen „du"-Fotografen vermessen und das einmalige Ereignis fotografisch für die Nachwelt großartig festgehalten.

Die Beschreibung der D.-R.-Ausstellung 1992/1993 möchte ich abschließen mit der Einführung des „du" (Zeitschrift der Kultur, Heft Nr. 6, Juni 1993) des damaligen Chefredaktors Dieter Bachmann:

„‚Holderbank' ist Beton. ‚Holderbank' ist der Weltgrößte im Beton- und Zementgeschäft nebst Zuschlagstoffen, Betonchemie und Dienstleistungen (Know-how-Transfer). ‚Holderbank' verkaufte 1992 weltweit in zwanzig Konzernländern 43 Mio. Tonnen Zement, bei einem globalen Bedarf von 1 Mia. Tonnen. Vorsitzender der Konzernleitung ist Thomas Schmidheiny.

Und ‚Holderbank' ist Kunst. Ein bisschen Kunst, verglichen mit den Baustoffen, die der Konzern jährlich produziert. Und Kunst fördert ‚Holderbank' keineswegs so, wie wir es mittlerweile bei Großfirmen gewohnt sind: mit Stipendien, Sponsoring, großen Publikumsausstellungen und teuren Broschüren, im Tauschhandel gegen Renommee, Image, Werbung. ‚Holderbank'-Kunst ist Derrick Widmer, allein auf weiter Flur (als der Autor dies las, wurde er fast etwas rot im Gesicht)*, und Derrick Widmer findet man im Firmenorganigramm nach Verwaltungsrat, Konzernleitung, Länderbereichsleitung unter den Konzernstäben als Direktor der ‚Management Services' der ‚Holderbank' Management und Beratung. Nebenbei mit einem Budget von etwa 50'000 Franken*

jährlich veranstaltet er auf dem Gelände der 'Holderbank' in Holderbank, AG, Kunst-
veranstaltungen. ... Und es schweigt Zürich, es schweigen die 'Neue Zürcher Zeitung'
und der 'Tages-Anzeiger' einmütiglich, gegen das, was nicht sein kann, weil's nicht sein
darf: Weltkunstereignis beim Betontycoon."

„'Holderbank' macht nix an Propaganda; wer kommt, kommt, und das sind ein paar
Auserwählte, Freunde, Informierte. Während Hundertausende in die großen öffentlichen
Ausstellungen rammeln, kommen hier, so Derrick Widmer, vor allem Roth-Freunde und
zugewandte Museumsdirektoren, die freilich auch aus Amerika; 'Fischli und Weiss waren
sechsmal da, Hugo Suter vier- oder fünfmal, Winnewisser, Burri, Spoerri, alle begeistert.'"

Und das findet schließlich auch Thomas Schmidheiny richtig, der sich, selber Sammler,
mit der Rolle begnügt, eine schützende Hand über Widmers Aktivitäten zu halten.
Schmidheiny findet Roth „phänomenal", „unwahrscheinlich", aber was Derrick Widmer
mit seiner Mitarbeiterin Heidi Häfeli tut oder nicht tut, sei „seine Sache". Allenfalls
sieht er in solchem Tun einen „Dank und eine Referenz" an den Kanton Aargau und
lässt sich noch zum spröden Satz hinreißen, man könne schließlich „nicht immer nur
Technik" machen.

Dieter Bachmann erhielt für sein „du"-Heft überwiegend positive Leserbriefe,
aber auch negative. So schrieb ein Dr. F. H. aus Nürnberg: *„Seit einiger Zeit habe*
ich 'du' abonniert. Die meisten Hefte entsprechen mir nicht, ich lese sie trotzdem des
kulturellen Überblicks halber. Zum Juni-Heft 1993: Dieter Roths 'Hegels Werke' als Wurst
im Holzgestell, Staatsgalerie Stuttgart. Warum sagt niemand aus dem Kulturbetrieb,
dass wenigstens solche Leistungen 'Des Kaisers neue Kleider' (Andersen) sind? Wie wäre
es, die Venus von Milo zu zertrümmern und die Brösel auf einer Straße aufzuwalzen –
als neue 'Asphaltkunst'?"

Die D.-R.- Ausstellung 1992 in Holderbank wurde von der Kunstwelt stärker als
die beiden früheren zur Kenntnis genommen. Auch die Anzahl der Verkäufe der
Teppiche, Bilder, Matten und Bleistiftzeichnungen waren größer als erwartet,
sodass die Ausstellung in jeder Beziehung erfolgreich war. Wir hatten auch viele
prominente Vernissage-Gäste aus Kunst, Politik und Wirtschaft.

Aus Stuttgart war Martina Zöllner, eine junge Dame des SDR-Fernsehens (Redaktion
Kultur) angereist und wollte mit ihrem Fernsehteam ein Interview mit D. R. machen.
Dieser war stark betrunken und beantwortete die korrekten Fragen des Fernseh-

teams vom Süddeutschen Rundfunk anlässlich der Dreharbeiten eines Films über Dieter Roth zum Thema „Vergänglichkeit in der Kunst" aggressiv und destruktiv. Ich war beim Interview dabei und versuchte mit allen Mitteln D. R. zu beruhigen, was mir aber fast nicht gelang. Frau Zöllner schickte dann am 16.4.93 Frau Häfeli die versprochene Kassette (nicht geschnittenes Material) nur für private Zwecke „als Dokument eines unvergesslichen Interviewversuchs – man könnte auch sagen ‚die Zertrümmerung des Interviews durch den Interviewten' oder so." Eine 30-Minuten-Fassung wurde schlussendlich vom SDR-Fernsehen ausgestrahlt.

Klaus Kayatz, der sich stets für moderne Kunst begeistern konnte, schrieb als Redaktor der „Holderbank"-News (Informationsorgan der Gruppe „Holderbank") über die Ausstellungen in Holderbank und stand uns oft mit Rat und Tat zur Seite. In der November/Dezember-Ausgabe 1992 machte Kayatz ein höchst beachtenswertes Interview mit D. R. Den Abschnitt „Über Abfall und alte Dinge" sowie „Teamwork" fand ich besonders interessant; hier ein paar Auszüge:

Die alten Sachen vermitteln den Eindruck, Sie wollen Zeit darstellen, indem Sie dem Betrachter Vergänglichkeit zeigen.

„Ich glaube nicht, dass ich das will – vielleicht unbewusst. Das ist eigentlich anders. Der Ursprung dieser Sache ist ein Holzgestell mit Kaninchenställen. Es sollte eine Garten-skulptur mit Trichtern darstellen, in denen Regenwasser in diese Behälter hinunter-laufen kann. Die habe ich 1968/69 in Köln aufgebaut. Jedes Teil war neu und extra für diesen Zweck hergestellt. Das war kein altes Zeug. Ich habe dann nach Hamburg um-ziehen müssen und die Skulptur im Garten eines Freundes wieder aufgebaut. Durch das lange Aufbewahren hat sich Staub daraufgelegt, und plötzlich hat sie wie alt aus-gesehen. Indem ich sie mit diesen alten Dingen erweitert habe, hat das Gebilde etwas angezogen, das nicht extra gemacht war. Da habe ich gemerkt, dass das ein gutes Prinzip war. Später habe ich die Skulptur auch einmal in Paris aufgebaut, und so ist sie immer größer geworden."

Diese Anhäufung von alten Sachen drängt einem eben den Eindruck von Ver-gänglichkeit auf. Wollen Sie zeigen, wie alles schnell vergeht?

„Das können Sie so sehen, wenn Sie wollen. – Es ist nicht so gemeint. Im Gegenteil, ich meine, dass das Zeug ja nicht vergeht. Die alten Gegenstände werden wieder lebendig. Sie wirken eigentlich lebendiger als neue. Die alten Dinge sind demütig, sie drängen

sich nicht einmal auf, sie haben keinen Snob-Value. – Ich möchte fast das Gegenteil von Vergänglichkeit zeigen. Es läuft ja weiter. Das gibt mit der Zeit so eine Liebe zu diesem weggeworfenen Zeug."

Sachen, die wir wegwerfen, werden bei Ihnen zu Mosaiksteinen mit einem neuen Werk wie in diesem Ring dort.

„Ich nehme an, dass da Hunderte von Menschen dran gearbeitet haben. Allein das alles zu entwerfen, die Ingenieure, dann die Leute, die Plastikfarbe herstellen, die Farbe mischen, die Etiketten zeichnen, drucken, draufkleben. – Ich glaube, da haben sogar ein paar Tausend Menschen dran mitgewirkt."

Das ist eine fast ehrfürchtige Einstellung zu alten Dingen. Was wir für wertlos halten und wegwerfen, nicht mehr sehen wollen, bringen Sie zurück.

„Ich habe das alte Zeug immer gerngehabt. Ich hatte das gute Gefühl, dass ich gar nichts wegzuwerfen brauchte. – Wenn ich an meine Großmutter denke, die hatte ur-alte Sachen, die sie als junge Frau schon in die Familie gebracht hat. Zeug, das über ein halbes Jahrhundert seinen Gebrauchswert nicht verloren hat. Es ist interessant, diese alten Gegenstände zu behalten."

Das ist eine Botschaft.

„Aber gegenüber dem, was wirklich geschieht, hat die Botschaft nichts zu sagen. Menschen kann man nicht beeinflussen. Ich kann mit Ihnen darüber reden, und wir können uns einigen, dass man das Zeug ja ganz gut behalten könnte. Aber wir sind nur zwei Menschen gegenüber der riesigen Menge von Dummköpfen, die alles weg-werfen. Denken Sie an die Riesenfabriken, die dafür laufen müssen. Das soll keine Predigt sein. Meine Skulpturen sollen nicht einmal Absicht zeigen. Das ist einfach Liebe zum alten Zeug."

Wie sieht Teamarbeit bei Ihnen aus?

„Bei uns ist es anders. – Das erste Mal habe ich mit Stefan Wewerka (1928–2013; deutscher Architekt, Designer und Künstler) zusammengearbeitet. Er hat mich eingeladen, hundert Zeichnungen mit ihm zusammen zu machen.– Er wollte, dass ich da mitmache, weil ich 1966/67 gerade in Köln lebte und einen Namen hatte.– Wir

markierten die Mitte. Er malte die rechte und ich die linke Hälfte mit einigen Über-
gängen, wo die Hälften zusammenkommen.– Jeder hat fünfzig Blätter bekommen
und konnte auf der Hälfte der Blätter den ersten Schritt machen. Ich bin eigentlich
immer eingeladen worden. Später traf ich Arnulf Rainer aus Österreich (geb. 1929). Er
meinte: ‚Komm doch einmal nach Wien, dann können wir ein bisschen zusammenarbeiten. Ich habe so viele Blätter, bei denen ich nicht weiterkomme. Ich hab das
Gefühl, ich schieb sie dir unter, und dann machst du etwas damit.' Dabei habe ich
gemerkt, dass man besonders mutig wird, wenn schon etwas da ist und man aufgefordert wird, auch etwas zu tun. – Man wird immer mutiger, weil man ständig denkt,
jetzt hau ich mal drauf, es macht ja nichts, der andere renkt das dann schon wieder
ein. Als ich mit Richard Hamilton zusammengearbeitet habe, da war nicht mehr ersichtlich, wer eigentlich, was gemacht hat. – Teamarbeit in der Industrie ist vielleicht
schwieriger, denn da muss man sich unterordnen, irgendeiner hat eine bessere Idee,
oder nicht? – In der Kunst ist nichts abgemacht. Der andere muss nicht besser sein.
Wenn etwas da ist, ist es gut. – Man produziert sowieso nicht Neues, man produziert
nur eine Reaktion auf das Alte. …"

„Langsam, ganz langsam habe ich gemerkt, ich kann immer mehr machen und damit
auch Geld verdienen. Ich war lange arm. Ich habe meine letzte Stelle gekündigt, da
war ich zweiundvierzig Jahre alt. Ich musste immer arbeiten. Erfolg in dem Sinn gibt
es auch heute noch nicht, da ich immer ganz geldknapp bin. Aber ich sehe einen
großen Erfolg darin, dass ich machen kann, was ich will. Das geht einfach. – Zum
Beispiel habe ich hier jetzt wieder etwas verkauft. Gestern konnte ich hingehen und
das Geld abholen. Gut, jetzt kann ich wieder triumphieren und sagen, leckt mir am
Arsch. – Nun dauert es ein paar Monate, bis ich wieder auf null bin, das sehe ich schon
kommen. – Das ist auch eine Technik, sich wach zu halten, keine Sicherheit zu haben,
das ist auch immer anregend."

Einen Tag nach der Vernissage erhielt ich eine Einladung des bekannten Unter-
nehmers Beat Curti zu einem gemütlichen italienischen Nachtessen für Dieter
Roth, Ingrid Wiener, meine Frau und mich in seine Villa in Erlenbach. Dort wurden
wir am folgenden Tag freundlich empfangen und konnten das direkt am Zürich-
see gelegen schöne Haus bewundern. D. R. schätzte den offerierten italienischen
Wein sehr und eine Zeit lang lief alles in Minne ab. Als Beat Curti vom schönen
D.-R.-Tisch sprach, der ihm an der Vernissage so gut gefallen hatte, der jedoch für
den in seinem Haus zugedachten Platz etwas zu groß sei, weshalb er gerne von
D. R. einen etwas kleineren ähnlichen Tisch haben möchte, wurde D. R. ziemlich

wütend und erklärte voller Zorn, dass er nicht im Auftrag von Sammlern Kunstwerke erstellen würde. Ich konnte dann das Gespräch auf ein anderes Thema
lenken, sodass der Abend doch noch einigermaßen friedlich verlief. Wie mir Beat
Curti zwei Tage später mitteilte, traf er zufällig vierundzwanzig Stunden nach
der Einladung in Erlenbach D. R. im Restaurant Kronenhalle in Zürich wieder
und begrüßte diesen freundlich. Zum großen Erstaunen von Curti gab D. R. vor,
Curti überhaupt nicht zu kennen, auch dann nicht als dieser zu D. R. sagte, er sei
doch am Abend zuvor bei ihm in Erlenbach in seinem Heim zum Nachtessen
eingeladen gewesen!

Die Ausstellung dauerte vom 23. Oktober 1992 bis 19. März 1993. Am Tag der
Vernissage und die folgende Woche war es noch warm, dann wurde es jedoch
kalt und kälter. Sehr ungünstig für eine Ausstellung in einer Betonhalle, die nicht
heizbar war und überdies aus einem kalten Betonboden bestand. Trotzdem
kamen immer wieder kunstinteressierte Besucher. So zum Beispiel Maja Oeri und
ihr Mann Hans Bodenmann. Frau Oeri stand D. R. besonders nah und unterstütze
ihn immer wieder, sei es durch Vermittlung von Sammlern oder durch Hilfe bei
der Suche eines Ateliers. Auch internationale Kuratoren (Gary Garrels des MoMA
und Richard Armstrong des Carnegie Museum, Pittsburgh) und bekannte Künstler
gaben der Ausstellung die Ehre.

Richard Armstrong lernte ich 1999 in Pittsburgh besser kennen, als er auf Empfehlung
eines alten amerikanischen Freundes von mir eine großartige persönliche Führung
für mich und einen Holcim-Kollegen im Carnegie Museum durchführte. Seit 2008
ist er Direktor der Solomon R. Guggenheim Foundation. In dieser Eigenschaft
ist er verantwortlich für das Guggenheim Museum in New York und die Filial-
museen in Bilbao, Berlin und das sich im Bau befindliche Guggenheim-Museum
(von Frank Gehry entworfen wie dasjenige in Bilbao) in Abu Dhabi; dieses ist
zwölf Mal größer als dasjenige in New York (von Frank Lloyd Wright entworfen).

Sofern ich Zeit hatte, übernahm ich in Holderbank gerne für Besucher selber die
Führung durch die D.-R.-Halle.

Das letzte Mal sah ich D. R. im Frühjahr 1998 in der Kronenhalle in Zürich im
ersten Stock, kurze Zeit vor seinem Tod – es muss nach einer Vernissage, vermutlich nach der von der Galerie Hauser & Wirth unterstützten originellen „Bar 2" in
Zürich gewesen sein; diese hatte D. R. in einem leeren Laden in der Nähe der

Galerie gestaltet. Ich stand zuoberst auf der Treppe im ersten Stock der Kronen-halle, als D. R. sich ziemlich mühsam die steile Treppe hochrangelte; ich ging ihm einige Stufen entgegen, gab ihm die Hand und half ihm so die letzten Stufen zu meistern. Anwesend waren neben meiner Frau Suzanne noch der Kurator des Kunsthauses Zürich, Tobia Bezzola, der Kunstsammler Franz Wassmer und Elly Förster, die ehemalige Partnerin von André Thomkins. Es war ziemlich still im oberen Teil des Restaurants, und so konnten wir in gelöster Atmosphäre interessante Gespräche führen.

Dieter Roth stirbt am 5. Juni 1998 in seinem Atelier an der Hegenheimer Straße in Basel an einem Herzversagen.

Elf Jahre nach der großen D.-R.-Ausstellung in Holderbank, also im Jahr 2003, wurden meine Frau und ich zur Vernissage ins *Schaulager* – erstellt nach Plänen des inter-national berühmten schweizerischen Architekturbüros Herzog & de Meuron – ein-geladen. Das Schaulager ist eigentlich eine Art Raum für Kunst, weder Museum noch traditionelles Lagerhaus, in Münchenstein bei Basel. Unter dem Titel „*Roth-Zeit. Eine Dieter-Roth-Retrospektive*" fand die erste große und sehr eindrückliche Überblicksausstellung nach dem Tod des Künstlers im Jahr 1998 statt. Mit weit über fünfhundert Leihgaben aus fünfundfünfzig Sammlungen wurde sein fünf-zig Jahre umfassendes Schaffen von Zeichnungen, Grafiken und Büchern, Bildern und Objekten und Installationen sowie Audio- und Videoarbeiten gezeigt. Maja Oeri, eine prägende Persönlichkeit des Kulturlebens, hat das Schaulager München-stein initiiert für die Aufbewahrung von Kunstwerken der Emanuel-Hoffmann-Stiftung, die nicht ausgestellt werden können. D. R. hatte ihr viel zu verdanken, hat sie ihn doch immer großzügig unterstützt und ihm auch Kontakte zu Kunst-sammlern und Museumskuratoren vermittelt.

Im folgenden Jahr am 12.3.2004 waren meine Frau und ich zur eindrücklichen Retrospektive „Roth Time" im MoMA in New York eingeladen. Jetzt hatte D. R. es in den Olymp der Kunst geschafft, leider konnte er dieses Ereignis nicht mehr er-leben. Das MoMA schrieb in einem „press release" zu dieser Ausstellung Folgendes:

„*A Dieter Roth Retrospective is the first comprehensive museum overview of the work of Swiss artist Dieter Roth (1930–1998), one of the most influential European artists of the post-war period. This full-scale retrospective includes nearly 350 works, showcasing five decades of work and the full range of Roth's creative activities: drawings, graphics, books, paintings, sculptural objects, installations, and film and video works. Roth Time, presented both MoMA QNS and P. S. 1 Contemporary Art Center, reflects the vast formal, conceptual, and poetic scope of Roth's oeuvre as well as his use of diverse media. The exhibition presents Roth's work as an innovative, inspired, chaotic, and lucid whole, mirroring both an individual and an epoch. The exhibition is organized by Schaulager Basel in collaboration with The Museum of Modern Art, New York, and the Museum Ludwig, Cologne."*

Da 2004 das Hauptgebäude des MoMA in Manhattan gerade umgebaut wurde, fand die Ausstellung in einem für die Ausstellung leer gefegten MoMA-Provisorium im Stadtteil Queens statt. Ein paar Straßen weiter beherbergte die auch zum „Museum of Modern Art" gehörende progressive Außenstelle „P. S. 1" „Contemporary Art Center" fünf monumentale Skulpturen, darunter Roths Dias von Häusern in Reykjavik, die wir bereits 1987 in Holderbank gezeigt hatten; zu sehen war auch die ebenfalls in Holderbank 1992 gezeigte „Gartenskulptur" und die Installation mit hunderteinunddreißig Monitoren, die gleichzeitig liefen und Alltagsvideos, „Solo-Szenen" darstellen. Dort traf ich zu meiner Freude drei der Isländer wieder, die wochenlang in Holderbank gearbeitet hatten. Sie erkannten mich sofort und erklärten mir begeistert, dass sie die Gartenskulptur möglichst ähnlich zusammengestellt hätten, wie seinerzeit in Holderbank. Diese völlig unkonventionelle Skulptur wuchs beständig seit ihren Anfängen im Jahr 1968 – von ursprünglich fünf Meter Länge wuchs sie auf vierzig Meter an. 1970 wurde diese bei einem Freund von D. R. (Rudolf Rieser) erstmals in seinem Garten installiert und vergrößert. Seit dieser Zeit wurde die Skulptur immer wieder an wechselnden Orten neu aufgebaut und dabei verändert. Björn Roth, der in den letzten zwanzig Jahren eng mit seinem Vater D. R. zusammengearbeitet hat, meint, das Großartige an der Gartenskulptur sei, dass niemand genau wisse, was sie eigentlich sei. Ich stellte bereits 1992 in Holderbank fest, dass auch konservative Besucher sich der Faszination der Unbeständigkeit, das heißt der ständigen Veränderung des billigen und alten Abfallmaterials, mit dem die Gartenskulptur zusammengesetzt und umgeben war, und der Fragilität der Skulptur nicht entziehen konnten, auch wenn diese ihnen eigentlich gar nicht gefiel.

An der Vernissage im MoMA traf ich ziemlich viele alte Bekannte. So unter anderem Kunstsammler Franz Wassmer, der die ältere gediegene Dame Dorothy Iannone, Künstlerin und langjährige Gefährtin von D. R., begleitete. Zudem hatte Herr Wassmer als großer D.-R.-Fan rote Krawatten mit einer eingedruckten Zeichnung von D. R. für seine Freunde mitgenommen und auch mir eine davon geschenkt. Dieser Anlass im wohl berühmtesten und einflussreichsten Museum der Welt für moderne Kunst gab mir die große Befriedigung, dass es richtig gewesen war, insgesamt drei Ausstellungen dieses großartigen Künstlers in Holderbank durchzuführen, auch wenn der Umgang mit D. R. nicht immer ganz einfach war und viele Besucher von dieser Kunst nicht restlos oder überhaupt nicht überzeugt waren.

Das Nachtessen für auserwählte Gäste fand dann in einem italienischen Restaurant in Queens, und zwar in einem ehemaligen bekannten Mafia-Restaurant statt. Gary Garrels, Kurator des MoMA und der Ausstellung, sowie der Chairman des MoMA, Ronald S. Lauder, hielten kurze Ansprachen. Richard Armstrong, Ira Wool, Maja Oeri, Renée Ziegler und ihr Mann Maurice, Galeristen aus Zürich, Kunstsammler Franz Wassmer mit Dorothy Iannone und so weiter waren beim Nachtessen anwesend.

Die Medien waren begeistert. Die sonst nüchterne „New York Times" setzte den schreienden Titel: „Delirierender Zerfall eines produktiven Tausendsassas" über einen Bericht, worin die „dissonante" und „ozeanische Übersicht" gewürdigt wurde. Die „New York Sun" nannte die Show „durchwegs faszinierend".

Gemäß einem Artikel von Martin Suter in der SonntagsZeitung vom 28.3.2004 sollte die Ausstellung überdies in Erinnerung rufen, dass Roth den USA einiges verdankt. *„Als er 1964 bis 1966 an der Designerschule von Rhode Island in Providence angestellt war, entwickelte Roth das Konzept, mit verderblichem Material wie Früchte oder Schokolade zu arbeiten. Die „New York Times" hält diese Werke für die Höhepunkte der MoMA-Ausstellung und vergleicht den für sie reservierten Galerieraum mit einem „süßlich riechenden Grab einer verlorenen, trunkenen Kultur".*

Schlagzeilen machte Roth in den USA bloß 1969 in Los Angeles, als seine Ausstellung von vierzig mit Käse gefüllten Koffern das Sanitätsdepartement auf den Plan rief. „Roth", sagte Kurator Gary Garrels, „hat damals einen Geruch hinterlassen, der sich bis heute nicht verflüchtigt hat."

Es handelte sich dabei um vierzig Käsekoffer in der Galerie Eugenia Butler, Los Angeles, Mai 1969 („Ekelhaftes im Verborgenen"). In einem Interview (Gesammelte Interviews, Herausgegeben von Barbara Wien, 2002) wurde D. R. gefragt: **Warum nennst du das denn hier in deiner Biografie „Ekelhaftes im Verborgenen"?**

„Ja, der Käse war ja in den Koffern **drin.** *Die sahen ja ganz wunderbar aus. Die standen wie auf einem Bahnhof, von einer berühmten Schauspielerin die Kofferladung. Glänzend und schön standen die da. Und das Ekelhafte kam dann so langsam zum Vorschein. Erst kam etwas Soße heraus und dann die Maden, denn die Fliegen legen natürlich Eier da rein."*

Ist der Käse für dich etwas Unangenehmes? Oder isst du gerne Käse?

„Na ja, so mittel, nicht besonders gern und nicht besonders ungern. Ja, und dann gab es zum Beispiel einen Käse, der war hoch, 1 m lang etwa und so dick und rund, eine Rolle, ganz harter mexikanischer Käse, den habe ich, das weiß ich noch, in so einen langen Posaunenkoffer so reinplumpsen lassen. Der hat es schön gefüllt, da brauchte ich gar nichts mehr dazutun. Andere Koffer waren mit Schleifen, so Damenkoffer, innen mit Samtimitation, so gelblich-weiß, auch ein Spiegel drin und dann so Schleifen, so blaue Schleifen, mit kleinen Taschen drin. Habe ich den Käse so reingemacht und die Schleifen zugebunden und so. War alles proppenvoll mit Käse. Das hat auch ein paar Tage gedauert, nur das furchtbare Auswickeln, manche Käse, die kommen ja nur in kleinen Packungen, Camembert zu Beispiel, musste ich ein paar hundert Käsedinger auswickeln. Und dann hat's **gestunken!"**

Ging es dir in erster Linie um den Gestank, oder ging es dir wieder um das Zerfließen, das Verschimmeln und Zerkrümeln und die ganze Metamorphose?
„Nee, mir ging es darum, etwas zu machen, was … **was scheußlich war.**"

„Nein. Dass ich wegkomme, dass ich nichts zu tun brauche. Dass es für sich selber arbeitet. So einfach ist es. Da machst du was, was stinkt. Und was eklig ist."

Am 5.5.2004 sandte mir der Kunstsammler und Roth-Fan Franz Wassmer den versprochenen Artikel aus der „New York Times" und dem „Village Voice" in New York mit der Bemerkung: „Wie du siehst, haben diese Journalisten den Zugang zu Dieter quasi auf Anhieb gefunden.

Aus dem langen und überzeugenden Artikel in der New York Times zitiere ich kurz: *„Roth has hovered on the periphery of American art consciousness for decades. It probably didn't help his visibility that he was wary of dealers and galleries, resistant to museum retrospectives (this is only the second) and picky about collectors. In conjunction* *with Schaulager Basel, a private Swiss museum and conservation center, and the Museum Ludwig in Cologne, Germany, the show was organized by Gary Garrels, a curator at the Modern. He started lobbying Roth to do an exhibition 15 years ago, when Mr Garrels worked at the Dia Center for the Arts. The segment at P. S. 1 was overseen by Klaus Biesenbach, its chief curator. The collaboration offers the first full-blown proof of the value of the union of their institutions.*" Auf der gegenüberliegenden Seite dieses Artikels befand sich ein großes, farbiges Foto (A4-Format): *„A woven likeness of Dieter Roth: ‚Large Tapestry' (1984–86), by Roth and Ingrid Wiener, is in the Modern's retrospective."*

Diesen faszinierenden Gobelin-Wandteppich schenkte Franz Wassmer – wie bereits im Kapitel „Dieter-Roth-&-Ingrid-Wiener-Ausstellung" 1987 erwähnt – einige Jahre später dem MoMA.

1962/63 war ich als Student zusammen mit einem andern Schweizer (Martin Hitz) an der University of Chicago Law School. John F. Kennedy war damals Präsident der Vereinigten Staaten von Amerika. Im Jahr 2008 machten Martin und ich unsere zweite Nostalgiereise nach Chicago. Vom Hotel in Chicago aus rief ich Prof. Ira Wool an und fragte ihn, ob ich mit meinem Freund aus der Schweiz seine große Sammlung von D.-R.-Bildern sehen dürfe. Ich hätte in der Schweiz drei D.-R.-Ausstellungen organisiert und ihn und seine Frau zwei oder drei Mal nach einer Vernissage beim Nachtessen getroffen. Ira Wool erklärte, er würde dies gerne tun, verreise aber noch heute Abend. Auf den internationalen Ruhm seines Sohnes Christopher angesprochen, erklärte er, dass ihn dies sehr freue; seine Schwiegertochter, die Malerin Charline von Heyl, werde ebenfalls immer bekannter. Ich solle ihn doch bei meinem nächsten Besuch in Chicago wieder anrufen.

Diese Geschichte erzählte ich Ende 2013 André Kamber (ehemaliger Direktor des Kunstmuseums Solothurn), der mir den Ratschlag erteilte, den Direktor des Kunstmuseums Bern anzufragen, welche Zusammenhänge es zwischen dem „Chicago-Bild" in seinem Museum und Ira Wool in Chicago gebe. Vom Kunstmuseum Bern erhielt ich dann aufschlussreiche Informationen. In einem Brief von Ira G. Wool, M. D., 5811 Dorchester Avenue in Chicago, an Toni Gerber in Bern schrieb er:

„Dear Toni, I thought you might be interested in news of a show Dieter Roth had at the Museum of Contemporary Art in Chicago. It was a wonderful, happy occasion – one of

the happiest I can recall … Many people, including the president of the museum, think it's the best show here in many years … The opening night was a ball. Bjorn and Vera were here from Iceland (the night of the opening was Vera's 21ˢᵗ birthday). Chris and Jon (my sons) came from New York, and Jan Voss from Amsterdam. We had a party in our apartment of 45 people after the opening. It went on and on …"

D. R. schrieb von Hand über das „Chicago Wandbild" (homage à Glorye & Ira Wool):

*„Entstanden in Chicago in Wool's flat, 1158 Dorchester Ave., Chicago, zwischen 1976–83. 2 Fotokopien (in Farbe) je bei Ira Wool and Glorye Wool, worauf ich weiterarbeite. Das Bild war ausgestellt in der Show ‚Dr. Wool's Collection', 1983 im Museum of Contemporary Art, in Chicago. Mitgemalt (& kollagiert) haben Björn & Vera Roth. Die Tonstücke sind von Dieter Roth, einige von Björn Roth. Man hört, auf einem oder zwei, auch Ingólfur Margeirsson. Das Bild soll nicht restauriert werden (sondern eines natürlichen Todes sterben). Teile aber, die zur Maschinerie gehören – Tapes, Tonbandgeräte, Lausprecher u. Ä – sollten so **ersetzt** werden, dass das neue Gerät aufs alte geklebt wird (oder sonst befestigt) …"*

Im Buch „Dieter Roth in America, interviews by Dirk Dobke, edition hansjörg mayer" (published 2004) sagt Ira Wool unter anderem Folgendes:

„The Chicago Wandbild is one of Dieter's masterpieces – a monument to his visits to Chicago and a testament to the importance of the work he did here. The mural hangs in the Kunstmuseum Bern. Unfortunately, and to my great chagrin, they would not agree to lend the work for retrospective ‚Roth Time' – not to any of the three venues, not even to the nearby Basel Schaulager."

Bernhard Luginbühl sagt über seinen Freund D. R., der entweder in der Schweiz, in Deutschland oder in Island lebt: „*Er ist einer der universellsten Künstler unserer Generation. Ein wütender Arbeiter, Maler, Bildhauer, Wortkünstler. Schreiber und Musiker. Der ehrlichste Künstler, den ich kenne.*"

In der großen Holderbank-Ausstellung 1992 war die „Gartenskulptur" eindeutig das zentrale Kunstwerk. Daneben war natürlich der Boden seines Ateliers in Island sehr wichtig, wie auch die „Bar 1" sowie der „Flache Abfall" und die „Juice Machine" – neben allen großen an den Wänden der Betonhalle aufgehängten, eindrücklichen Bildern sowie den „Clothes Pictures". Im Buch „Kunstausstellungen

‚Holderbank'/2" fasste André Kamber die drei in Holderbank gezeigten D.-R.-Ausstellungen im Jahr 2000 zusammen:

„Dieter Roth, der engagierteste und wohl auch schwierigste Partner von Derrick Widmer, gestaltete seine HMB-Ausstellungen zugleich zu wichtigen Darstellungen seines Schaffens. In der zweiten zeigte er erstmals seine in Zusammenarbeit mit Ingrid Wiener entstandenen Bildteppiche samt allem Studienmaterial. Roths legendär gewordene dritte Ausstellung kann rückblickend als Basis gesehen werden für die späteren großen Inszenierungen seines Schaffens in der Wiener Secession und im MAC Marseille. ‚Dieter Roth in Holderbank' wurde international bemerkt!"

Heute müsste man unter den späteren großen Inszenierungen noch ergänzen: Schaulager Basel 2003 („Roth-Zeit. Eine Dieter Roth Retrospektive") und MoMA in New York 2004 („Roth-Time Retrospective").

Wie aus der NZZ vom 11.10.2014 hervorgeht, präsentiert eine konzertierte kuratorisch-wissenschaftliche Initiative Roth als Musiker und Musikverleger. Kollaborationen, die Roth unter dem Label „Selten gehörte Musik" versammelte, waren die Künstler: Christian Ludwig Attersee, Günter Brus, Richard Hamilton, Hermann Nitsch, Arnulf Rainer, Gerhard Rühm, Oswald Wiener, Dominik Steiger oder Emmet Williams. Alle waren mit von der Partie, wenn es darum ging, Musik nach rothschen Gesetzmäßigkeiten aufzuführen und aufzuzeichnen.

Hedi-Katharina Ernst, Holderbank, 1993
© Leonardo Bezzola

HEDI-KATHARINA ERNST

AUSSTELLUNG NR. 12. VERNISSAGE 3. JULI 1993

Begrüßung: Thomas Schmidheiny; Einführung: Ursula Perucchi; von der Künstlerin geschaffenes workbook „Inside – Outside. Toward an exhibition"

Und „Was! Arbeiten von **Lisa, Alice, Meret, Marc, Thomas und Suzanne Schmidheiny"**

Begrüßung: Thomas Schmidheiny; Einführung Ursula Perucchi (Vizedirektorin Kunsthaus Zürich) und Susu Schmidheiny.

Kartenset mit Werkabbildungen und Texten: „Jeder Mensch ist ein Künstler".

Hedi-Katharina Ernst (geboren 1948; lebt in Kalifornien und in der Schweiz)

Ziel der Arbeit der Künstlerin Hedi Ernst ist es, die Kreativität im weitesten Sinn zu fördern, sei es ihre eigene, sei es diejenige anderer Menschen. Gerne arbeitet sie als Kunsterzieherin daher auch mit Kindern. Erwachsene hingegen, meint sie, seien oft auf Kopfarbeit konzentriert, drängten ihre Gefühlsseite zurück und müssten zuerst wieder lernen, die verschütteten Kanäle der Kreativität zu öffnen. In der Arbeit mit theoretischen Inhalten und im praktischen dreidimensionalen Schaffen mit Materialien versucht Hedi-K. Ernst zu lehren, wie unter Einbezug aller Sinne kreative Lösungen gefunden werden können.

Ihre Skulpturen, ihre Bilder sind für die Künstlerin Möglichkeiten, ihre Kreativität aus-zudrücken. Sie sind zu Farbe und Form gewordene Sprache: simultaner Ausdruck von Tanz, Musik und Sein. In den letzten Jahren hat sich Hedi-K. Ernst vornehmlich mit keramischen Skulpturen befasst. Zurzeit ist sie als Gastprofessorin in „Ceramicsculpture" am „California College of Arts and Crafts" in Oakland tätig. (Kunstausstellungen „Holderbank", Bd. 1, Seite 288)

Wie Hedi Ernst mehrmals betonte, geht es ihr darum, ihre „Inside"-Welt nach „Outside" zu malen und formen. Dialog führen – auch die Gefühle, Einflüsse nach innen verpflanzen und transformieren – nach „Outside".

Die Kunstkritikerin A. Zwez schrieb am 06.07.1993 im Aargauer Tagblatt:

„Die Begegnung der in Kalifornien lebenden Schweizer Künstlerin Hedi-Katharina Ernst mit der in Erziehungsfragen engagierten Suzanne Schmidheiny hat in einem jahrelangen Prozess zu den Ausstellungen geführt, die vergangenen Samstag in der Ausstellungshalle der „Holderbank" eröffnet wurden. Zu sehen sind unter anderem überlebensgroße, figürliche Keramikskulpturen der stärker amerikanisch als schweizerisch geprägten Hedi-K. Ernst sowie – als Ausstellung in der Ausstellung – eine Vielfalt spontaner Ton- und Bildarbeiten, welche die vier, acht bis zwölf Jahre alten Kinder von Suzanne und Thomas Schmidheiny, angeregt von der Künstlerin, geschaffen haben. Die gemeinsame Botschaft der Ausstellung ist der Glaube an die Fülle ursprünglicher Bildkraft, wie sie in gestaltenden Äußerungen von Kindern, aber auch in vielen alten Kulturen zum Ausdruck kommt. Die kleine Ausstellung, deren Werke richtigerweise nicht verkäuflich sind, vermag die dahintersteckende Erziehungsthese, wonach die kindliche Fantasie ein kostbares Gut ist, eindrücklich darzustellen.
„Die Werke von Hedi-Katharina Ernst zeigen, wie spontane Fantasie und bewusste Auseinandersetzung mit alten Kulturen zusammenwachsen können. Allerdings ist amerikanische Unbekümmertheit notwendig, um Formenrepertoire aus mehreren Jahrtausenden so direkt einzusetzen. Von den verschiedenen Ausdrucksformen sind die vielgestaltigen, figürlichen Keramikskulpturen zweifellos die bedeutsamsten. Zunächst überrascht einmal der souveräne Einsatz handwerklichen Know-hows. Die bis gegen drei Meter hohen, vielfach totemähnlichen Skulpturen sind aus mehreren Einzelteilen zusammengesetzt und werden von einem (unsichtbaren) Metallgerüst gestützt. Nach dem Rohbrand werden die fünf bis acht Teile mit Glasur bemalt; symbolische Ornamentik steht im Vordergrund. Dass die Volumenformen nach dem zweiten Brennen schließlich so präzis aufeinander stimmen, zeigt außerordentliches Wissen um die Eigenschaften des keramischen Materials. Die Künstlerin hat die sechzehn Skulpturen bewusst als (weibliches) Oval in den Raum gestellt ... Die raumgreifende Inszenierung und Größe der Skulpturen lassen eine künstlerische Kraft spürbar werden – wie weit es die Fülle der verwendeten Impulse freilich zulässt, in jene komplexen Tiefen hinabzusteigen, wo sich Mystik und Individualität begegnen, bleibt offen. Neben den ‚Göttinnen' zeigt Hedi-K. Ernst auch Interpretationen der zweiundzwanzig Karten des Großen Arkana im Tarot in Form von keramischen Relieftellern sowie großformatige Malereien und kleinformatige ‚Weinetiketten'."

Die Vernissage der Ausstellung, Holderbank,
1993 © Leonardo Bezzola

Für die optimale Beleuchtung der einzelnen großen Skulpturen hatten wir an der Decke der Halle Scheinwerfer anbringen lassen, die auch zur Beleuchtung von Theaterbühnen verwendet werden können.

Die großen, angemalten Keramikfiguren stießen beim zahlreichen Publikum auf reges Interesse. Was und wie die Kinder von Thomas Schmidheiny künstlerisch gestalten, hat natürlich auch viel Publikum nach Holderbank gezogen. Vermutlich auch die Tatsache, dass Thomas Schmidheiny selber eine kleine Figur ausstellte: „Das Kreuz mit dem Kreuz", Ton und Mahlkugeln.

Zum „Warum" der Ausstellung der Familie Schmidheiny stand in einem der Texte:

„Wir möchten unsern Kindern ihre ehrliche,
tiefgründige und lehrreiche Ausdrucksart,
Kreativität erhalten und weiter fördern.

Und gleichzeitig an unsere eigenen verschütteten,
durch Erziehung „verzogenen" Uranfänge
anknüpfen und zeigen ..."

In der „Holderbank"-News (2–3/93), herausgegeben von Klaus Kayatz, war Folgendes zu lesen:

„Diese Gegenüberstellung von Werken der Künstlerin Ernst und der Kinder der Familie Schmidheiny zeigt deutlich, wie die gegenseitige Beeinflussung sich als wichtiger Bestandteil des Lernens in den Werken niederschlägt. Ideen anderer können Anregungen zu Werken neuen Inhalts oder aus anderen Materialen in anderen Dimensionen werden. So findet Kommunikation in einem umfassenden Sinn statt, die Formen, Farben und verschiedene Dimensionen einschließt und die mehr als die rationalere Sprache stark über Emotionen gehen kann."

An der Vernissage – einem warmen Sommerabend – spielten die Limmat Jazz Band und Rafael Zulauf-Obrist zur guten Stimmung auf.

Mein Bruder war von den Keramikplastiken begeistert und kaufte eine große weiße Frauenfigur, die mit schwarzen Streifen angemalt war.

An diesem Kunstereignis hatten wir außerordentlich viele Gäste.

Bernhard Luginbühl an der Vernissage in Holderbank, 1994
© Leonardo Bezzola

BERNHARD LUGINBÜHL

(1929 BIS 2002) AUSSTELLUNG 1994 – NR. 13
(MIT URSI, BRUTUS, BASIL UND YWAN LUGINBÜHL)
17. JUNI–31. AUGUST 1994.

Begrüßung und Einführung: Derrick Widmer;
vom Künstler gestalteter fotokopierter Katalog mit Tagebuchtexten

Spezialausstellung: Collagen, Briefe & Kartengrüße von **Jean-Robert Schaffner**
an Luginbühl

Beim Aufbau der aufwendigen Ausstellung gab es immer wieder interessierte Besucher. So zeigte Thomas Schmidheiny bereits an den Vorbereitungen der Ausstellungen großes Interesse und nahm sich Zeit, sich von Luginbühl gründlich in seine Aufbaupläne und die bereits vorhandenen Plastiken einführen zu lassen. Beide hatten Respekt voreinander und kamen gut miteinander aus. Schmidheiny kam später auch zwei Mal zu Luginbühl nach Mötschwil. Mit seiner persönlichen Ausstrahlung und seiner Kunst kam Luginbühl auch bei den Holderbank-Mitarbeitern gut an und viele besuchten ihn schon bei den Aufbauarbeiten und kamen mit ihm ins Gespräch.

Luginbühl ging bei der Organisation der Ausstellung mit seinen beiden Söhnen Basil und Ywan und weiteren Mithelfern sehr gezielt vor. Zuerst wurde die großzügige Bar aufgebaut. Sie war wichtig, ein Treffpunkt für die ganze Familie, die Besucher und überhaupt, ohne sie hätte etwas gefehlt. Da konnte man sich hinsetzen zum Plaudern und um etwas zu trinken. Auffallend war, dass während des Aufbaus der Ausstellung die Bar fast ausschließlich von Bärni, Ursi und Besuchern benutzt wurde. Die Söhne von Bärni waren konstant am Arbeiten mit den schweren Eisenteilen – ohne Zweifel Schwerarbeit, die vor allem körperlich sehr anstrengend war, und dazu musste präzis gearbeitet werden. Da war von Pause keine Rede, höchsten einmal stehend eine Zigarette rauchen. Zum Abladen der tonnenschweren Stücke und für den Transport in die Halle lieh uns die sich auf dem Fabrikareal befindliche Firma Fixit jeweils ihren Hubstapler. Die Transporte von Mötschwil nach Holderbank überstiegen anscheinend öfters die erlaubte Gewichtslimite von Schwertransporten. Bärni freute sich jeweils spitzbübisch, über jeden übergewichtigen Transport, der seinen Weg unbeschadet nach Holderbank fand.

Aus den Tagebuchtexten von Bernhard Luginbühl möchte ich einige Passagen hervorheben, welche die Herausforderungen der Vorbereitungsarbeiten einer unvergesslichen Ausstellung mit einer Vielzahl von tonnenschweren Skulpturen verdeutlichen:

„4. mai und wieder mal ein holderbanktag. das erste zementmühlrad soll sich zum ersten mal drehen. die kleinen rossköpfe sollen mit dem gepäck mitreisen. ob auch XILLO der bernhardinerhund ins gepäck reinpasst? die abgedrehte welle das wichtigste requisit. Ob die schrottküche dampfen wird? Noch viel größere figuren möchte ich nach holderbank schaffen. Erstens die marserbse zweitens den größten deckel drittens die neue ankerfigur viertens den frosch. (eventuell die figur mit der dicken schraube.) und treffe heidi an der bar ursi schafft mit ihrem katalog vor mir drückt sigfried kuhn fotos von annemarie wechselt filme. Essen wieder im restaurant metzgerei. Wir hasten rum und fahren sogar nach wettingen, natürlich um eisen zu holen das wir ja in holderbank benötigen um neue figuren bauen zu können.

5 mai gestern ein langer tag denn noch um zwei uhr am kupferstechen und kupferkratzen. mit basil nach solothurn fahren um beim gärtner das LYSICHTON CANTSCHATCENIS zu holen. die weiße scheinkalla die ich schon zehn jahre suchte und nicht einmal in einem botanischen garten antraf. von der gärtnerei schnurstracks nach langenthal zu bärni born um aggressionsbleche programmieren zu lassen. versuche leiser-figuren zu skizieren. fahren auf dem heimweg bei ammann vorbei wo der XART majestätisch auf einer hohen rampe steht mit hochgestemmter kugel, auch für die zugsfahrer schön ins auge bekommen. Basil fährt über Wynigen heim wo man alte häuser aus der dorfkulisse wegfrevelt. Ursi deckt einen fürstentisch auch für schaffi der ja heute seine abundzuzuundauf show aufstellen möchte.

6. mai vor sieben uhr schon zwei telefone am ohr. es geht um die neuen transportdaten. in einer woche sollen die wagen bei mir stehen um beladen zu werden. und schon kalbt der melkstuhl wieder, denn ich bekomme ein RAD, ein riesenrad mit kettenhemd, zwei tonnen schwer zwei meter im durchmesser. genau das richtige um die

Ursi Luginbühl in ihrem Atelier in Mötschwil,
1982 © Leonardo Bezzola

holderbankerausstellung zu überrollen. man könnte sagen die erste materialschlacht schon vor dem morgenessen geschlagen. geschlagen geschlagen und auch noch ein trutenei in die pfanne geschlagen. dann nach burgdorf in die galerie gestiegen, wo schaffi (Jean-Robert Schaffner) am hängen ist und munter baumelt ...

8. mai das kettenrad beschäftigte mich so messe ich es einmal aus und plane den sockel und das gestell auf dem sich das DING drehen soll. und wenn ich schon mit dem meterstab zum speicher spaziere um zu skizzieren habe ich auch die stechschaufel bei mir um etwas zu pflanzen oder einen anderen standort zu versetzen. Ursi besucht die „abundzuzuundaufgalerie" so bin ich allein mit meinen tonnenschweren ideen. Ich messe also das dicke mit dem stahl umstrickte pneurad noch einmal aus. Beginne einen plan zu zeichnen ...

11. mai kleintransporttag: heute luisentag ein tag bevor die eisheiligen das zepter schwingen würden und auch das schweiz schwingen seine bedeutung erlangen wird. Pünktlich kam basil also kamen wir vor der rendevouszeit in holderbank an wo basil sofort mit der rädermontage begann während ich mich mit derrick und

heidi die ausstellung besprach. der katalog wird mehr und mehr in den vordergrund gezogen. Der drucker in holderbank meint die kopien würden zu hell oder dann zu dunkel werden. ich mache einen versuch mit hart entwickelten fotos die recht gut werden. abundzu kommen leute zu uns um uns zuzusehen. Heute besuchte uns susi widmer in der ausstellungshalle. Alle besucher scheinen sich an der rostschokolade zu laben ...

15. mai sonntag schreibe an einem monatsblatt, so werden wohl etwas tagebuchwürmer fremd gehen, sitze also mehr als üblich kritzelnd am tisch. Ein luxusmorgen begann mit dem üblichen bettgeschiebe, heute um fünf schon am schwarze würmer flechten. eigentlich gehört die stockankerfigur mit dem ältesten anker in die holderbankausstellung. Keine nasse sophie heute, der hundertjährige kalender schrieb kalter tag, wir essen aber draußen in der mittagshitze unter einem sonnenschirm gut für das sommerhirn. nun eva kam auch an den warm gewordenen steintisch und erzählte uns vom ponyzwerghengstchen das kastriert worden war und das sie nun pflegen müsse, nicht größer als ein mittelgroßer hund sei das liebe pferdchen mit seinem leeren entzündeten hodensack. dies doppelmailblatt soll gerahmt und natürlich in holderbank an der wand hängen. für holderbank heute nur kopfarbeit, aber erst morgen werde ich klar sehen was ich heute noch unklar hinter den augen habe, was ich alles in den kopf stecken könnte ... mit peter rothenbühler (Anm. des Autors: damals Chefredaktor der Schweizer Illustrierten) *bespreche ich einen schweizer illustrierten artikel. mein wunschpartner, mit herrn schmidheiny, bei dem ich ja mit meiner menagerie zu gast bin. gemütlich ist's in der schrottküche, zwar etwas laut zum telefonieren und doch erledigt derrick widmer einige telefonate an der bar. der tag mastig.*

17. mai dienstag erst jetzt kommt die einladung von monsieur françois mitterand président de la republique inaugurera l'œuvre monumental LE CYCLOP de jean tinguely und genau mit der zyklopeneinladung klopft armin heusser an die küchentüre um teile für den monsterflipper zu betteln. das monstre von milly wollte tinguely und ich bauen auch niki redete immer vom monstre. Nun der zyklop wurde gesellschaftsfähiger als das monstre. zeichne bis spät und während ich dies schreibe läutet niki (Anmerkung: die „Nana"-Erfinderin) *aus paris an und erklärt ursi dass auch sie so spät eingeladen worden sei und sie werde nicht zur eröffnung dabei sein.*

Wie mir Leonardo Bezzola als Zeitzeuge erklärte, war Niki de Saint Phalle (1930–2002) in Wirklichkeit zur offiziellen Eröffnung des „Le CYCLOP" anwesend gewesen, es fehlten jedoch Luginbühl, Spoerri und Aeppli; hingegen waren die Künstler Arman und Soto vor Ort. Niki de Saint Phalle (Witwe von Jean Tinguely) stellte die beiden anwesenden Künstler, Assistenten und Freunde als ausführende Künstler des riesigen Werks dem französischen Staatspräsidenten vor.

Wie in der SonntagsZeitung vom 22. Mai 1994 erläutert, war den Schweizer Künstlern (Luginbühl, Spoerri, Aeppli und so weiter) die Festlaune verdorben. Sie haben, angespornt von ihrem inzwischen verstorbenen Freund Jean Tinguely, während über zwanzig Jahren an einem Riesenmonstrum geplant und gebaut mit 350 Tonnen Eisen, geschweißt und gemauert. Jetzt, wo das „monstre", beziehungsweise „Le Cyclop" vom französischen Staatspräsidenten François Mitterand im Wald von Milly-la-Forêt bei Fontainebleau, 50 Kilometer südlich von Paris, eingeweiht wird, ist den Schweizer Künstlern die Freude an der Teilnahme der offiziellen Eröffnung mit dem Staatspräsidenten vergangen. Man hat sie nicht einmal konsultiert und erst im letzten Moment eingeladen.

Bereits 1969 kaufte die französische Mäzenin Dominique de Ménil Terrain im Wald von Milly-la-Forêt und lud Tinguely ein, seine Visionen dort zu realisieren. „Zuerst arbeiteten Jeannot und ich allein dort", erinnert sich Luginbühl, „dann wurde alles immer größer." Beide brachten daraufhin Assistenten mit; Tinguely den unermüdlichen Seppi Imhof. Luginbühl seine beiden Söhne Ywan und Basil.

Es folgen noch einige weitere Beschreibungen der Vorbereitungsarbeiten für die Holderbank-Ausstellung aus Luginbühls Tagebuch:

19. Mai überschwemmungsmeldung aus dem raum holderbank so bleiben basil und ich in mötschwil.

20. mai in holderbank mit basil. Stehend an der bar schreibe ich zuerst in mein tagebuch später soll es auf dieses großes monatsblatt gestrichelt werden. kritzelte und malte auch in holderbank noch. wir froren in der halle und aßen darum wieder im restaurant und bauten dann unsere erste in holderbank gebaute figur um, sodass sich das rad nun gut drehte. bespreche mit basil die morgige arbeit aber wir werden in mötschwil bleiben, den kücken in die augen schauen und basil soll sich um die kerzenständer kümmern. auch fehlte uns in holderbank ein gutes starkes schweißgerät. Der XART soll von langenthal nach holderbank gefahren werden, eine kurze fahrt aber eine kostspielige sache die auch zeit frisst.

21. mai und wieder wird die zeit im streusandsystem rausgeworfen und eigentlich ist's mehr kies das ich um mich werfe. Von hundert sind nun sechzig kerzenständer fertig und am rosten. Und rosten tut das eisen in der sintflut gut so, eine neutrale figur erhält einen helm, gestern bei flückiger rothrist gefunden. Die figur muss auf einen fuß, drei meter hoch kann die figur werden. am mittag: nur wenig tintenfische wurden geröstet nur ein kleines hühnchen abgenagt. Nur vier große salatfresser am tisch der kopfsalat gemischt war. Und nun jeden salat mit truteier serviert, körbe voll eier stehen rum und sollten gegessen werden, eine eierschwemme haben wir, zu den vielen schweizer über-schwemmungen passend? Fliehe in die schwerarbeit, haue ab, ursi fährt mich nach murten ins metzgerhaus. ausflügler mit und ohne flügel überall im taschenformatstädt-chen. kaum im haus radiere ich ohne pause eine und eine halbe stunde an einem blatt eine makkaronigeschlinge darstellend. früher hatte ich bei unzufriedenheit die sachen einfach fortgeworfen, heute kämpfe ich bessener und muss immer an den größten kämpfer denken den ich kannte an meinen großvater mit dem namen KÄMPF alfred.

22. Mai heute hätte jeano mit dem ich in letzter zeit gedanklich viel zusammen war geburtstag und wäre neunundsechzig jahre alt geworden. pfingsten ist's aber feier-lich nur die pfingstrose und pirol (pfingtsvogel).

23. mai pfingstmontag dieter roth läutet aus hamburg an. passend zum dieter-tele-fon den draht zu derrick widmer der gerade wie oft am wegfliegen ist. Für dieter würde ich gerne eine große holzsache in mein holderbankchaos reinstellen die er bemalen könnte. nur sind wir jetzt total im schwereisen, verschraubt, angekettet, verschweißt mit einer eisenplattenstirne. die kopfvernissage wird nun in nächster zeit viel zu reden geben. man möchte gespräche über das monster mit mir drucken. Und wenn ich schon drucken schreiben muss, muss ich auch ans kupferdrucken denken, zum beispiel an das blatt für den holderbankerkatalog. so kommt wieder ein neues kupferplättchen auf den tisch. der tag wichtig für morgen. das hirnfüllen, da ich zwar unvorbereitet mit schmidheiny hoffentlich gut dasitzen werde. wie wird's morgen?

24. mai dienstag der dienstag der für mich ein montag ist, wieder ein holderbanktag. Wir lassen so nach und nach viel zeit liegen in der holderbankhalle. zuerst schweiße ich mit brutus einen eisenfalken auf meine erst gebaute radfigur. brutus fotografiert und wischt den boden sauber, sigfried kuhn fotografiert für die schweizer illustrierte. Ich rede und diskutiere mit schmidheiny und peter rothenbühler, ursi kocht und bratet an der langen bar auch salat gibt's grüner-tomaten- und gurkensalat. ich erzähle un-gezähltes, schmidheiny blieb bei den tatsachen. und ich höre noch ungehörtes nie ge-

hörtes, dass man jetzt im libanon im jahr 1'500 millionen tonnen beton braucht oder verbraucht. ich könnte mich verhört haben, kann man sich so einen betonkuchen oder berg vorstellen größer als das „guggerhörnli" sicher kleiner als das matterhorn. Ich höre dass ein kilogramm zement immer noch wie vor zehn jahren zehn rappen kosten würde.

25. mai so viel wäre vom dienstag zu berichten gewesen. daheim angekommen kam ich aus der glotze, glotzte aus dem glotzofon raus mein gestern in die kamera gesagtes. regina und peter kamen mit kümmi und können nun die kübbelbretzeln bestreuen. früher hatten wir mehr zeit um uns ums gewürz zu kümmern. ursi brachte etwas meergewürm auf den abendmahltisch. dazu frisch gebackenes brot oliven und essiggemüse. es wurde ein festessen. basil klopfte am vormittag über zweihundert namen in schrauben kam am mittag verspätet zu den dicksten spargeln der welt. die käptenpimmelfigur bekommt ihre letzte körperretouche, während ich dies schreibe. schönstes wetter.

26. mai bin in den letzten tagen nicht zum monatsblattzeichnen gekommen. heute werde ich wieder an meiner schreibunterlage weiter stricken. sechs tage noch bis zum monatsende muss da noch ameisenschrift angestrickt werden? … ursi und ich bringen grafische blätter zu susanne kulli und treffen dort leute trotzdem die galerie schon dicht war. schwarz gekleidete kirchgänger werden von der kirche verschluckt.

29. mai … ich höre dass ywan viele leute vor der krebsgalerie stehen hätte. eine menschenmenge die in kurzer zeit die vielen würste und brote mit viel drummunddran gefressen und satt geworden seien. regina und peter blaser bringen nun neue pins aus kasastan. ein ballonfahrer und blasers freund aus alma-ata wurden kuriere. die idee für eine holderbanker publikation nimmt form an. das feuchte wetter zieht bambussprossen schnell aus dem erdreich. erst jetzt wurden die vor zehn jahren gesetzten büsche zu wäldern durch die man schlecht gehen kann ohne mit dem buschmesser pfade zu schlagen. Sitze am abend lange vor meiner figur und möchte tellergroße löcher in den hals brennen, morgen wohl ohne helfer also leichtarbeit vorgeplant.

30. mai papierklamauk am morgen collagen aus dem stern zusammengeschnitten (JUXCOLLAGEN) das erste kommt langweile auf, kommt nicht aber zuerst jean-pierre mit milka und bringt einen großen stoß radierungen. sofort zum kaffeetrinken beginne ich die blätter zugunsten zelebralgelähmter kinder zu signieren, hundert blätter sind's. in das signieren rein klingeln telefone und telefone. leichte schwere gescheite und dumme, schwer oder leicht das telefon von jürg kreienbühl er werde am freitag auf-

tauchen und einmal skizzen machen. ein schwerer besuch von mäxu sommer der einen FAX bringt mit den angaben der sechs schiffskeile um die ich mich sofort kümmere so schnell ging es selten bei materialbeschaffung. mit dem preis der brocken bin ich einverstanden und bitte mir die zweihundertkilostücke nächstens einmal zu liefern, kaum telefoniert klingelt es schon wieder man könne mir die brocken sofort bringen. gut so zwölftonnen schwerer werde ich heute. aus zwanzig truteneier, maizena und raspelkäse gibt's omeletten. und wieder am holderbankerschreibtisch in meiner menagerie drin. etwa um zwei uhr kommen die schiffskeile toni calzaferri künstler kommt mit dem eisen mit seiner frau und seinem hund.

31. mai schrottscharmützel oder eine eisenschlacht. heute wird das (dieses) maiblatt fertig gestrickt dann soll's gerahmt werden (von brutus) denn dies blatt soll zum katalogtitelblatt werden. als alle karren beladen waren fuhren wir los. ywan mit brutus basil mit ursi und mir. in holderbank begannen die frauen sofort hinter der bar zu kochen, immer mehr leute am mittagstisch. heute also zwei frauen am barlaufband, um einen gemischten salat drehte es sich und basil grillierte vor dem großen tor. junges fleisch vom rind vom schaf und vom RIND. gabi brachte viel rotwein, brot und kleine salamiwürstchen. zu unseren gut gewürzten tomatenscheiben mit dünnen liebstöckelstreifen. platten mit rettich. es wurde lustig am tisch. der transport der gestelle für die noch nicht gemachte figur. auch den sockel für das HARLEKINDING brachten wir heute mit. derrick widmer besuchte uns zweimal, einmal mit einer chinesischen gruppe.

Die Vernissage fand am 17. Juni 1994, einem warmen und wunderschönen Tag statt. Trotz Fußball-WM und Sommerhitze strömten über fünfhundert Gäste zur Vernissage in der ehemaligen Lagerhalle. Dies war die größte Teilnehmerzahl an Gästen, die wir je an einer Ausstellung hatten. Mit der Zeit stellten wir fest, dass jeder der ausgestellten Künstler sein eigenes Publikum hatte, trotz unserer persönlichen Einladungen. Die Schweizer Illustrierte schrieb am 20.6.1994: *„Schrott, nichts als Schrott. Aber schaurig schön."*

Weiter hieß es, Thomas Schmidheiny, der Gastgeber, habe es auf den Punkt: gebracht: *„Gigageil, oberlässig."* Die Schweizer Illustrierte fand diese erstaunlichen Worte aus dem Munde des Zementbarons (36'000 Mitarbeiter, 8,4 Milliarden Franken Konzernumsatz). Wie das Magazin weiter festhielt: *„Doch durchaus logisch. Eisenplastiker Bernhard Luginbühl hat den Schrott aus Schmidheinys alter Zementfabrik in Holderbank AG geadelt. Zu fünfzig elefantösen Figuren mit Namen wie ‚Frosch', ‚Ross-Altar' und ‚Ding'. Und alle wollten sie sehen."*

Der ehemalige Swissair-Verwaltungsratspräsident und frühere Hobbykabarettist Hannes Götz fand die Ausstellung „cheibe glatt". Migros- und SBB-Präsident Jules Kyburz ließ vor Jahren Luginbühl und Tinguely eine Migros-Einkaufstasche gestalten. Mit Recht verwies Kyburz darauf, dass „die Ursi Luginbühl ihren Mann Bärni so gut dirigiert, dass er es gar nicht merkt".

Luginbühl bemerkte gegenüber der Schweizer Illustrierten: „Es ist toll, dass ich in einer Zementfabrik ausstellen kann. Aber auch ein Künstler darf nie zufrieden sein. Kunst kann nur aus Unzufriedenheit entstehen." Wie jedes Jahr waren auch Bruno und Marianne Weber anwesend. Der vor allem als Betonplastiker bekannte Künstler machte das Kompliment des Abends: „Das schönste Werk ist Luginbühl selber!" Bruno Weber erbaute einen gewaltigen Skulpturenpark als Gesamtkunstwerk in jahrelanger Arbeit – unterstützt von Marianne – in Dietikon und Spreitenbach auf 20'000 m².

Die Schweizer Illustrierte schrieb: „Auch ‚Holderbank'-Chef Schmidheiny, neunundvierzig, ist fasziniert. ‚Diese Maschinen haben sowieso ausgedient', sagt er bei einer Kaffeepause mit Luginbühl im Hallen-Atelier, ‚man könnte sie nun einfach einschmelzen und das Material wiederverwenden. Jetzt macht Bernhard Luginbühl etwas draus, das Begeisterung und Freude auslöst, und damit ist der Kreis wieder geschlossen.' Der Industrielle wird von seiner Frau und seinen Kindern hie und da zum Malen und Modellieren aufgefordert, er ist ein Fan von Kreativitätsguru Gottlieb Guntern, der in Seminaren lehrt, dass Unternehmen nur als anpassungsfähige Schmetterlinge überleben können und schwerfällige Dinosaurier auch heute zum Tode verurteilt sind. ‚Ich bin der Schmetterling, und Sie sind der Dinosaurier', sagt Luginbühl provokativ. ‚Aber ein relativ lebendiger Saurier', kontert Schmidheiny. ‚Ich hab's: Ich bin der 130 Kilo schwere Schmetterling im Betongarten', sagt Luginbühl."

Eisenplastiker Luginbühl, 65, geht langsam um seine riesigen Eisenplastiken herum, legt hier noch Hand an, mustert dort noch ein Stück. Wie ein Hirt, der seine Herde inspiziert: „So geht das", sinniert er, „zuerst baust du einen kleinen Elefanten. Wunderschön. Dann einen zweiten, und plötzlich bist du Hannibal. Und alle diese Tiere müssen genährt werden."

Für die neue Ausstellung hat Luginbühl seine Figuren direkt in der Lagerhalle aufgebaut, die Thomas Schmidheiny einmal pro Jahr einem renommierten Künstler zur Verfügung stellt: André Thomkins, Robert Müller, Karl Gerstner, Daniel Spoerri, Dieter Roth haben *hier schon ausgestellt. Es waren einmalige Ausstellungen in einer außerordentlichen Atmosphäre. Aber keiner der Künstlerkollegen hatte eine so enge Beziehung zum Ort wie Luginbühl. Wenn er von Zement spricht, kommt Bärni ins Schwärmen: „Zement ist für die Kultur das beste Material überhaupt. Die schönsten Kunstwerke wurden mit Zement gemacht, die Kirche in Ronchamp von Le Corbusier, der Park Güell des Architekten Gaudi in Barcelona, der Göttergarten von Niki de Saint Phalle, die „Cyclop"-Monsterplastik bei Paris oder die Betonskulpturen von Bruno Weber in Dietikon. Alles aus Zement!" Noch mehr haben es ihm die gigantischen Maschinen angetan: Die großen, drehenden Zementöfen, die riesigen Mühlen. „Ich komme mir vor wie ein historisches Museum. So ein Speichenrad aus der Zementmühle, das ist Kunst, Kunst der Arbeit."*

Luginbühl freut sich über den „Zufall", in eine Zeit hineingeboren zu sein, wo alles, was aus Eisen fabriziert worden ist, langsam Alteisen wird und damit verfügbar für eine besondere Art des Recyclings: Veredelung von Schrott durch Kunst.

Freude an den Eisenplastiken hatten auch Anwalt Peter Nobel und Theaterregisseur Lukas Leuenberger. Ökonomie-Professor Silvio Borner, Wolfgang Roth, der Bruder von D. R., und Künstler Franz Eggenschwiler waren anwesend; ebenso TV-Regisseur Ludy Kessler und Fotograf Onorio Mansutti. Auch viele Kunstsammler und Vertreter der aargauischen Regierung und des eidgenössischen Parlaments sah man unter den Gästen. Ich erinnere mich auch an den international bekannten Galeristen, Auktionator und Kunstsammler Eberhard Kornfeld aus Bern sowie an Charlotte Kerr, die Witwe von Friedrich Dürrenmatt.

An der Vernissage kam eine kunterbunte Gesellschaft zusammen. Es herrschte von Anfang an eine fröhliche Stimmung. Auf dem Parkplatz ließen wir ein großes Zelt für die Gäste aufstellen und ein angeschlossenes kleineres Zelt für die Küche, wo Bärnis Mannschaft kochte. Die Vernissage war auch diesmal mit einem lukullischen Bankett verbunden, ein Riesenerfolg. Dies war nur dank Ursi Luginbühl (und ihrer Familie) möglich – eine große Keramik- und Kochkünstlerin und überdies ein Organisationstalent.

Wie Gastgeber Thomas Schmidheiny genossen die vielen Gäste die Berner Zungenwurst vom Buffet. Hans Berchtold, Wirt im Bahnhofsbuffet Basel unterstütze tatkräftig das Luginbühl-Familien-Koch-Team.

Der Abend wurde bereichert durch „Heini vo Sissech", der auf einem Schwyz-Muotathaler Büchel (der Büchel ist von der Bauart her auch ein Alphorn. Seine

Bauform ist aber nicht gestreckt, sondern in drei Teilen nebeneinander), welche das viele Eisen in der Halle auf angenehme Art zum Klingen brachte. Das bei Ammann in Langenthal von Luginbühl umgebaute große Baugerät XART – ein umgebauter Trax wird zum Kunstwerk. Bärni erklärte dazu: „Ein Caterpillar muss immer nur in der Erde wühlen und gackern wie ein Huhn. Der da kann tanzen, rauchen und Freude machen." – In der Tat fuhr XART geräuschvoll außerhalb der Lagerhalle auf dem Gelände umher, wobei neben Knallkörpern ein farbiges Feuerwerk aus der Maschine in die Nacht hinausschoss, und dabei ertönten aus der wild gewordenen ehemaligen Baumaschine laute Jodelgesänge von Christine Lauterburg. Das Gefährt (Caterpillar-Trax) entstand 1994 in Zusammenarbeit mit Basil und Ywan Luginbühl für das 125-Jahr-Jubiläum der Baumaschinenfabrik Ulrich Ammann in Langenthal.

Diese Jodlerin beglückte im Verlauf des Abends zusammen mit „Heini vo Sissech" und seinem speziellen Alphorn die Gäste. Das Fest hatte sich offenbar für einige von ihnen in die Länge gezogen, und zu früher Stunde des folgenden Tages stiegen nochmals Feuerwerksraketen hoch. Heidi Häfeli hatte jedenfalls am Montag nach der Vernissage eine Reklamation der Gemeinde Holderbank auf ihrem Pult wegen nächtlicher Ruhestörung der Anwohner. Von da an luden wir jeweils auch den Gemeindeammann von Holderbank an unsere Vernissagen ein.

Eine kleine Nebenausstellung war Collagen, Briefen und Kartengrüßen von Jean-Robert Schaffter an Luginbühl gewidmet. Druckgrafik ist die große Leidenschaft dieses Hobbykünstlers, der lange Zeit für die Schweizer Illustrierte als Artdirector gearbeitet hat. Im Jahr 2004 gewann er den „Ringier Media Prize". Seine Porträt-Radierung „Photomaton" basiert auf sehr persönlichen Beziehungen zwischen ihm und Bernhard Luginbühl. Für seine Werkserie „Apollo" ließ sich der jurassische Künstler von NASA-Fotografien inspirieren. Den extremen Kontrast von Licht und Schatten auf dem Mond in Aquatinta-Technik wiederzugeben war für den Grafiker eine Herausforderung. Den Gegensatz zur außerirdischen Kargheit reflektieren seine Ölbilder eines Moorbodens. Jean-Robert Schaffter lebt mit seiner Familie am Hallwilersee. Seit 2009 hat er ein eigenes Druckatelier in den Freibergen.

Auf dem Parkplatz hinter der Halle stellte Bärni auch noch eine Skulptur aus, die er 1992 an der Weltausstellung in Sevilla gezeigt hatte. Thomas Schmidheiny gefiel die Figur, und er wollte sie erwerben, um sie vor seinem Bürogebäude in Jona aufzustellen. Bärni war jedoch der Ansicht, dass sie dort nicht hinpasse, und dabei blieb er. Die Skulptur fand jedenfalls ihren Weg nicht nach Jona und wurde nach etwa zwei Jahren von Luginbühl eines Tages abgeholt und nach Mötschwil zurücktransportiert.

Zum letzten Mal wurde für diese Ausstellung ein Katalog geschaffen, der aus foto-kopierten Vorlagen zusammengestellt war. In den folgenden Jahren wurden die Kataloge jeweils „nobler" und somit in bedeutend teureren Varianten hergestellt.

Als ich 1984 auf einer Geschäftsreise in Japan weilte, bat mich Luginbühl für ihn traditionelle japanische Küchenmesser zu kaufen, da er von deren eleganten Formen begeistert war. Er kannte Japan, weil er zusammen mit Jean Tinguely bereits 1970 in Osaka an der Weltausstellung als Künstler teilnahm. In meinem Hotel in Tokio ließ ich mir zuerst auf Japanisch *„traditional kitchen-knife"* auf einen Zettel schreiben. Danach begab ich mich in ein großes Warenhaus auf die Suche. Ich war selber vom Design dieser nach alter Tradition hergestellten Küchenmesser so begeistert, dass ich für meine Frau ebenfalls vier scharf geschliffene Messer in verschiedenen Formen kaufte. Beim Einchecken am Flughafen hatte ich mit meinen in einem Sack eingepackten zehn großen Küchenmessern einige Probleme – auch wenn die Kontrollen damals noch nicht so rigoros wie heute waren. Es wurde mir erklärt, dass diese Messer dem Flugkapitän der Swissair-Maschine überreicht würden und diese mir erst in Zürich zurückgegeben würden. Den Kapitän hatte ich zwei Tage zuvor zufällig beim Fotografieren beim populären und pittoresken Meiji-Shrine in Tokio kennengelernt und mich mit ihm dort längere Zeit gut unterhalten. Kaum war ich im Flugzeug in Tokio angeschnallt, kam der Flug-kapitän schmunzelnd aus dem Cockpit mit den vielen gefährlichen Messern an meinen Sitzplatz und gab mir alle zehn scharf geschliffenen Küchenmesser vor dem Start zurück. Ich versorgte diese in meinem Aktenköfferchen. Ein undenk-barer Vorgang in der heutigen übervorsichtigen Zeit bedingt durch Terrorakte!

Mit Bernhard und Ursi Luginbühl und ihrer gesamten Nachkommenschaft ver-band mich seit 1981 eine tiefe und echte Freundschaft, die drei Jahrzehnte dauerte und für mich und meine Familie äußerst bereichernd war. Ich konnte mit den beiden auch geschäftliche und persönliche Probleme besprechen; sie hatten immer Zeit, den Freunden mit Rat und Tat beizustehen. Bärni war ein Patriarch mit einer ungemeinen Präsenz. Wenn ich das Bauernhaus in Mötschwil verließ, hatte ich immer ein positives Gefühl. Menschliche Wärme und Anteilnahme verbunden mit gesundem Witz hilft immer. Die besondere Atmosphäre, die im

Bauernhaus von Ursi und Bärni herrschte, setzte sich im großzügig bepflanzten Garten fort – mit Fischteich, vielen stolz umherspazierenden Truthühnern und vor allem den vielen majestätisch herumstehenden, riesigen, angerosteten stillen Eisenplastiken. Wie im Migros-Magazin (Nr. 32 am 06.08.2012) beschrieben, sehen die gewaltigen Eisenfiguren während der vier Jahreszeiten unterschiedlich aus. Sie wirken jedes Mal anders, ob die Sonne darauf brennt, Herbstblätter an ihnen kleben oder Schnee sie verhüllt. Ich durfte jeweils die neuesten Figuren in der Werkstatt besichtigen und im großen Wohn- und Arbeitszimmer an einem riesigen Tisch die überquellenden, mit Filzstift geschriebenen und gezeichneten Tagebücher bestaunen, aber auch die eleganten Zeichnungen und Radierungen. An der großen Bar wurde jeweils fürstlich gegessen und getrunken; in einer Ecke döste der mächtige Bernhardiner-Hund. Größere Einladungen fanden in seinem großen Atelier, einer alten, umgebauten Scheune neben dem Bauernhaus, statt. Solche Anlässe waren jedes Mal ein Riesenerfolg dank der guten Stimmung, die ein Besuch bei den Luginbühls fast automatisch auslöste.

Mit allen Mitgliedern dieses patriarchisch geführten sympathischen Clans fühlte ich mich eng verbunden. Was für eine unglaubliche Überraschung, als ich kurz vor meiner Pensionierung in meinem Garten eine schöne Eisenplastik vorfand. Dieses Geschenk steht bis heute immer noch am gleichen Ort, wo Bärni und Ursi mir diese Figur – in meiner Abwesenheit – hingestellt hatten. Meine Frau und ich waren tief berührt. Solche intensiven Freundschaften und Begegnungen mit Künstlern und Künstlerinnen haben mich viel mehr bereichert als viele Bekanntschaften mit langweiligen und egoistischen Geschäftsleuten.

Der Tod von Bernhard Luginbühl im Februar 2011 ging mir sehr nahe. Dank der drei Jahrzehnte dauernden Freundschaft war es möglich, einen der bekanntesten Künstler der Schweiz, sein Schaffen und seine Kreativität aus der Nähe zu erleben. Er wurde stets von Ursi, aber auch von den erwachsenen Kindern mit ihren Partnerinnen tatkräftig unterstützt. Es bleibt die unvergessliche Erinnerung an seine Ausstrahlung, die Naturkraft dieses Mannes, der sich in seiner Kunst selber treu geblieben ist, sein künstlerisches Schaffen unabhängig von wechselnden Modeströmungen umgesetzt und weiterentwickelt hat.

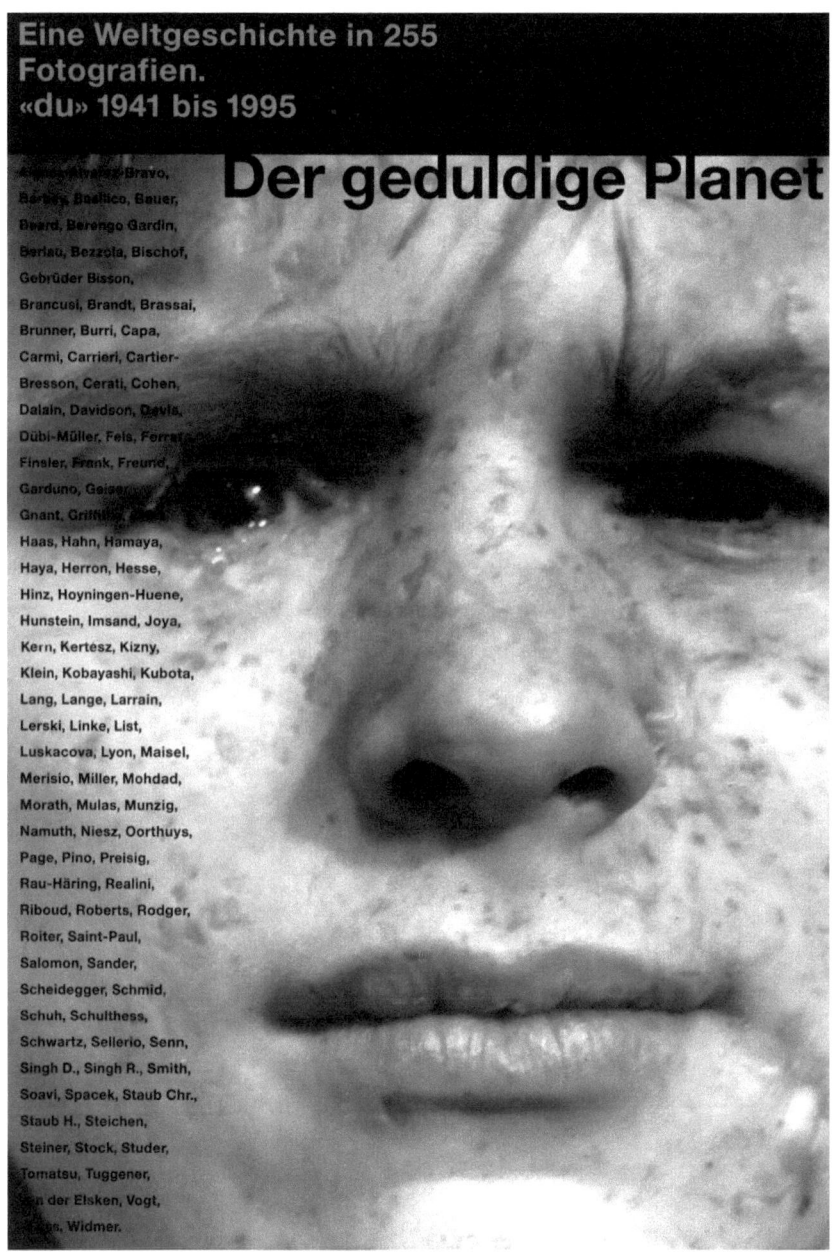

Eine Weltgeschichte in 255
Fotografien.
«du» 1941 bis 1995

Der geduldige Planet

Alvarez-Bravo,
Barbey, Basilico, Bauer,
Beard, Berengo Gardin,
Berlau, Bezzola, Bischof,
Gebrüder Bisson,
Brancusi, Brandt, Brassaï,
Brunner, Burri, Capa,
Carmi, Carrieri, Cartier-
Bresson, Cerati, Cohen,
Dalain, Davidson, Devis,
Dübi-Müller, Fels, Ferrat
Finsler, Frank, Freund,
Garduno, Geiser,
Gnant, Griffith,
Haas, Hahn, Hamaya,
Haya, Herron, Hesse,
Hinz, Hoyningen-Huene,
Hunstein, Imsand, Joya,
Kern, Kertész, Kizny,
Klein, Kobayashi, Kubota,
Lang, Lange, Larrain,
Lerski, Linke, List,
Luskacova, Lyon, Maisel,
Merisio, Miller, Mohdad,
Morath, Mulas, Munzig,
Namuth, Niesz, Oorthuys,
Page, Pino, Preisig,
Rau-Häring, Realini,
Riboud, Roberts, Rodger,
Roiter, Saint-Paul,
Salomon, Sander,
Scheidegger, Schmid,
Schuh, Schulthess,
Schwartz, Sellerio, Senn,
Singh D., Singh R., Smith,
Soavi, Spacek, Staub Chr.,
Staub H., Steichen,
Steiner, Stock, Studer,
Tomatsu, Tuggener,
n der Elsken, Vogt,
s, Widmer.

Werner Bischofs berühmte Aufnahme eines kriegsversehrten
holländischen Knaben von 1945 diente als Plakat der Ausstellung
© Werner Bischoff MAGNUM

DER GEDULDIGE PLANET

EINE WELTGESCHICHTE IN 255 FOTOGRAFIEN. „DU" 1941 BIS 1955
(2. SEPTEMBER–1. OKTOBER 1995) – AUSSTELLUNG NR. 14

Begrüßung: Thomas Schmidheiny.
Einführung: Dieter Bachmann und Derrick Widmer.
Eröffnung der Ausstellung: J. R. von Salis

Publikationen 1996: „Der geduldige Planet". Zürich, „du"-Verlag
„So many worlds". London, Thames and Hudson

Dieter Bachmann, Redaktor der Kulturzeitschrift „du" rief mich anfangs 1995 an und schlug eine Besprechung in Holderbank vor. Ich kannte ihn seit der großen Dieter-Roth-Ausstellung 1992, die er in einem „du"-Heft, Nr. 6/Juni 1993, auf eindrückliche Weise dokumentiert hatte.

Bei der einige Tage später abgehaltenen Sitzung in Holderbank erklärte mir Dieter Bachmann, dass seine Zeitschrift „du" aus ihren Heften eine Auswahl der besten Fotografien der vergangenen fünfzig Jahre zusammengestellt habe.

Seit der Ausstellung *The Family of Man* seien nie mehr so viele bedeutende Fotografen unter einem Dach vereint gewesen. Die Fotoausstellung *The Family of Man* war die größte Fotoausstellung aller Zeiten. Diese Sammlung besteht aus 503 Fotografien von 273 Autoren aus 68 Ländern, welche Edward Steichen für das Museum of Modern Art (MoMA) in New York 1955 zusammengestellt hatte. Nach einer Reise rund um die Welt in mehr als 150 Museen wurde die letzte komplette Fassung definitiv im Schloss in Clerf/Luxembourg installiert.

Für die Zeitschrift „du" hätten stets die besten Fotografen der Welt gearbeitet, erklärte Dieter Bachmann: Werner Bischof, Bill Brandt, René Burri, Henri Cartier-Bresson, Gisèle Freund, Bruce Davidson, Herbert List, Danny Lyon, Jakob Tuggener, Robert Frank und viele mehr. Sie zählen zu den Pionieren des Fotojournalismus.

Dabei würde es sich bei der geplanten Ausstellung nicht um den modischen Trend des manipulierten Bildes handeln, erklärte Bachmann, sondern um zweihundertfünfundfünfzig fotografische Dokumente angeschaute Wirklichkeit, wobei sich deren Kraft aus ihrer außergewöhnlichen Authentizität herleite. René Burri, der international bekannte Fotograf war bei der Auswahl der Bilder enger Mitarbeiter gewesen. Da ich damals selber noch nie eine berühmte Fotoausstellung gesehen hatte, fragte ich mich heimlich, ob Fotografie wirklich auch als eine ausstellungswürdige Kunstform angesehen werden könne. Da ich für Dieter Bachmann großen Respekt empfand und für neue Ideen zugänglich war, nahm ich ohne Weiteres an, dass er mit seinem Projekt auch hier richtig liegen würde.

Daraufhin diskutieren wir über die finanziellen Aspekte. Da ich seit der erfolgreichen D.-R.-Ausstellung 1992 in Sachen Kunst eine gewisse Autorität bei der Holderbank-Leitung besaß, wurde auch bei wesentlich höheren Kosten als bei den Ausstellungen der 1980er-Jahre mir nicht mehr wie früher so stark auf die Finger geschaut, was mir erlaubte, großzügiger vorzugehen. Nach nur fünfzehn Minuten waren wir mit Dieter Bachmann handelseinig geworden und legten gleich das Datum der Eröffnung und Dauer der Ausstellung fest (2. September – 31. Oktober 1995). An der Produktion der Ausstellung beteiligten sich im Verlauf der Vorbereitungen auch die Leica International, St. Gallen, und der Tages-Anzeiger, Zürich.

Dieter Bachmann hatte konkrete Vorstellungen, wie die Ausstellung auszusehen hatte. Abgesehen von Stellwänden, verlangte er eine Art Himmel aus Segeltuchstoff, um gleichmäßige Lichtverhältnisse zu schaffen. Für die benötigten Stellwände engagierten wir den jungen Künstler Brutus Luginbühl, der ursprünglich eine Lehre als Filmlaborant und eine zweite als Zimmermann gemacht hatte. Vierzehn Tage vor Beginn der Ausstellung kamen mehrere Kisten mit den Fotos in Holderbank an. Aber was für Kisten? Es waren sehr sorgfältig gemachte, beinahe ästhetisch geformte Kisten, die von „Art Logistics International", einer Firma von Josy Kraft in Basel hergestellt wurden und die so beschaffen waren, dass sie für viele weitere Ausstellungen verwendet werden konnten.

Die nachfolgende Wanderausstellung wurde von Pro Helvetia, einer Schweizer Kulturstiftung unterstützt. Von Holderbank aus wurde die Ausstellung auf Reisen geschickt, zuerst an verschiedene Orte in der Schweiz (Schaffhausen, Chiasso, Lausanne), dann in die Slowakei (Dolny, Kubin), nach Polen (Kraukau, Gorzow), in die Tschechische Republik (Prag), nach Deutschland (Hamburg, Frankfurt, München), nach Neuseeland (Dunedin, Christchurch, Palmerston North, Wellington, Auckland), nach Australien (Canberra, Perth, Nedlands, Melbourne) und im Jahr 2000 nach Tokyo.

Zuständig für die Gestaltung der Ausstellung war Daniel Schwartz, bekannter Fotograf und fotografischer Berater von „du" – sowie Autor von verschiedenen Büchern wie „The Great Wall of China" und „Delta – The Perils, Profits and Politics of Water in South and Southeast Asia" sowie „Press Art – Sammlung Annette und Peter Nobel". Mit viel Freude verbrachte Schwartz unzählige Stunden in unserer Halle und richtete dort die Ausstellung ein. Die Gespräche mit dem sympathischen Fotografen waren stets anregend.

Diese Auswahl der Bilder war wie eine Erzählung arrangiert: Sie begann mit dem Zweiten Weltkrieg, zog weiter durch Nachkriegseuropa, berichtete von Geschehnissen in Nord- und Südamerika und endete in Asien. Es waren die Augenblicke von Schönheit und Grausamkeit, von Hoffnung und Verzweiflung, die von den berühmten Fotografen des „du" in einer Zeitspanne von fünfzig Jahren festgehalten wurden. Das großartige Buch „Der Geduldige Planet" von Dieter Bachmann/Daniel Schwartz gibt bis heute einen eindrücklichen Überblick über die in Holderbank gezeigten Fotografien. Die Ausstellung kam mir vor wie eine jahrzehntelange, vorzügliche Reportage um die Welt, eine Welt, die sich ständig verändert.

Als Dieter Bachmann gerade beim Eingang zur Ausstellung drei Frauenporträts aufhängte – Gloria Swanson (amerikanische Schauspielerin) von Edward Steichen, New York 1924; dann Anna Magnani (italienische Schauspielerin) mit ihrer ungeheuren Ausstrahlung, Rom 1950, von Herbert List, und eine unbekannte Färberin in der Textilfabrik Jak. Dürsteler, Wetzikon, Schweiz 1942, von Jakob Tuggener – war ich endgültig überzeugt, dass die Ausstellung ein Erfolg sein würde, und ich zweifelte keinen Augenblick mehr, dass die ausgestellten Fotos echte Kunstwerke waren.

Das Foto von Henri Schmid: Auf dem Kirchweg, Witikon, Schweiz, 1948, wurde die Weihnachtskarte „Holderbank" 1995.

Die Einladungskarte zur Ausstellung zeigte in einem Farbenfoto das Gesicht eines verletzten und vom Schicksal geprägten Jungen, der dunkle kleine Flecken im ganzen Gesicht hatte. Wie aus einem Artikel von Dieter Bachmann im erwähnten Buch „Der geduldige Planet" hervorgeht, erhielten im Spätherbst 1945, wenige

Monate nach dem Krieg, der weite Gebiete Europas schrecklich verwüstet hatte, zwei Fotografen aus der Schweiz den Auftrag von der Zeitschrift *„du"*, im Auto durch Frankreich, Belgien und Holland zu fahren und mit der Kamera Bilder einzufangen.

Werner Bischof und Emil Schulthess waren damals beide neunundzwanzig Jahre alt. Als die beiden durch das holländische Roermond kamen, sahen sie zwar den auf der Einladungskarte abgebildeten, verletzten Knaben, kamen aber nicht sofort zum Fotografieren. Eine Woche später auf der Rückreise machten sie einen Umweg, um den Knaben wiederzufinden. Redaktor Kübler vom *„du"* erzählt im Editorial zum Maiheft 1946, gewidmet den „Europäischen Aufnahmen von Werner Bischof", was dem Jungen zugestoßen war: *„Eine jener kleinen, zu Tausenden beim Rückzug der Deutschen ausgelegten, holzverschalten, nur bleistiftgroßen Minen hatte ihn verletzt, als er nach einem gut überstandenen Fliegerangriff heimkam und die Türe der Wohnung ahnungslos öffnete"*(siehe großes Bild mit dem verletzten Knaben am Anfang dieses Kapitels).

In einem Artikel der Frankfurter Rundschau „Zum optischen Gedächtnis der letzten fünfzig Jahre" (14.10.95) stand: *„Im Fortlauf des Krieges findet jedoch die Realität Eingang in die Fotografie. Die Fotoreportage boomt. Werner Bischof jedenfalls probiert das neue Sehen nun täglich aus – zunächst bei Streifzügen durch Freiburg: ‚Am Morgen, es ist Sonntag, der 9. September 1945, streife ich durch die ungeheuren Schuttmassen, am Münster vorbei über den einst schönen Platz mit den alten Häusern. Alles, was links des Münsters steht, ist in Trümmern, der Kirchturm selbst ist beschädigt, die Fenster meist zerstört. Hie und da strömen Menschen wie in einem Kanal durch diese Totenstadt. Und dann plötzlich beim Graben, stößt man auf eine Hand eines Toten. Noch Tausende liegen unter diesen Trümmern!'*

Bald ist er in ganz Europa unterwegs. 1946 folgt eine Reportage für ‚du' – über verwaiste Kinder in Holland.

Heute – nach fast fünfzig Jahren – dient Bischofs Konterfei des kriegsgeschundenen Jungen erneut als Warnung, diesmal als Menetekel in einer monumentalen Ausstellung, die gerade in Holderbank in der Nähe von Zürich in einer alten Zementfabrik zu sehen ist."

Werner Bischof, der Schweizer Fotograf gilt als Klassiker der Nachkriegszeit. Sein Talent und sein menschliches Anliegen existenziellen Fragen gegenüber ließen ihn zum Klassiker der Schweizerfotografie werden. Nur 38-jährig kam er bei einem Autounfall in Peru ums Leben. Doch die kurze Zeitspanne von fünfzehn intensiven Arbeitsjahren hat ausgereicht, um sein Werk berühmt zu machen.

Mit seinen Bildern wurde auch der 1924 in Zürich geborene Robert Frank weltbekannt und sein Buch „Die Amerikaner" von 1959 ist ein Standardwerk der Fotografie. Frank wurde im Mai 2014 in Zürich mit dem Roswitha-Haftmann-Sonderpreis ausgezeichnet. Er wanderte 1947 aus der Schweiz aus und zog nach New York. 1953 begann Frank mit Edward Steichen Werke für die Ausstellung „Post-War European Photographs" am „Museum of Modern Art" und für „The Family of Man" ausfindig zu machen und auszuwählen.

Zum besonderen Erlebnis wurde der Abend für die Vernissage-Gäste durch den aus seinem nahen Schloss Brunegg angereisten Ehrengast Prof. Dr. Jean Rodolphe von Salis (1901–1996), der das Band zur Ausstellung vor dem Eingang zur Halle durchschnitt und so die Ausstellung eröffnete. Da er etwas Mühe beim Gehen hatte,

Dieter Bachmann, Elsie von Salis, Jean Rodolphe von Salis
© Leonardo Bezzola

benützte er einen Stock; er war altershalber leicht vornübergebeugt und wurde von seiner Frau unterstützt. Auf dem Platz neben der Halle, wo wir den Apéro servierten, saß er im Mantel auf einem Stuhl mit einem Glas Wein in der Hand, verfolgte mit Interesse das Geschehen und genoss sichtlich die Begrüßung von Thomas Schmidheiny und die Einführung in die Ausstellung von Dieter Bachmann.

Wie Thomas Schmidheiny erklärte, war von Salis einige Jahre lang auch Verwaltungsrat der ehemaligen Zementfabrik „Holderbank". Berühmt wurde der Schweizer Historiker, Schriftsteller und Publizist im Zweiten Weltkrieg, als im Schweizerischen Landessender Beromünster vom noch jungen Geschichtsprofessor jeden Freitagabend zur besten Sendezeit unter dem Titel „Weltchronik" sein militärisch-politischer Lagebericht ausgestrahlt wurde. Diese Sendung konnte über die Landesgrenze hinaus empfangen werden und stellte damit ein ernst zu nehmendes Gegengewicht zur Nazi-Propaganda dar.

Kaum war das Band, das quer über den offenen Eingang gespannt war, von Prof. von Salis durchschnitten, drängten sich die Vernissage-Gäste voller Erwartung in die Ausstellungshalle. Im Gedränge verschwand auch Jean Rodolphe von Salis. Plötzlich kam seine umsorgende Frau Elsie aufgeregt zu Heidi Häfeli und fragte sie, ob sie ihren Mann gesehen habe. Heidi machte sich auf die Suche und fand Prof. von Salis mitten im Kreis von Gästen umringt, fröhlich plaudernd. Er genoss den Augenblick sichtlich.

Als weiterer berühmter Gast nahm auch Gisèle Freund (1908–2000) an der Vernissage teil. Wie in einer Kurzbiografie (bei Fembio) dargestellt, begann ihr Ruhm anfangs der 1960er-Jahre. Die Erstausgabe ihrer Dissertation (Fotografie und Gesellschaft), auf Deutsch, eine politisch-soziologische Analyse der Fotografie, fand große Beachtung. Unzählige Ausstellungen folgten – in der Bibliothèque Nationale, im Musée d'Art Moderne, auf der Documenta Kassel in 1977, und als besonderes Glanzlicht ihrer Karriere: eine ganze Etage für ihre Fotos im Centre Pompidou 1991. Neben Lotte Jacobi war sie die bedeutendste Fotografin des vorigen Jahrhunderts. Wie Bischof ist auch die 1908 in Berlin geborene Gisèle Freund ein Zeuge des Jahrhunderts, sie ist mit vielen Bildern an der Ausstellung dabei.

Ein weiterer anwesender Besucher, der als Fotograf weltbekannt geworden ist, war der Schweizer René Burri (1933–2014), dessen bekanntestes Foto ein Porträt des Zigarren rauchenden Revolutionärs und kubanischem Innenministers Ernesto Che Guevara von

1963 ist. Er porträtierte auch Pablo Picasso, Alberto Giacometti (wie dies auch Ernst Scheidegger um 1950 tat), Jean Tinguely und Le Corbusier. Auch mit seinen eindringlichen Reportage-Bildern aus aller Welt stellte er immer den Menschen in den Mittelpunkt. Er hat sich einen zentralen Platz in der Geschichte der Fotografie gesichert.

Bekannte Gäste waren auch Markus Rauh, CEO der Leica, Hans Heinrich Coninx, Schweizer Verleger und Vorsitzender der Geschäftsleitung Tamedia AG (die Tamedia besitzt unter anderem den Tages-Anzeiger, die SonntagsZeitung und die Kulturzeitschrift „du") und seine Schwester Regula Hauser-Coninx. An mehreren Ausstellungen hat uns Frau Esther Grether aus Bottmingen bei Basel als Gast beehrt, deren grandiose Kunstsammlung ich zwei Mal besuchen konnte. Sam Keller, Direktor der Fondation Beyeler in Basel, hat diese Privatsammlung „als eine der besten der Welt" bezeichnet.

Die Ausstellung fand in der Betonhalle statt und das Bankett in der direkt daneben gelegenen eindrucksvollen Holzhalle (die vor der Sprengung des Kamins der Cementfabrik Holderbank mindestens ein Viertel länger war). Die überaus angenehme Atmosphäre in der von Grafiker Ernst Schadegg schön dekorierten Holzhalle im Anschluss an den Ausstellungsbesuch sowie die sehr gute und gelockerte Stimmung während des Abendessens haben wir in allerbester Erinnerung. Es war das erste Mal, dass uns beide Hallen gleichzeitig zur Verfügung gestellt wurden. Auch die „du"-Ausstellung hatte – wie alle übrigen Ausstellungen – ihr eigenes Publikum; gepflegte, lässig-elegante Gäste gaben Holderbank die Ehre.

Dank der guten Verbindung von Dieter Bachmann zur Presse fand sich sogar das Schweizer Fernsehen bei uns ein. Wir waren sehr stolz, dass wir uns über Jahre von einem in der Wahrnehmung wenig beachteten Kunstevent zu einem gesellschaftlich und künstlerisch wichtigen Anlass durchgemausert hatten. Zur Ausstellung erschien der bereits erwähnte große Fotoband von Dieter Bachmann/Daniel Schwartz mit allen 255 Fotos aus der Zeitschrift „du" in erstklassiger Qualität. Überdies erschien während der ganzen Dauer der Ausstellung im Tages-Anzeiger jeden Tag ein Bild der Ausstellung, und zwar ganzseitig. Eine einmalige Werbung für diese Foto-Ausstellung auf dem Land.

Da der Ort Holderbank nicht an den großen Heeresstraßen liegt, konnten wir an allen vorhergehenden Ausstellungen nie mit großen Besucherzahlen nach der Vernissage rechnen. Die Fotoausstellung brachte aber über 3'000 Besucher und war somit unsere bestbesuchte Ausstellung.

Raymond Saunders, Holderbank,
1996 © Leonardo Bezzola

HEDI-KATHARINA ERNST
RAYMOND SAUNDERS

HEDI-KATHARINA ERNST: „SCULPTURES"
RAYMOND SAUNDERS: „PAINTINGS/COLLAGES"
30. AUGUST–31. OKTOBER 1996 – AUSSTELLUNG NR. 15

Gastkuratorin: Susu Schmidheiny, Begrüßung: Thomas Schmidheiny
Katalog mit Texten von Daniela Colombo und Susu Schmidheiny

Hedi-Katharina Ernst ist eine schweizerische Künstlerin, die 1948 in Luzern geboren wurde. Bereits 1993 zeigte sie ihre bemalten eindrücklichen Keramikfiguren in Holderbank. Frau Ernst war Gastprofessorin am California College of Arts and Craft in San Francisco.

Daniela Colombo hat ihr Werk im oben erwähnten Katalog unter anderem wie folgt umschrieben: „... In Hedi-Katarina Ernsts Skulpturen fließen die Zeiten ineinander, verwischen sich die Epochenwände. Die in ihrer Übergröße mächtigen Objekte erzählen in einer kraftvollen Symbolsprache überlieferte Mythen und übersetzen sie in einen Zeitbezug. So sind denn die Skulpturen so etwas wie eine in Ton geformte und bemalte kreative Spurensicherung von längst zugeschüttetem Wissen. ..."

In einem Interview von Klaus Kayatz mit Suzanne Schmidheiny in den „Holderbank"-News (2.3/93) mit dem Titel „Künstlerinnen und Künstler als Führungskräfte – Führungskräfte als Prozessbegleiter" erklärte Frau Schmidheiny: „In der Geschäftswelt haben Gefühle wenig Platz, obwohl sie wichtige Signale und Impulse für richtiges Handeln geben könnten. Wenn man es jedoch einmal gewagt hat, zu seinen Gefühlen und Schwächen zu stehen, wird man durch größere Freiheit im Umgang mit vielen Dingen belohnt ...Durch künstlerisches Schaffen jeder Art können wir wieder an das Innen anknüpfen, das in der Folge der Überbewertung von abrufbarem Wissen und Können, das morgen oft schon veraltet ist, verdeckt ist."

In der gleichen „Holderbank"-News bemerkte Hedi-Katharina Ernst, dass sie zwei Ateliers habe, eines in der Steinfabrik in Pfäffikon und ein anderes in Port Costa,

San Francisco. Costa liege auf dem Gelände eines Blähtonwerkes. Daher komme auch ihr Interesse an Zement, Beton und verwandten Materialien. Die räumliche Nähe zu dieser Fabrik habe Einfluss auf ihre Werke. Sie arbeite mit den Materialien, die sie umgeben: mit Ziegel und Blähton, aber auch mit Objekten, die sie auf dem Fabrikgelände finde. Es gebe eine Brücke zwischen Kunst und Beton. Man müsse sie nur ohne Angst beschreiten. Die größtmögliche Freiheit beim Arbeiten sei auch die wichtigste Voraussetzung beim Arbeiten. Das sei der Grund dafür, dass sie gerne dreidimensional arbeite. Die Arbeit an Plastiken gebe ihr einen größeren Freiheitsgrad als die an zweidimensionalen Bildern.

An der Ausstellung gab es nicht nur Plastiken, sondern auch Ölbilder dieser Künstlerin.

Gleichzeitig mit Hedi Ernsts Skulpturen wurden die Bilder von Raymond Saunders gezeigt.

Raymond Saunders ist ein amerikanisch-afrikanischer Künstler, der 1934 in Pittsburgh, Pennsylvania, geboren wurde. Er lebt in Oakland, Kalifornien. Er ist bekannt für seine abstrakten „mixed-media"-Bilder, die auch Collagen enthalten und mitunter mit sozialpolitischen kurzen Texten versehen sind. Wikipedia beschreibt das Werk Saunders folgendermaßen:

„Saunders works in a large variety of media, but is mainly known for work that encompasses painting and transversal media juxtaposition, sometimes bordering on the sculptural but always retaining the relation to the flat wall key to modernism in painting. Saunders painting is expressive, and often incorporates collage (mostly small bits of printed paper found in everyday life), chalked words (sometimes crossed out), and other elements that add reference and texture without breaking the strong abstract compositional structure. This lends a sense of social narrative to even his abstract work which sets apart from artists like Robert Rauschenberg, Jim Dine, or Cy Twombly, with which it has obvious affinities."

„Raymond Saunders has had numerous solo and group exhibitions from 1952 to the present. His work is a part of several important collections."

Aus dem Katalogtext von Susu Schmidheiny: *„... Der Brennpunkt des Geschehens liegt für Saunders in der Großstadt, die in seiner Kunst dargestellt als auch symbolisiert*

wird. Oft sind seine größeren Arbeiten weniger mit Objekten als mit Plätzen zu ver-
gleichen oder mit jenen Scheinplätzen, wie sie von Bühnenbildern geschaffen werden.
Sie evozieren die Vorstellung einer Art urbanen Theaters, auf dem die Menschen sich
gefahrlos mit Fragen auseinandersetzen können, die durch die Stadt aufgeworfen
werden …"

Anneliese Zwez schrieb am 4.9.1996 im Aargauer Tagblatt:

Raymond Saunders' und Hedi-K. Ernsts Werke stehen in starkem Kontrast zueinander,
nicht nur bezüglich der Medien – figürliche Keramiken hier, zeichnerische Material-
Collagen dort –, sondern vor allem bezüglich der Annäherung an ihre Themen. Heidi-K.
Ernsts üppig wuchernde, oft buntfarbene Hommagen an die Fruchtbarkeit der „Großen
Mutter" sind Zelebrationen eines archaischen Matriarchatskultes, wie er sich in den ersten
Jahren der Selbstfindung der Frauen zu formen begann. Die neuen, schwarzen Figuren
stellen wie die vielbrüstige „Nourish-Ma (die es übrigens auch bei Louise Bourgeois
und Martin Disler gibt), die stachlige „Aura-Ka" oder „Augen" verquicken zwar weib-
liche und männliche Geschlechtsteile, doch die Dominanz ist eindeutig. Inhaltlich
betrachtet ist ein solcher Einbruch weiblicher Wucht in die männliche Domäne eines
Zement-Unternehmens immer noch subversiv und berechtigt. Allerdings hat sich die
Empfindlichkeit der Frauen sowohl im Kunstbereich wie auch in der Gesellschaft in
den letzten Jahren stark gewandelt. Nicht das Urweibliche, das die Geschlechtlichkeit
ins Zentrum stellt, ist das Thema heutigen Feminismus, sondern eine von Brüsten und
Vaginas losgelöste weibliche Intelligenz, die auch Bezüge zur Mystik in diesen Kontext
stellt. Da hinkt Hedi-K. Ernsts Frauenbild der Entwicklung hintennach. Die ihr oft vor-
geworfene künstlerisch-formale Nähe zu Niki de Saint Phalle ist indes zu relativieren,
einmal durch die völlig verschiedenen Techniken, dann vor allem aber auch mit dem in
beiden Werken wirkenden Einfluss volksnaher, südamerikanischer Plastik zu ergänzen.

Auf jedem amerikanischen Kunstmarkt, der auch auf Europa überschwappt, gibt es
kaum afroamerikanische Künstler. Das Werk von Raymond Saunders, das in Amerika
auf Museumsebene gezeigt wird, kann nicht ohne diesen Kontext gelesen werden und
ist von daher (politisch) brisant. Umso mehr als es dem 62-jährigen Künstler gelingt,
etwas von der multiethnischen Struktur der amerikanischen Industrie-Großstädte in
seine verhaltenen Collagen einzuschreiben. Auch hier sind die kunstgeschichtlichen
Bezüge, von den neuen Werken Robert Rauschenbergs bis zurück zum Fluxus und
den Informel-Collagen der späten Fünfzigerjahre, nur bedingt relevant. Sein Ansatz
hat nicht primär formale Zielsetzungen, sondern spiegelt den Titel der Holderbanker

Suzanne Schmidheiny, William H. Bailey, Hedi-Katharina Ernst an der Vernissage
© Leonardo Bezzola

Ausstellung: „Landscape of thoughts". Alte Türen und Bretter, Latten, Abschrankungen
setzt er zu behelfsmäßig geschönten, oft schwarz-weißen, konstruktiven Bildern zu-
sammen, die an Slum-Architekturen erinnern ... Obwohl auch das Wort „Mani-Festa 1"
auftaucht, sind die Collagen von Saunders nicht zielgerichtet politisch, sondern eine
Art Poesie des Überlebens im Untergrund."

Mit dem Aufhängen der Bilder von Raymond Saunders vor Ausstellungsbeginn
hatten wir wenig zu tun, sodass wir – im Gegensatz zu vielen andern ausgestellten
Künstlern – sehr wenig über diesen amerikanischen Künstler wussten und ihn
auch nicht näher kennenlernten. William H. Bailey, auch ein Amerikaner, war für
das Hängen der Bilder zuständig. Auch bei der Aufstellung der Keramikplastiken
waren wir kaum involviert, hingegen lernten wir dank der beiden Ausstellungen
(1993 und 1996) von Heidi-Katharina Ernst diese Künstlerin besser kennen und
schätzen.

Christo, Thomas Schmidheiny und Jeanne-Claude an der
Eröffnung der Ausstellung in Holderbank, 1997
© Leonardo Bezzola

CHRISTO UND JEANNE-CLAUDE

„EARLY WORKS 1958–1969 AND WORKS IN PROGRESS"
16. AUSSTELLUNG – 1997
7. JUNI – 14. SEPTEMBER 1997

Gastkuratoren: Josy Kraft und Pidu Russek.
Begrüßung: Thomas Schmidheiny.
Einführung: Paul Jolles und Derrick Widmer. Ohne Publikation

Christo und Jeanne-Claude, beide am 13. Juni 1935 geboren, lernen sich 1958 in Paris kennen, wo sich der Bulgare Christo (Javacheff) niedergelassen hatte. Christo, der den Neuen Realisten nahesteht, wählt für seine künstlerische Arbeit das Prinzip der Verhüllung. Es entstehen Pakete und verhüllte Objekte. Bereits 1961 wendet sich Christos Interesse den Verhüllungsprojekten in der Öffentlichkeit zu, die später zum ausschließlichen Inhalt der nun gemeinsamen künstlerischen Arbeit werden. Zahlreiche Projekte werden in aller Welt realisiert, drei davon in der Schweiz: 1968 wird die Kunsthalle Bern als erstes öffentliches Gebäude verhüllt, 1984 folgen die verhüllten Böden und Teppiche im Architekturmuseum Basel. Auf sehr großes Interesse stießen 1999 die verhüllten Bäume im Park der Fondation Beyeler in Riehen. Christo und Jeanne-Claude, die seit 1964 in New York leben, finanzieren ihre Projekte ohne fremde Beihilfe aus dem Verkauf der stets zahlreich als Fotos, Situationsdarstellungen, Zeichnungen und Collagen entstehenden Studien. (Buch „Kunstausstellungen ‚Holderbank'/2")

Christo floh anfangs 1957 aus Bulgarien nach Wien, wo er bei Freunden seines Vaters aufgenommen wurde. Nach einem Semester an der Akademie der bildenden Künste Wien und einem Aufenthalt in Genf ging Christo schließlich nach Paris. Er lebte als junger Mann in ständiger finanzieller Not und verdiente sein Geld mit Porträtmalerei. Im Januar 1958 verhüllte Christo seine erste Farbdose, indem er sie mit harzgetränkter Leinwand umgab, verschnürte und mit Leim, Firnis, Sand und Autolack behandelte. 1968 bekamen Christo und Jeanne-Claude die Möglichkeit zu einer Teilnahme an der documenta IV in Kassel. Ihr Beitrag bestand aus einem länglichen Ballon mit einem Volumen von 5600 Kubikmetern, im Kasseler

Volksmund „Wurst" genannt. Im Innern befanden sich kleinere Ballons, die mit Helium gefüllt waren, wobei die Hülle aus einer weißen, semitransparenten Polyester (Trevira) bestand.

Jeanne-Claude wurde zwar am gleichen Tag wie Christo geboren, jedoch in der marokkanischen Stadt Casablanca. Sie war die Stieftochter eines Adeligen, des berühmten und hochdekorierten französischen Armeegenerals Jacques de Guillebon. Er kämpfte von England aus in der Normandie in einer Panzerdivision als stellvertretender Chef des Generalsstabs und wurde von General Leclerc nach Versailles gesandt, um den Widerstand der deutschen Truppen zu testen. Den Krieg beendigte er in Berchtesgaden (Hitlers Feriendomizil und Bunker auf 1834 Meter), wo er die französische Fahne hissen ließ. Von 1948 bis 1951 war er Militärattaché in Bern und wohnte mit der Familie in der Berner Altstadt. Jeanne-Claude besuchte – wie sie mir einmal selber erzählte – in Fribourg während dieser Zeit ein Collège.

Christo und Jeanne-Claude zeigten und kommentierten in Holderbank persönlich Filme ihrer im Aufbau begriffenen Verhüllungen oder andere große Werke, und dies an mehreren Wochenenden auf einem Podest in der Holzhalle. Ich erinnere mich an einen Film, bei dem man ihre noble Familie sehen konnte. Ihr adliger Stiefvater besaß ein Schloss in der Nähe von Paris; die Kellner servierten das Essen elegant mit weißen Handschuhen. Wie Jeanne-Claude mir einmal erzählte, wurde ihre Mutter mit „Princess" angesprochen. Jeanne-Claude lebte in einer privilegierten Gesellschaft, ging viel in die Ferien und wurde von zahlreichen Männern umworben. Sie absolvierte mit Auszeichnung ein „Baccalauréat in Latin and Philosophy", University of Tunis).

1958 erhielt Christo einen Auftrag für ein Porträt von Précilda de Guillebon, der Mutter von Jeanne-Claude. Wie Wikipedia festhält, sahen sich dadurch Christo und Jeanne-Claude zum ersten Mal. Jeanne-Claude war im Gegensatz zu ihrer Mutter am Anfang nicht sehr begeistert von Christo. Es folgten weitere Aufträge der Mutter, der die von Christo gemalten Porträts gefielen. Bald lernten sich Christo und Jeanne-Claude näher kennen, und er erteilte ihr Lehrstunden in Kunstgeschichte, und sie lehrte ihn, ein besseres Französisch zu sprechen. Für Christo verließ Jeanne-Claude ihren ersten Ehemann nur drei Wochen nach der Hochzeit. Nach der Heirat mit Christo 1962 begannen die Eltern von Jeanne-Claude sich langsam mit ihrer Tochter auszusöhnen – anfänglich entrüstet, da

Christo aus einfachen Verhältnissen stammte – und interessierten sich für ihr Enkelkind Cyril. Da sich das Zentrum der Kunst zunehmend von Paris nach New York verlagerte, traten sie 1964 die Überfahrt nach New York an. Seit Anfang der Neunzigerjahre trat das Künstlerehepaar nur noch gemeinsam auf, um hervorzuheben, dass die Projekte im Teamwork entstehen.

Die beiden Gastkuratoren Josy Kraft und Pidu Russek leisteten sehr professionelle Arbeit. In relativ kurzer Zeit standen riesige Fotos und die Kunstwerke hervorragend präsentiert an ihrem passenden Platz. Josy Kraft kannte die Wünsche von Christo und Jeanne-Claude bestens, da er von Basel aus alle Ausstellungen Christos betreut und das Kunst-Lager von ihnen ebenfalls in Basel verwaltet. Der immer gut gelaunte Pidu Russek, ein großer Kunstkenner, war eine Zeit lang Assistent von Harry Szeemann, dem weltweit berühmten Kunstvermittler.

Ungefähr eine Stunde vor der Vernissage in Holderbank traf Ernst Beyeler, einer der bedeutendsten Kunsthändler und Kunstsammler der Welt bei uns ein. Beyeler war früher gekommen, um in aller Ruhe die Ausstellung anzuschauen und um mit den beiden Künstlern eine weitere Ausstellung zu besprechen. Deshalb machten wir zusammen mit Christo und Jeanne-Claude in Begleitung des Hausherrn Thomas Schmidheiny einen Rundgang durch die Ausstellung, bevor der Vernissage-Rummel begann. Im darauffolgenden Jahr (1998/99) fand dann die von Ernst Beyeler organisierte und viel beachtete Ausstellung „Wrapped Trees" der Christos in Riehen im Berower Park neben dem Beyeler-Museum statt. In unmittelbarer Nähe des Museums wurden hundertachtundsiebzig Bäume für wenige Wochen mit einem silbergrauen Polyestergewebe verhüllt. Für jeden einzelnen Baum wurde ein extra Schnittmuster angefertigt.

An der Vernissage in Holderbank – nach der Begrüßung durch Thomas Schmidheiny – hielt Kunstsammler und alt Staatssekretär Paul Jolles des Staatssekretariats für Wirtschaft (SECO) – eine ganz hervorragende Einführung ins Werk der beiden Künstler, die er seit Langem persönlich gut kannte. Danach war die Ausstellung offiziell eröffnet.

In den „Holderbank"-News 3/97 verfasste Klaus Kayatz unter dem Titel „Christo und Jeanne-Claude bei ‚Holderbank'" einen Artikel, der diesen bemerkenswerten Anlass präzis würdigte:

Jeanne-Claude, Thomas Schmidheiny, Derrick Widmer und
Christo in Holderbank, 1998 © Leonardo Bezzola

*„Enthüllen durch Verbergen" – „Ein Paar verändert die Welt" – „Immer um eine Nasen-
länge voraus" – so lauteten die Titel in der schweizerischen Presse zur Christo-Ausstellung.
„,Holderbanks' diesjährige Kunstausstellung gilt dem Künstlerpaar Christo und Jeanne-
Claude. Bis zum 14. September zeigen sie ‚Early Works 1958–1969 and Works in Progress'
in der alten Lagerhalle, wo in den vergangenen sechzehn Jahren schon eine Reihe
namhafter Schweizer und auch international bekannter Künstler ausgestellt haben.*

*Verpackte Objekte aus der früheren Zeit, großformatige Fotos von weltweit bekannt
gewordenen Verhüllungen sowie Vorstudien, Zeichnungen und Skizzen zu neuen
Projekten geben in ‚Holderbanks' alter Lagerhalle einen zeitgerafften Überblick über
das bisherige Lebenswerk des Künstlerehepaares. Der Besucher staunt über die Fantasie
der beiden. Wer vor Ihnen hat sich vorstellen können, wie Küsten (Australien), Brücken
(Pont Neuf in Paris) oder ganze Gebäude in Stoff verpackt und wie Pakete verschnürt
wirken? Der Stoff nimmt den verhüllten Gebäuden aus Fels und Beton ihre Schwere. Als
ob sie die Begriffe Widerstand, Machbarkeit und Kosten nicht kennen, haben Christo
und Jeanne-Claude ihre Projekte mit unbeirrter Ausdauer gegen die Opposition von
Regierungen, Behörden und Öffentlichkeit durchgesetzt: Steter Tropfen höhlt den Stein.*

*Wie die eindrückliche Dokumentation zur jüngsten und wohl letzten Verhüllung,
der des Deutschen Reichstags in Berlin zeigt, mussten die beiden vierundzwanzig
Jahre Überzeugungsarbeit leisten, bevor sie ihr Projekt schließlich realisieren konnten.
Eine Zeitspanne, in der Regierungen mehrfach gewechselt haben, sich die politische
Landschaft in Europa grundsätzlich gewandelt hat und viele ernsthafte Gesprächs-
partner schon längst nicht mehr am Leben sind. Am Ende haben sie gesiegt, für ganz
zwei Wochen konnte sich die Welt an einer vergänglichen, schönen Idee erbauen. Sie
können für sich einen Triumph buchen: Denn die Verhüllung des Reichstags hat sogar
das deutsche Parlament eine ganze Stunde lang mit heftigen Stellungnahmen zum
Für und Wider beschäftigt. Ob es Kunst sei oder nicht, ob die Verhüllung nicht eine
Entwürdigung des schicksalsträchtigen Gebäudes darstelle und damit an Respekt
vor der Tragik deutscher Vergangenheit fehlen ließe, wurde diskutiert. Diese Bundes-
tagsdebatte ist ein ausgezeichnetes Beispiel dafür, dass durch Verfremdungen wie
die Verhüllung plötzlich traditionelle Werte hinterfragt und die Menschen zum Nachdenken gezwungen wurden. Ob ihr Werk Spektakel oder sogar eine Erweiterung des
Kunstbegriffs ist, diskutierten Kunsthistoriker. Den Künstlern ist die Wirkung wichtig.
Von den großen Verhüllungen geht ein Zauber aus, wie wenn Riesen am Werk gewesen wären: Großartige Ideen, gegen den anfänglichen Widerstand einfallsloser
Mitmenschen durchgesetzt, allerdings aus eigener Kraft ohne Sponsoren finanziert
und am Ende wieder spurlos rezykliert. Was sie schaffen, übersteigt die Dimension
üblicher Kunst ins Gigantische. So sind auch die Preise ihrer ausgestellten Objekte, aus
deren Erlös sie die großen vergänglichen Kunstaugenblicke finanzieren. Wer in der
Ausstellung ein Stück erwirbt, macht sich quasi zum Sponsor ihrer nächsten Projekte.
Hand in Hand erklären die beiden Künstler interessierten Besuchern der Vernissage
am 7. Juni in ‚Holderbank' ihre neuesten Projekte: ‚Over the River', ein schier endloses
Sonnensegel über dem Arkansas River, und ‚The Gates', ein offener Tunnel aus hohen
Stahltoren, mit schleierartigen Vorhängen in der Farbe des Herbstlaubes soll für zwei
Wochen im Central Park von New York den Blätterfall überdauern. Mit ihrem ‚Mastaba
of Abu Dhabi', einem riesigen Pyramidenstumpf aus 40'000 bunten Ölfässern, dem
Turm zu Babel nicht unähnlich, stoßen sie jedoch an die Grenzen der Machbarkeit.
Aber die Projekte brauchen ihre Inkubationszeit, bis sich die Verantwortlichen mit
den fremden Ideen befreundet haben. Im Jahre 2002 wollen Christo und Jeanne-
Claude mindestens eines der beiden erstgenannten Projekte realisieren. Verblüffend
die jahrelange Beharrlichkeit und der Wille, mit denen sie hochmotiviert ihre ge-
waltig-schönen Ideen verfolgen, bis sie schließlich für einen kurzen Moment Wirklichkeit werden. Alles sieht leicht, schwebend, ja spielerisch aus, doch Dokumentar-
filme geben den Besuchern der Ausstellung den Eindruck davon, was sich wirklich*

dahinter verbirgt: Es ist nicht nur faszinierendes, leichtes Spiel von Stoff und Licht, Segeln und Wind, sondern harte Männerarbeit, hinter der teils waghalsige Montagen stehen. Armdicke Stahlseile, von kräftigen Betonfundamenten gehalten, machten den viele Tonnen schweren Valley Curtain erst möglich. Auch hinter der Verhüllung des Reichstags stand alpinistische Arbeit mit viel Risiko, eine bis ins letzte Detail durchdachte Konstruktion und Logistik, und vor allem motivierte Teamarbeit („Performance no one sees").

Die beiden, wie schlichte Touristen auf der Durchreise auftretenden Künstler, zeigen eine neue Dimension menschlicher Fantasie."

Wie mir Jeanne-Claude einmal erzählte, hatten Christo und sie bei der Realisierung ihrer Werke nicht nur Schwierigkeiten mit Beamten, Landeigentümern und so weiter, sondern auch immer einen Feind, der sich mit aller Kraft gegen das Projekt sträubte. Bei der geplanten Verhüllung des Pont Neuf in Paris war es der Bürgermeister (und spätere Präsident der Französischen Republik) Jacques Chirac. Dieser wollte das Projekt der Umhüllung als Marotte einer elitären Minderheit abtun. Als dann Hunderttausende, ja Millionen sich an der traumhaften Verhüllung begeisterten, war er schon immer dafür.

Nach einer zehnjährigen Vorbereitungszeit konnten die Christos im September 1985 das Projekt realisieren, also die Verhüllung des Pont Neuf, einer vierhundert Jahre alten Brücke über die Seine im Herzen der Stadt. Der drapierte seidige Stoff, ein sandsteinfarbiges Polyamidgewebe, umhüllte die Seitenflächen und alle zwölf Bögen der Brücke sowie Geländer, Gehsteige und Straßenlampen. Rötlich braune Seile akzentuierten die klassische Silhouette. Die Brücke blieb zwei Wochen lang verhüllt, und die Menschen strömten in Scharen herbei, um das Kunstwerk zu bestaunen.

Wie im bereits erwähnten Artikel von Klaus Kayatz in den „Holderbank"-News dargestellt, hat das Projekt des Reichstags das deutsche Parlament in einer hochinteressanten Debatte siebzig Minuten lang beschäftigt, und zwar mit heftigem Für und Wider, ob es Kunst sei oder nicht. Im sieben Kilo schweren und hervorragend dokumentierten und bebilderten Buch über die Verhüllung des Reichstags, das mir Jeanne-Claude seinerzeit geschenkt hat, kann die ganze Diskussion inklusive Angaben über den Beifall (von welcher Partei) nachgelesen werden.

Bundeskanzler Helmuth Kohl und der CDU/CSU-Fraktionsvorsitzende Wolfgang Schäuble waren entschiedene Gegner des Projekts. Kohl konnte es kaum erwarten, seine rote Abstimmungskarte abzugeben, hielt er sie doch während der ganzen siebzigminütigen Debatte in der Hand.

So erklärte Wolfgang Schäuble: *„Ich meinerseits habe großen Respekt vor dem Werk und Schaffen von Christo. Seine Aktionskunst scheint mir von hoher – nicht nur ästhetischer – Wirkung, und sie lehrt uns, vieles mit anderen Augen zu sehen. Auch mich haben seine Werke beeindruckt, ob es die von rosafarbenen Plastikbahnen umkränzten Inseln in Florida waren, die Schirmlandschaften in Japan und Kalifornien, der riesenhafte Vorhang quer durch eine Schlucht in Colorado oder zuletzt die von sandfarbenen Kunststoffen verhüllte Brücke Pont Neuf in Paris.*

Aber verehrte Kolleginnen und Kollegen, der Reichstag ist eben nicht Pont Neuf. Der Reichstag ist ein herausragendes politisches Symbol der jüngeren deutschen Geschichte, ein Symbol, das wie kein zweites die Höhen und Tiefen unserer Geschichte repräsentiert. Die Wechselfälle der schmerzhaften Zäsuren haben auf dem Gebäude ihre Spuren unmittelbar hinterlassen. So ist der Reichstag ein steinernes Zeugnis deutschen Schicksals in diesem Jahrhundert."

Im Anschluss an die Bundestagssitzung lud Bundestagspräsidentin Rita Süssmuth – die sich stets energisch und mit Diplomatie für das Projekt eingesetzt hatte – Christo und seine Frau in ihr Büro ein, wo sie eine Flasche Champagner hervorholte. Sie gestand, dass sie eher mit einer Niederlage gerechnet habe, und zeigte sich deshalb ungemein erleichtert.

Um zu diesem mutigen Ziel zu kommen, fanden dreihundertzweiundfünfzig Einzelgespräche mit Bundestagsmitgliedern statt. Die Zahl der zwischen 1976 und 1995 (Projektdauer) beteiligten Bundestagspräsidenten betrug sechs. In dieser Zeit reisten Christo und Jeanne-Claude vierundfünfzig Mal von New York nach Berlin. Zurück zur Ausstellung in Holderbank 1996: Christo und Jeanne-Claude hatten sich schweren Herzens entschlossen, die in einem Lagerraum in Basel magazinierten Frühwerke zu verkaufen. Sie mussten dies tun, da sie ihre monumentalen Projekte nie mit Subventionen und Sponsoring finanzieren, sondern die Gelder stets durch Verkäufe von Werken selbst zusammentragen. Wer ein Werk von Christo kauft, wird indirekt Sponsor; im damaligen Zeitpunkt (nach dem Reichstag-Riesenprojekt) allerdings eher zum Schuldentilger.

Deshalb stellten wir – aufgrund früherer Erfahrungen mit Dieter Roth und Bernhard Luginbühl – den beiden international noch bekannteren Künstlern eine hohe Verkaufsziffer in Aussicht und hielten dies schriftlich fest. Es konnten dann eine Reihe von Kunstwerken an der Ausstellung in Holderbank verkauft werden, allerdings nicht so viele, wie wir in unserem Optimismus geschätzt und den Künstlern praktisch als voraussichtlich totale Verkaufssumme garantiert hatten. Zum Glück half uns Thomas Schmidheiny aus der Patsche mit dem Kauf eines Bilds „Over the River", das er für sich persönlich kaufte, sodass wir schlussendlich auf den versprochenen Verkaufsbetrag kamen.

Für diese Ausstellung gab es keine Publikation. Dafür wurde beim Nachtessen ein Buffet mit einer „Culinary World Tour – Kulinarische Weltreise" (siehe Buch „Kunstausstellungen ,Holderbank'/2") aufgestellt und zu diesen Landesspeziali-täten herzlich eingeladen:

- 1968 Wrapped Kunsthalle Berne, Switzerland – Grilled sausage, Rösti (shoe-string potatoes), Cheese
- 1996 Wrapped Coast, Little Bay, One Million Square Feet, Sydney, Australia – Loin of lamb, baked potatoes
- 1970 Wrapped Monuments: Leonardo da Vinci, Vittorio Emanuele, Milan, Italy – Spaghetti al pesto, Risotto con funghi
- 1976 Running Fence, Sonoma and Marin Counties, California, USA – US-Beef, sweet corn
- 1985 Wrapped Pont Neuf, Paris, France – Poisson à l'Orly, Sauce Tartare
- 1989 The Umbrellas, Joint Project for Japan and USA
- 1995 Wrapped Reichstag, Berlin, Germany – Pickled knuckle of pork, potato salad

Auch diesem kulinarischen Teil war nach der Besichtigung der Ausstellung ein beachtlicher Erfolg beschieden.

Am letzten Tag vor der Rückkehr in die Schweiz nach einer Geschäftsreise im Jahr 1999 telefonierte ich in New York morgens mit Jeanne-Claude und erklärte ihr, dass ich sie und Christo gerne in New York treffen möchte; ferner bemerkte ich, dass ich noch am gleichen Abend auf dem Kennedy Airport sein müsse, da ich um 02.00 Uhr anderntags mit der Swissair in die Schweiz zurückfliegen müsse. Sie lud mich spontan in ihr Haus an der Howard Street – weit unten in Manhattan, zwischen Greenwich Village und der Lower East Side – ein. In der weiteren Umgebung von Howard Street sind Künstler eingezogen. Neben Christo auch Rauschenberg und Oldenburg, um zwei berühmte zu nennen. Ich hatte meinen Koffer bei mir, da ich nach dem Besuch direkt auf den Flugplatz fahren musste. Das Haus von Christo und Jeanne-Claude sah von außen völlig unprätentiös und sogar etwas vergammelt aus. Neben dem Haus stand eine Art Wachthäuschen mit einem uniformierten Wächter, der meinen Besuch ankündigte. Beim Öffnen der Haustüre bemerkte ich sofort eine lange und sehr steile Treppe. Zuoberst stand Jeanne-Claude, die mir mit klarer Stimme erklärte, dass ich meinen Koffer rechts neben der Treppe auf einen Waren-Schräglift legen solle. Nach dem Aufstieg wurde ich in einem komfortablen, schon fast eleganten hohen Raum empfangen und erhielt von der modisch gekleideten Jeanne-Claude sofort einen Drink serviert. Man fühlt sich gleich wohl bei Christos, zwanglos wohl. Nach kurzer Zeit erschien der schlanke Christo; mit seinem ruhigen und bescheidenen Auftreten und der freundlichen Begrüßung machte er nicht den Eindruck eines weltberühmten Künstlers.

Jeanne-Claude sprudelte nur so vor Ideen und erklärte Christo, er solle mir seine neuesten Arbeiten zeigen. Erst jetzt schaute ich mich richtig um und stellte fest, dass die Christos einen alten Fabriksaal von riesigem Ausmaß bewohnen, der gemütlich eingerichtet ist und Ruhe ausstrahlt. Ich musste neben Jeanne-Claude auf dem Sofa sitzen bleiben, während Christo immer neue Arbeiten in das Wohnzimmer hereinbrachte. Dies war mir fast ein wenig peinlich, war ich doch alles andere als ein Sammler von Weltrang, der sogleich mehrere Werke kaufen würde. Mit einem gewissen Stolz erklärte mir Jeanne-Claude, „wir haben jetzt nur noch $ 150'000 Schulden aus dem Riesenprojekt des Reichstags in Berlin." Um 19.30 Uhr verließen wir das Haus, und ich wurde in ein in der Nähe gelegenes französisches Restaurant zum Abendessen eingeladen. Mehrere französisch sprechende Galeristen waren anwesend, und es herrschte eine entspannte Stimmung mit sympathischen Freundinnen und Freunden der Christos. Ein schönes und eindrückliches Erlebnis mit großartigen Künstlern. Um 22.30 Uhr musste ich dann die sehr frohgemute Tafelrunde verlassen und per Taxi auf den Flugplatz fahren.

Am 9. November 1999 erhielt ich von Jeanne-Claude eine Nachricht per Fax: *Dear Derrick, Will you EVER forgive me that I called you Peter the whole evening?? So sorry – I must be getting senile – Peter Widmer is our former banker, now retired at the Bank in Liechtenstein – sorry – love Jeanne-Claude*

Im März 2004 besuchte ich die Christos – von der 40-Jahr-Feier der Schweizer-schule in Mexico City kommend – ein zweites Mal in New York in ihrem Heim. Es spielte sich alles wieder mit der gleichen Wärme und großzügigen Gastfreund-schaft ab. Jeanne-Claude zeigte mir neben dem Sofa einen bereits fabrizierten stählernen Fuß eines Tores (Gates) und erklärte mir, dass jetzt ein ganzes Tor mit orangenem Tuch als Test für längere Zeit dem Wind ausgesetzt werde, um die Festigkeit der Konstruktion und die Qualität der Stoffbahn zu prüfen.

Im Februar 2005 wurde das gewaltige Projekt im Central Park, dessen Realisierung bereits 1979 angefangen hatte, eröffnet mit 7'500 Toren (Gates) mit einer Höhe von 4,87 Metern und einer variierenden Breite von 1,82 und 5,48 Metern. Sie waren entlang den Fußwegen im Central Park in Intervallen von 3 bis 4,5 Metern auf-gestellt. Safrangelbe Stoffbahnen hingen vom Querbalken jedes Tores hinunter bis auf ungefähr 2 Meter Höhe über dem Boden. Die 7'500 Tücher bewegten sich leise im Wind. Bei starkem Wind wehte es mitunter einen Teil der Stoffbahnen eines Tors auf den Querbalken, wo ein Teil hängen blieb. Zur Behebung dieses Problems waren freiwillige Helfer ununterbrochen unterwegs; sie hatten einen speziell für diesen Zweck konstruierten langen Stab mit zuoberst einem auf-gesetzten Tennisball bei sich, um die verhedderte Stoffbahn vom Balken wieder hinunterzuholen.

Im Gegensatz zum früheren Bürgermeister Rudy Guiliani, war der aktuelle Bürger-meister Michael R. Bloomberg kein Feind des Projekts, sondern ein großzügiger Freund und Förderer.

An der Pressekonferenz vom 3. März 2005 sagte Bloomberg unter anderem:

„Initial data indicates that The Gates attracted over 4 million visitors to Central Park and generated an estimated USD 254 million in economic activity. The full economic impact of The Gates was felt not only in areas surrounding Central Park, but in hotels, restaurants, and cultural institutions across the City. The Gates showcased Central Park and New York City to visitors from around the globe and promoted tourism to the ‚World's second home‘", said Mayor Bloomberg. *„Innovate public art has the ability to evoke discussions and debate. We are pleased with the excitement and economic activity The Gates generated throughout the entire City. I would like to thank Christo and Jeanne-Claude for their patience and tenacity in realizing their dream and sharing The Gates with of all us."*

Als ich Ende Februar 2005 wiederum von Mexiko kommend einen Zwischenhalt in New York einschaltete, war „The Gates" gerade zu Ende gegangen, der Abbruch hatte erst in der nördlichsten Ecke bereits begonnen und etwas Schnee lag noch im Park herum. Ich spazierte ungefähr zwei bis drei Stunden im südlichen Teil des Parks – bei immer noch winterlichem und leicht windigem Wetter – unter den Toren mit den Stoffbahnen im Park umher und nahm viele Fotos auf, die mich noch heute begeistern. Niemals hätte ich gedacht, dass mich ein Kunstwerk von dieser Größenordnung dermaßen faszinieren könnte. Am Himmel hingen große Wolken, die teilweise von der Sonne durchstrahlt wurden; so erschienen die safranfarbigen 7'500 Stoffbahnen in sich stets änderndem Licht und in unterschiedlichen Farbtönen. Diese riesigen Stoffbahnen waren auf einer Strecke von 37 Kilometer wehend hintereinander aufgehängt. Da es jetzt im Park nur noch wenige Besucher gab, erschien mir das Ganze auf dem Hintergrund der mächtigen Wolkenkratzer beinahe mystisch und zum Meditieren geeignet. Der persönliche Eindruck war dermaßen stark, dass ich mich noch tagelang mit diesem Ereignis – fast eine Offenbarung – beschäftigen musste. Christo und Jeanne-Claude waren – wie ich durch ein Helferpaar erfuhr – gerade mit Mitarbeitern/-innen beim Restaurant am winzigen See, doch musste ich aus Zeitgründen auf einen Besuch verzichten.

2006 traf ich Christo und Jeanne-Claude im Kunstmuseum von Lugano im Museo d'Arte Moderna wieder, wo sie eine vollständige Übersicht ihres Werkes zeigten. Unsere Leihgabe „The Valley Curtain, Project for Rifle, Colorado 1972, drawing", wurde ebenfalls an der Ausstellung gezeigt. Meine Frau und ich wurden dann anschließend zu einem eleganten Nachtessen in der Nähe des Museums eingeladen.

Zum allerletzten Mal traf ich Jeanne-Claude mit Christo 2009 in der „Fondation de l'Hermitage" in Lausanne. Das Projekt „Over The River" beschäftige die Künstler damals seit siebzehn Jahren. Zu sehen waren über zweihundert Zeichnungen, Karten, Fotografien und eine Auswahl von Materialien. Übernommen wurde die Schau von der Phillips Collection in Washington. Geplant war eine Überspannung des Arkansas River im US-Bundesstaat Colorado mit frei schwebenden Gewebebahnen. Der betroffene Flussabschnitt zwischen Cañon City und Salida wird immer wieder durch Brücken, Felsen und Bäume unterbrochen, sodass von den insgesamt 64 Kilometern Länge des Arkansas River lediglich 9,4 Kilometer vom Stoff überspannt werden; dieser Fluss wird somit nur lückenhaft überdeckt sein. Die zahlreichen Unterbrechungen messen einige Meter bis mehrere Kilometer.

Die Gewebebahnen werden zwischen den Flussufern an gespannten Seilen befestigt und hängen mehrere Meter über der Wasseroberfläche, sodass rudernde Bootsfahrer weiterhin auf dem Fluss, der mit einer Breite zwischen 15,2 und 36,6 Metern variiert, fahren können.

Das Künstlerehepaar Jeanne-Claude und Christo galt als unzertrennlich. Sie waren am gleichen Tag im Juni 1935 geboren und seit 51 Jahren zusammen. Jeanne-Claude starb am 18. November 2009 in einem Spital in New York an einem Hirnschlag. „The Gates" im Central Park in New York war das letzte gemeinsam vollendete Großprojekt.

Für das Paar, das zu den schillerndsten und spannendsten Persönlichkeiten der internationalen Kunstszene gehört, kam das Ende zu früh. Die beiden arbeiteten noch unter Hochdruck an gemeinsamen Großprojekten.

In einer Erklärung teilte die Familie mit, Christo sei tieftraurig über den Tod seiner Frau, aber zugleich „entschlossen, das Versprechen zu halten, das sich beide vor vier Jahren gegeben haben: die Kunst von Christo und Jeanne-Claude fortzusetzen." (Spiegel Online, 19.11.2009).

Pidu Russek und Marcel Koch beim Aufbau der Ausstellung, 1998 © Leonardo Bezzola

„KUNST DER 80ER- UND 90ER JAHRE"

AUSSTELLUNG 1998 – NR. 17
4. JULI – 30. SEPTEMBER

Castkurator: Pidu Russek.
Begrüßung: Thomas Schmidheiny
Einführung: Derrick Widmer

Biefer/Zgraggen, Bourgeois, Bulloch, Douglas, Dumas, Fischli/Weiss, Flavin, Gober, Graham, Hybert, Jackson, Khedoori, Kippenberger, Koons, McCarthy, Naumann, Paik, Pettibon, Polke, Rhoades, Richter, Rondinone, Roth, Signer, Tillmans, West

Nach der Ausstellung erschienener Katalog mit Texten von Derrick Widmer und Klaus Kayatz

In meiner Einführung erklärte ich, dass die Kunstausstellung „Holderbank" 1998 ihren einmaligen Charakter einerseits den Besonderheiten der Privatsammlungen der Leihgeber und anderseits der gezielten Auslese von Werken aus deren reichen Fundus verdankt. Die gezeigten Kunstwerke sind hauptsächlich Leihgaben aus den Sammlungen von Frau Ursula Hauser und deren Galeristen Hauser & Wirth sowie von Sammlern, die nicht genannt sein wollen. Dank ihrer Großzügigkeit konnten die mittlerweile an Kunst gewohnten ehemaligen Lagerhallen bei „Holderbank" abermals einen weiteren Höhepunkt erleben. Das Charakteristische der Ausstellung hat der Schweizer Ausstellungsmacher Pidu Russek durch seine ganz persönliche Auswahl der Werke aus dem riesigen Fundus der Besitzer geprägt. Er hat versucht, vor allem auch installativ sperrige Arbeiten zu zeigen, die wegen räumlicher Beschränkungen in andern Ausstellungen nur schwer Platz finden. So haben denn der Instinkt und Geschmack der Sammler sowie die Auslese durch Pidu Russek dieses einzigartige Destillat aus der Kunst der letzten Jahre hervorgebracht.

Klaus Kayatz hielt im Buch „Kunstausstellungen ‚Holderbank'/2" einen kurzen treffenden Rückblick auf die bisherigen Kunstaktivitäten, sowie über die aktuelle Kunstausstellung 1998:

Die alljährlichen Kunstausstellungen bei „Holderbank" gehören inzwischen fast zum Inventar der Veranstaltungskalender europäischer Kunstausstellungen. Was vor 16 Jahren anlässlich der Eröffnung des „Holderbank" Trainingscenters als temporärer Schmuck der noch kahlen Wände begann, hat sich dank der fachmännischen Initiative von Derrick Widmer zu einem Kunstereignis von fast internationaler Beachtung gemausert. In der Anfangszeit verhalfen verschiedene Schweizer Künstler, die zu den hundert bekanntesten der Welt gehörten, dem Unternehmen Kunstausstellungen bei „Holderbank" zu Anerkennung und Bekanntheit. Der kürzlich verstorbene Dieter Roth zeigte hier die wohl kompakteste Schau seines Werkes, dem sogar eine Sondernummer der Kulturzeitschrift ‚du' gewidmet wurde. Auch der Eisenplastiker Bernhard Luginbühl brachte eine der dichtesten Sammlungen seiner Eisenkunst zu „Holderbank", die nicht nur Magnetnadeln ablenkte, sondern auch viele Fans und zahlreiche Schulklassen den Umweg zu „Holderbank" finden ließ. Mit der Ausstellung der Werke der in San Francisco schaffenden und lehrenden Schweizerin Hedi-K. Ernst und ihres Kollegen Raymund Sanders hat man sich erstmals der ausländischen Kunstszene geöffnet. Jeanne-Claude und Christo – sie waren nach der Verhüllung des alten Reichstags in Berlin fast jedermann in lebhafter Erinnerung – brachten mit der Vorstellung ihrer geplanten und bereits ausgeführten Projekte einen Hauch der großen, weiten Welt in die ehemaligen Lagerhallen der „Holderbank". In diesem Jahr sind gleich eine ganze Reihe weltbekannter und größtenteils zeitgenössischer Künstler mit Kostproben ihrer Werke vertreten. Die Sommerausstellung in den alten Lagerhallen auf dem Gelände der HMB zeigt vom 4. Juli bis 30. September 1998 erstmals auf über 1000 m² Kunst der Achtziger- und Neunzigerjahre. 26 Künstlerinnen und Künstler werden mit exemplarischen Werken zeitgenössischer Kunst in Skulptur, Malerei, Fotografie und Installationen vorgestellt. Die Ausstellung wurde durch großzügige Leihgaben namhafter Privatsammlungen in der Schweiz ermöglicht."

Am Tag vor der Eröffnung wurde zu einer Pressekonferenz eingeladen, wobei diese im Wesentlichen in Form eines „Happening" unter dem Titel „Painting-with-two–balls-Performance" von Richard Jackson, 1936 in Sacramento/Kalifornien geboren, stattfand:

Der Künstler kippte seinen alten Ford Pinto auf die Seite, bockte ihn auf ein 2 Meter hohes Gerüst und befestigte an den Rädern, die gegen die Hallendecke schauten, zwei mit Leinwand bespannte große Kugeln (mit einem Durchmesser von 1,5 Metern). Dann legte Jackson sich mithilfe einer kleinen Leiter auf den um 90 Grad gedrehten Fahrersitz und betätigte in dieser ungewöhnlichen Haltung den Anlasser und das Gaspedal, während die beiden Assistenten in einem weißen Overall von einer Höhe von fünf Metern – auf zwei hydraulischen Leitern – etliche Farbkübel (insgesamt wurden über 200 Liter Farbe auf die gigantischen Leinwände verspritzt) von oben auf die drehenden Kugeln schütteten. Die Höllenmaschine legte los mit ihrem sexuell konnotierten Spritzwerk. Infolge der Fliehkraft spritzten die Farben auf die vier riesigen (dreieinhalb Meter hohen) Leinwände, die um das Auto herum aufgebaut waren, und natürlich auch auf den Betonboden. Heidi Häfeli hatte noch einen alten Holzstuhl in die von Leinwänden eingefasste Spritzmaschine hineingestellt, um ein farbiges Souvenir zu erhalten. Mit spitzbübischem Schalk in den Augen entstieg der Künstler nach getaner Arbeit seiner Junggesellenmaschine. Ein Holderbank-Manager, der genüsslich an seiner dicken „Havana Cigar" zog, erklärte fachmännisch: „S'Gääl isch zu prädominant". Daraufhin stieg Richard Jackson nochmals in seinen alten Ford Pinto, während die beiden Assistenten jetzt ihre Kübel nur noch mit blauer und roter Farbe füllten. Und siehe da, die neuen Farbspritzer machten das allzu prädominante Gelb zu einer bunten Farbe. „Painting with two balls" hieß die Performance mehrdeutig, in Anspielung auf ein berühmtes Bild von Jasper Johns aus dem Jahr 1960.

Als Erinnerung an diese Performance schenkte mir Pidu Russek einige Wochen nach dem Ende der Ausstellung auf einer Leinwand (1,2 Meter auf 1,2 Meter) einen Ausschnitt aus den riesigen Leinwänden. Das Bild sah attraktiv aus, und zwar wie eines, das von einem abstrakten Maler sorgfältig erschaffen worden ist. Er erklärte mir, dass diese Farbspritzer aus reinem Zufall entstanden seien, ähnlich wie die weltberühmten extrem teuren Bilder von Jackson Pollock, allerdings sei bei Pollock nicht nur der Zufall allein im Spiel gewesen. Richard Jackson habe nun das reine Zufallsprinzip dargestellt, das heißt, er ging noch einen Schritt weiter als Pollock.

Dieser kalifornische Künstler war in den ersten Tagen der Ausstellung auch einmal mit seiner jungen Frau bei mir zu Hause, wo ich noch ein vergriffenes Kunstbuch von ihm besaß, und zwar deshalb, weil ich in den 1970er-Jahren in Zürich einmal ein Bild von ihm günstig in einer Galerie in Zürich gekauft hatte; dabei hatte ich noch nie von Richard Jackson je etwas gehört; das Bild gefiel mir einfach. Jackson war über das vergriffene Buch erfreut und erzählte mir dann unter anderem, dass er Dieter Roth in Kalifornien kennengelernt habe. Dieter hätten für seine geplanten vierzig Käse-Koffer in der Galerie Eugenia Butler in Los Angeles noch einige gebrauchte Koffer gefehlt. Er habe dann selber danach gesucht und schlussendlich wenigsten einen oder zwei Koffer Dieter Roth für seine Ausstellung noch übergeben können.

An diesem Tag gab es noch ein weiteres aufregendes Ereignis. Direkt gegenüber dem Haupteingang wurde ein großes repräsentatives Bild von Gerhard Richter, geboren in Dresden 1932, aufgehängt. Es war so eine Art Riesenfarbenpalette, wobei 256 (10 auf 20 Zentimeter große), jeweils gleichmäßig gefärbte Plättchen auf dem Bild mit nur geringem Abstand von ungefähr einem Zentimeter auf alle Seiten befestigt wurden, sodass das ganze riesige Bild vollständig mit diesen farbigen Plättchen belegt war und von Weitem an die Frontseite eines überdimensionierten farbigen Bienenhauses erinnerte. Von diesem Farbenmeer, 1974, war ich begeistert.

An diesem Hochsommertag zog dieses Bild jedoch fast unwiderstehlich Libellen und Insekten in die Halle an, welche sich respektlos auf das Bild setzten. Unabhängig von dieser Libellen-Liebe für das großartige Bild erschien unangemeldet ein Fachmann aus dem Kunsthaus in Zürich. Mit seinen Messgeräten stellte er nach kürzester Zeit fest, dass die Sonneneinstrahlung, Raumtemperatur und die Feuchtigkeit in der Halle in keiner Weise dem vorgeschriebenen Standard eines Museums entsprachen, weshalb er das Bild schnurstracks wieder nach Zürich mitnahm. Das wichtigste und schönste Bild der Ausstellung war damit verschwunden. Doch wir konnten aufatmen, da dieses Bild am nächsten Tag durch ein gleich großes Ölgemälde von Gerhard Richter („Grün-Rot-Gelb, 1982) vom gleichen deutschen Sammler ersetzt wurde. Mit diesem Ersatzbild endeten auch die Libellen-Besuche. Die Vernissage-Besucher merkten davon nichts und bewunderten das Ersatzbild.

Im August 2014 besuchte ich die große Ausstellung „Gerhard Richter Bilder/ Serien" in der „Fondation Beyeler" in Basel. Den Auftakt zur Ausstellung bildete ein Werk, das sich wie eine Wand mit unzähligem Farbmuster präsentierte und mir sehr bekannt vorkam. Unglaublich viele Farbtöne mit Lackfarben reihen sich in einem streng geometrischen Raster neben- und übereinander. Wie ich aus einem aufgelegten Katalog erfahren konnte, ist die Nachbarschaft der einzelnen Farben per Zufallsverfahren bestimmt worden, die Abmischung hingegen erfolgte nach präzisen Regeln. Dieses Bild sah verblüffend ähnlich aus wie dasjenige, das nur zwei Tage in der Kunsthalle in Holderbank 1998 aufgehängt war, weshalb ich mich an die Details des Bildes nicht mehr erinnern konnte. Es ist heute im Eigentum der Daros Collection.

Seine Bilder verkaufte der junge Richter mit Glück für hundert Mark. Dass Sammler fünfzig Jahre später 37 Millionen Dollar für ein einziges Gemälde bezahlen würden, das konnte damals niemand ahnen. Gerhard Richter gehört heute zu den berühmtesten lebenden Künstlern der Welt.

Gisela Kuoni hat in einem Artikel in der Zeitung „Südostschweiz" vom 8.8.98 die Ausstellung prägnant zusammengefasst:

„Noch ehe man die erste Halle betritt, führt der Weg am ‚Massengrab' (1990) von Biefer/ Zgraggen vorbei, einem mächtigen Bett aus Styroporbeton, in dem sich menschliche Umrisse und Abdrücke ahnen lassen. Die Ausstellung verblüfft. Was sich zunächst als mehr oder weniger einladende Gruppierung einiger Tischchen mit allen möglichen Kunstkatalogen darauf und umgeben von etwas abgewetzten weißen Stühlen darbietet, ist bereits das erste Exponat: Man erinnert sich an Franz Wests schon in Kassel aufsehenerregendes ‚Documenta-Café' (mit Heimo Zobernig, 1997). Niederzulassen wagt man sich noch nicht. Man muss auf der Hut sein.

Was in den Siebzigerjahren in der Kunstszene nicht ‚erlaubt' war und wenig goutiert wurde oder was kaum ein Künstler wagte – der spielerische Umgang mit den menschlichen Befindlichkeiten, eine freie, ungehemmte Interpretation und Selbstdarstellung, oft zweckfrei und absichtslos –, diesen Aspekten begegnet man heute in der Kunst allerorten. Wenn auch vieles so spielerisch, so locker daherkommt: Tatsache bleibt, dass das Künstlerleben nicht einfach ist, dass man sich exponiert, der Kritik und der Verletzung aussetzt. Die weitaus meisten Arbeiten der Ausstellung stammen aus den Neunzigerjahren und sind brandaktuell.

Die detailgetreue und zweimal originalgetreue Wiedergabe einer Malerwerkstatt von Peter Fischli/David Weiss gleich zu Beginn des Rundgangs ist so in der linearen und nicht kongruenten Anordnung erstmals zu sehen. Dieser Arbeitsplatz entbehrt nicht einer gewissen Poesie und stellt wohl auch die Frage nach der ‚Anmut der Unordnung' oder was überhaupt ‚Ordnung' ist oder nicht sein will. In gewohnter Farbigkeit, Expressivität und Kraft belebt Gerhard Richter mit einem großformatigen Ölgemälde die Halle. Bruce Naumann lässt den Aluminiumguss ‚Four Small Animals' karussellartig von der

Decke baumeln, und Dan Flavin beleuchtet mit zehn Leuchtstoffröhren, am Boden angebracht, ‚tageslichtweise, warmweiß, kaltweiß' eine ganze Wand.

Zwei mattweiß lackierte, schräg an die Wand gelehnte Holztüren von Robert Gober (‚Two doors', 1989) laden ein zur Kontemplation über Zugänglichkeit und Verschlossenheit. Martin Kippenberger erzählt in acht großen Bildern eine Geschichte zum ‚... Nachdenken, ob's so weitergeht'. Auch Louise Bourgeois, die große alte Dame der modernen Kunst, ist vertreten mit zwei höchst gegensätzlichen Skulpturen. Jeff Koons, dessen Anliegen es ist, der Kunst den Weg ins nächste Jahrtausend zu ebnen, zeigt den blinkenden Edelstahlguss des ‚Kiepenkerl' und eine nicht mehr ganz neue Installation aus zwei Staubsaugern und Neonröhren in einem Acrylglaskasten. Roman Signer lässt ein hölzernes Bett sanft und unmerklich auf einem roten Ballon in die Lüfte schweben, Raymond Pettybon füllt mit sechzig Zeichnungen in Bleistift und Tinte und einer Mischung aus Texten und Bildern eine ganze Wand, Wolfgang Tillmans zeigt in Fotografien eine gelungene Mischung aus Inszenierung und Reportage, und Stan Douglas entführt uns mit farbigen Fotobildern in die heile Welt der Potsdamer Schrebergärten. Nam June Paik fehlt nicht mit einer Skulptur aus kaleidoskopischen Fernsehbildern (‚Homosapiens', 1993), Angela Bulloch beleuchtet die Ausstellung mit acht aufblinkenden und erlöschenden Kunststoffkugeln (‚Orange 8', 1998) und Marlene Dumas fasziniert mit ihren tiefgründigen, sensiblen Tuschzeichnungen („In Search of the Perfect Lover", 1994). Rachel Khedoori (USA) macht mit ihrer Arbeit – einmal ein Waldidyll auf Bildschirm und darunter die Dokumentation alltäglichen Elends – in Offsetdrucken zum Mitnehmen auf bedrückende Weise die Umkehrung oder Gegensätzlichkeit von Realitäten deutlich.

Das Auto bis anhin kein Thema in der Kunst, ist plötzlich allerorten. Auch in Holderbank fehlt es nicht. Einmal gibt es hier das auslösende Moment in Richard Jacksons ‚Painting with two balls' ... Ein weiteres Auto, ein halb fertiger Chevrolet Impala (‚Caprice Museumsbank', 1998), ist als Kultobjekt unserer Zeit gedacht ..."

Einige der Künstler lernte ich während der Aufbauarbeit und eines Nachtessens persönlich kennen. So erinnere ich mich gut an den jungen sympathischen Jason Rhoades (1965–2006). Er zeigte unter anderem seine „Caprice Museumsbank" in Impala-Form (1998). Auf einem Video konnte die Produktion des Kultautos Chevrolet Caprice beziehungsweise des Chevrolet Impala SS Super betrachtet werden. Rhoades war ein absoluter Fan dieser Muscle-Cars (mit riesigem Motor; 6,2-Liter-V8) und schenkte mir ein Klubabzeichen für Fans und Besitzer von Muscle-Cars. Es stellte sich dann heraus, dass die Genfer Künstlerin Sylvie Fleurie mit einem Chevrolet Impala nach Holderbank angereist kam und ebenfalls ein absoluter Fan dieses wenig eleganten Kultfahrzeugs mit überdimensioniertem Motor war. Neben der Konstruktion von Rhoades befand sich auch eine Parfum-flasche von Sylvie Fleurie, die der Besucher zur Abkühlung benützen konnte. Hinter den beiden Klappstühlen zum Betrachten des Videos lag am Boden ein kleiner Rucksack. Jason Rhoades war ein Fan von Dieter Roth und hatte zum Gedenken an die Koffer-Käse-Ausstellung von Dieter Roth 1970 in Los Angeles einen Käse in diesen Rucksack gelegt.

Auch der mit seiner sexuell aufgeladenen Kunst gewissermaßen als Bürger-schreck auftretende Paul McCarthy (geboren 1945 in Salt Lake City) entpuppte sich im persönlichen Umgang als äußerst offener und netter Mensch. Mit seiner für viele Betrachter abstoßenden Kunst war und ist er ein scharfer Kritiker der amerikanischen Doppelmoral.

Da am Tag der Vernissage und den nachfolgenden Tagen hochsommerliches Wetter herrschte, wurde es auch in den Ausstellungshallen sehr warm. Dies tat der wurmstichigen Schokoladeplastik von Dieter Roth (Selbstbildnis, 1969. Schokolade auf Holzsockel) nicht gut; die Nase fing an zu schmelzen. Pidu Russek war dies gar nicht recht, da die Schokoladenfigur aus der Sammlung eines be-kannten Industriellen und Sammlers stammte. Pidu nahm den havarierten Kopf zu sich nach Hause, lagerte diesen in seinem kühlen Keller und versuchte alles, um die Nase wieder herzustellen. Da wir inzwischen mit Kunstversicherungen für Bilder und Skulpturen bereits einige Erfahrungen gewonnen hatten, konnten wir diesen für uns peinlichen Fall schlussendlich friedlich lösen.

Großen Erfolg hatten wir dafür beim Vernissage-Diner mit vielen bekannten Namen aus der Kunstwelt, der Wirtschaft und Politik. Ernst Schadegg, Grafiker, hatte die Tische zur Freude der Gäste kreativ dekoriert. Der eigentliche Clou war jedoch der sehr spezielle Braten beim Nachtessen. Heidi Häfeli hatte mir die Idee vermittelt, einen Ochsen am Spieß zu braten, ein nicht einfaches Unterfangen. Zuerst mussten wir einen speziellen Unterstand aufbauen. Angefeuert wurde er bereits morgens um 4 Uhr! Das Schlachtgewicht war 240 Kilogramm. Brat-zeit: dreizehn Stunden. Zutaten circa 5 Liter Erdnussöl, 5 Kilogramm Gewürze. Material: circa 180 Kilogramm Holzkohle.

Am Schluss des Abends war der arme Ochse bis auf die Knochen abgemagert.

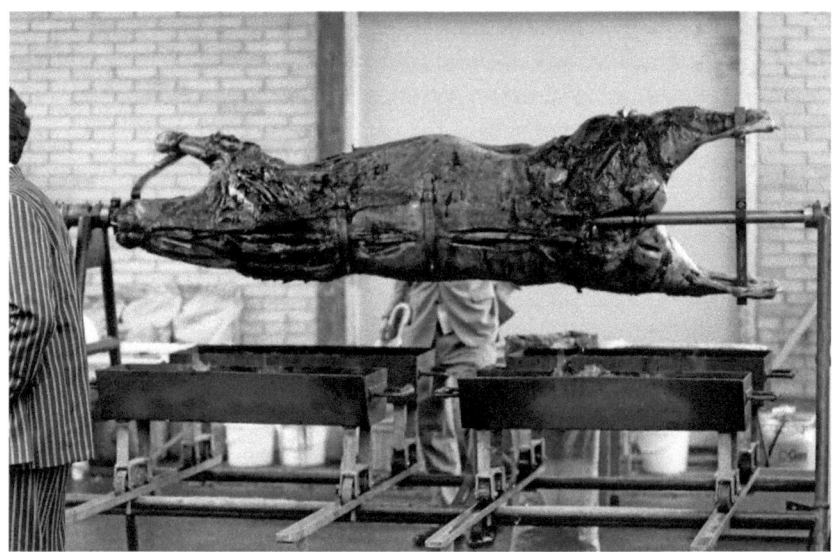

Nach dem geistigen das leibliche Wohl. Neben der Ausstellungshalle
in Holderbank, 1998 © Leonardo Bezzola

Wer von den Gästen der Ausstellung mit so vielen internationalen Stars der Kunstwelt nicht viel abgewinnen konnte, war mindestens gewaltig von der Aktion
„Ochse am Spieß" beeindruckt. Alles in allem: ein Riesenerfolg.

Vernissage: Sylvie Fleury und John Armleder, Holderbank, 1999
© Leonardo Bezzola

JOHN ARMLEDER

(*1948): „AT ANY SPEED"
AUSSTELLUNG 1999 – NR. 18 (9. MAI–25. JULI)

**Gastkuratorin: Margrit Brahm.
Begründung: Thomas Schmidheiny.
Einführung: Margrit Brahm**

Katalog, gemeinsam mit der Kunsthalle Baden-Baden im Verlag Hatje Cantz, Osterfildern-Ruit

Während meiner „Wanderjahre" in Genf (1966–1969) war das bekannte Luxus-hotel Richemond mit einer kleinen, aber gediegenen Tanzfläche ein geeigneter Ort für Junggesellen, um einer begehrten jungen Dame am Abend Eindruck zu machen. Damals wusste ich bereits, dass das Hotel Richemond einer Familie Armleder gehörte. Was ich aber lange Zeit nicht wusste, war, dass John Armleder dieser Genfer Hotelierfamilie entstammt und in diesem Hotel aufgewachsen ist. Kein Wunder, tritt der Künstler stets in tadellos geschnittenen Anzügen mit Krawatte auf; einzig der lange schwarze Haarzopf deutet auf einen Künstler-hintergrund und weniger auf einen Hoteldirektor. Von 1967 bis 1969 studierte er an der Ecole des Beaux-Arts in Genf und war an Fluxus-Aktionen beteiligt. 1969 besuchte er die Glamorgan Summer School in Wales und gründete die Fluxus-„Groupe Ecart". Die Mitglieder dieser Gruppe produzierten unter anderem zahl-reiche Super-8-Filme. Aus dieser Gruppe ging die „Galerie Ecart" hervor, die in Genf Ausstellungen und Performances mit unter anderem Joseph Beuys, John Cage und Andy Warhol veranstaltete. 1978 und 1979 erhielt Armleder das Eid-genössische Kunststipendium.

Als ich John Armleder 1998 anfragte, ob er bereit sei, 1999 eine Ausstellung in Holderbank durchzuführen, teilte er mir mit, dass kurze Zeit vor der von mir ge-planten Ausstellung eine große Retrospektive in Baden-Baden vorgesehen sei. Vielleicht könnte man die wichtigsten Werke anschließend nach Holderbank übersiedeln. Ich setzte mich sofort mit der Kuratorin von Baden-Baden, Margrit Brehm, in Verbindung und besuchte auch ihre im Aufbau befindliche Ausstellung.

In der Einführung zu ihrem schönen Katalog über „John Armleder – at any speed" (erschienen bei Cantz) schrieb sie unter anderem:

*„Diese Ausstellung und den hier vorgelegten Katalog zu realisieren wäre ohne verlässliche Partner nicht möglich gewesen. Dass wir diese in der Firma ‚Holderbank' Management und Beratung AG fanden, ist ein doppelter Glücksfall. Thomas Schmidheiny, Präsident und Delegierter des Verwaltungsrates der ‚Holderbank' Financière Glaris AG, ermöglichte die Präsentation der Ausstellung John Armleder **at any speed** in Holderbank und schuf eine sichere finanzielle Basis. Derrick Widmer, dem es seit Jahren dank seiner persönlichen Begeisterung und der Gabe, diese zu vermitteln, gelingt, in den ehemaligen Werkhallen eines kunstfernen Ortes anspruchsvolle Projekte zeitgenössischer Künstler zu realisieren, bereitete den Weg für die Kooperation. Dafür, ebenso für Ihr Vertrauen in unsere Arbeit gilt Ihnen unser herzlicher Dank. Dass wir der Präsentation der Ausstellung in Holderbank so guten Mutes entgegensehen, verdanken wir aber auch Heidi Häfeli, ohne deren Planungsgeschick und persönlichen Einsatz die Übernahme dieser komplexen Inszenierung kaum denkbar gewesen wäre.*

*Dank der Bereitschaft zahlreicher privater Leihgeber, sich für diese Ausstellung von ihren häufig sehr fragilen Werken zu trennen, ist es möglich gewesen, die Idee der **rewind and fast forward show** umzusetzen und Werke aus allen Schaffensperioden des Künstlers zu präsentieren."*

Die Presse luden wir vor der Vernissage zu einem Rundgang ein. John Armleder sprach gut, witzig und einleuchtend. Zu unserem Erstaunen erschienen mehrere Journalisten und entsprechende Artikel über die Ausstellung im BAZ (29./30.5.99), in der AZ (10.5.99), im Tages-Anzeiger (15.5.99), in der Weltwoche (13.5.99), im Cash (21.5.99) und in der SonntagsZeitung (9.5.99).

Wie bereits Klaus Kayatz in einem Artikel der „Holderbank"-News erwähnt hat, war eine der Hauptattraktionen dieser Ausstellung das aus dem Jahr 1919 nachempfundene Modell des „Tatlin-Tower" (als Denkmal der III. Internationalen).

Wladimir Tatlin (1885–1953) tat sich als Begründer der Maschinenkunst hervor, welche die Ästhetik der Technik betonte, um sich besonders von einem romantisch bürgerlichen Kunstverständnis abzugrenzen. Tatlin wollte ästhetisch sinnvolle Maschinen, keine Maschinen-Kunst, wie die Dadaisten glaubten. Der sogenannte Tatlin-Turm sollte eine gigantische Maschine werden, die Konferenzräume, Aufzüge, eine Treppe und einen Radiosender beherbergen und deren Säulen im Innern sich nach den Gestirnen ausrichten können sollten. Das ehrgeizige Architekturprojekt wurde aus Kostengründen nicht gebaut, gilt aber heute als architekturhistorischer Meilenstein.

Der 51-jährige Künstler verwandelte den Turm in ein multimediales Kunstereignis; es war aber auch eine Zeitreise in die eigene Vergangenheit.

Der Turm in Holderbank war offenbar der höchste und größte, den John Armleder je aufgebaut hat, und wurde deshalb in der hohen Holzhalle aufgestellt. Dieser Turm, ein fünfstöckiges über Holztreppen und Plattformen begehbares Baugerüst aus Stahlrohren, ist Aussichtsturm und Ausstellungsraum in einem: Auf jeder Ebene entdeckt der Besucher immer neue Ansichten der Ausstellung und für andere Zuschauer (am Boden der Halle) wird er selbst zu einem Teil des Turmes. Dank vielen eingebauten farbigen Lampen und Leuchtstoffröhren sowie glitzernden Discokugeln (Spiegelglaskugeln), nervös beflackerten Alarmblinkern, Christbaumlichtketten, Gettoblaster (Musik: Mondo Cane, Mamas and Papas, Sammlung hawaiianischer Musik) hatte das Turmgerüst am Abend eine fast zauberhafte Wirkung auf die Besucher. Auf jedem der fünf Stockwerke waren Fernsehapparate installiert, und man konnte sogenannte B-Filme (B-movies were cheaply produced, these films initially intended to serve as second feature on a double bill) aus den Fünfziger- und Sechzigerjahren mit Titeln wie „Mars needs Woman", „Slave Girls" oder „The Green Slime" ununterbrochen während des ganzen Abends ansehen. Ich erinnere mich an einen Filmausschnitt mit Ronald Reagan, dem späteren Präsidenten der Vereinigten Staaten von Amerika.

Armleder arbeitet gern mit Spiegeln, Glas und andern reflektierenden Materialen. Ihn faszinieren diese Werkstoffe, weil sie durch ihre Oberflächen auf jede Erscheinung reagieren und so auf eigentümliche Weise mit der Welt kommunizieren. Es entstehen Bilder ohne Dauer und ohne Anspruch auf Wahrheit, Momentaufnahmen des Zufälligen.

Drei Tage vor Beginn der Ausstellung kam John Armleder nach Holderbank, um fünf große sogenannte Schüttbilder (Pour Paintings) selber zu produzieren. Die

großen Leinwände wurden schräg an die drei Meter hohe Bühne in der Holzhalle gestellt; mithilfe einer Leiter kletterte John mit Farbkübeln auf diese Bühne.
Der Künstler schüttete mit Bedacht ausgewählte Farben, Lacke und glitzernde
Metallspäne von oben auf schräg gestellte riesige Leinwände; dabei ließ er all
diese Flüssigkeiten ihren Weg nach unten finden, mitunter bewegte er die Leinwände etwas. Dabei entstanden zauberhafte Strukturen mit viel Interpretations-
spielraum für die Fantasie. Ein Teil dieser Bilder wurden dann am Gerüst des Tatlin-
Turms befestigt.

Zum besseren Verständnis des Titels der Ausstellung: „at any speed – rewind and
fast forward" möchte ich die Kuratorin Margrit Brehm aus ihrem sorgfältig verfassten Katalog (von Holderbank mitfinanziert), 1999, Haje Cantz, zitieren:

*„Ob er ein Werk mache oder Tee trinke, – für ihn gäbe es da keinen Unterschied, sagte
John Armleder in einem Künstlergespräch mit Bice Curiger (Anmerkung Autor: Kunst-
historikerin, Kuratorin, Autorin und Chefredaktorin, war mit der Leitung der Biennale
von Venedig 2011 beauftragt) in der Galerie Susanna Kulli in St. Gallen im Herbst 97.*

Rundgang mit Thomas Schmidheiny. Rechts Margrit Brehm.
Holderbank, 1999 © Leonardo Bezzola

Beides geschehe auf der gleichen Kommunikationsebene, entscheidend sei, ‚etwas zu tun‘, ‚Dinge zu machen‘, jetzt und hier.

Fast 20 Jahre liegen zwischen dieser Aussage und dem Auftritt John Armleders an der Biennale in Paris 1975, als der Künstler kein Werk zeigte, sondern – sozusagen als création permanente – Tee servierte. Heute reicht eine jüngere Künstlergeneration Speisen und Getränke. Das fasziniert John Armleder, denn es entspricht seiner Einschätzung, dass nicht nur die Künstlerin oder der Künstler, sondern auch die Zeit und der Ort als Faktoren Einfluss auf die Inhalte und ihre Rezeption nehmen. Sollte es je Kunstwerke in stiller Einfalt und edler Größe gegeben haben, so widerlegt die Kunst unseres Jahrhunderts diese (übrigens nicht etwa vom Künstler erfundene) Idee nachhaltig. Gerade das ‚autonome Kunstwerk‘ gibt es nicht ohne einen Kontext. Für John Armleder ist die Kunst nicht zu trennen vom Mit-gedachten im Wieder-gefundenen ebenso wie im Neu-entdeckten. Als Produzent und Rezipient arbeitet er daran, diesen Wahrnehmungsprozess zu beschleunigen. **at any speed**, *und mit ebenso viel Lässigkeit wie Engagement hat er sich in der paradoxen Situation eingerichtet, dass es ebenso unmöglich ist, nichts auszusagen, wie eine definitive Antwort zu formulieren. Das System funktioniert immer:* **rewind and fast forward***.*

Seine Überzeugung, Kunst funktioniere im Prinzip wie alles andere auch, hat der nun fünfzigjährige Künstler seit mehr als dreißig Jahren in ein vielgestaltiges und konsequentes Werk umgesetzt. Schon mit seinen frühen Kunstauktionen, Performances und in der Gründung von Ecart in seiner Heimatstadt Genf, realisierte er Exempel für ein Spiel zwischen Kunst und Leben ohne Grenzen. Die Forderung des Fluxuskünstlers Robert Filliou, man solle nicht versuchen Anschluss an die Szene zu finden, die bereits existiere, sondern das Geschehen zu sich holen, neue Räume aufbauen und neue Oberflächen schaffen, war für die Anfangszeit genauso wichtig wie der Wunsch, mit anderen Künstlern zusammenzuarbeiten, Kunst zu machen, eigene und fremde Kunst zu zeigen. ‚Ich bin der festen Überzeugung, dass die Künstler selber eine wichtige Rolle spielen müssen, und sei es nur deswegen, dass das, worum es geht, auch in ihren Händen bleibt.‘ Die Bedeutung, die John Armleder der Kommunikation und der Kunst der Kommunikationsform beimisst, zeigt sich nicht nur in seinen Werken, die diesen Aspekt in unterschiedlichsten Facetten und durch die Verwendung disparater Materialen reflektieren, sondern auch in der immer wieder übernommenen Kuratorenrolle. Egal ob er auf der ART in Basel alljährlich mit seinem ‚Ecart-Stand‘ einen Kontrapunkt zum Kunstmarktgeschehen setzt, ob er Ausstellungen wie ‚Ne dites pas non!‘ im Mamco in Genf inszeniert oder ob er seine Studenten in Braunschweig dazu animiert, internationale Künstler einzuladen und mit ihnen gemeinsam unter dem Titel ‚504' auszustellen, es kann kein Zweifel aufkommen: Dieser Mann, gerade er, den die Kritik immer wieder so gern als Häretiker bezeichnet, glaubt an die Kunst. Es ist ein Glaube an die Bedeutung des „Nicht-Nützlichen" im Bewusstsein seiner „Nicht-Nützlichkeit", und es ist die Freude an dem daraus resultierenden ‚Spiel-Raum'."

Margrit Brehm hielt an der Vernissage oben auf dem Tatlins Turm eine sympathische Einführungsrede, die vom Publikum gut aufgenommen wurde.

Zwei Tage vor der Vernissage hatten Assistenten von John Armleder vom Boden bis zu den Fenstern zwei Wände mit einer Art weißem Karton versehen; darauf malten sie dekorativ große rote und blaue Spiralen und ineinandergehende exakte Kreise (Wallpaintings) nach einer Vorlage von Armleder auf die weiße Wand.

Ein Jahr später hieß es, die Wände für eine neue Ausstellung wieder herzurichten. Obschon das Kunstwerk von John Armleder nicht mehr vollständig war, reute es Heidi Häfeli, das Kunstwerk einfach weiß überstreichen zu lassen. Deshalb ließ sie durch einen Schreiner einfach eine zusätzliche Wand über die eindrücklichen Wallpaintings von Armleder montieren. Es ist anzunehmen, dass noch heute das tolle Werk von John Armleder in der Betonhalle gut versteckt ist und auf seine Wiederentdeckung, gewissermaßen auf eine Auferstehung, wartet.

Zwölf verspiegelte Aluminium-Halbkugeln – oder bestanden sie aus Spiegelglas? –, waren in eine speziell aufgebaute Wand eingebaut und gaben dem Ort mit den vielen Spiegelungen und Verzerrungen der Gäste und des ganzen Raums einen faszinierenden Charme. Ein Transportwagen mit Stoffballen stand wie zufällig herum. Drei Surfbretter waren senkrecht nebeneinander an einer Wand fixiert und zwölf Neonröhren lagen ebenfalls wie zufällig ungeordnet am Boden. Einige seiner „Furniture Sculptures" durften nicht fehlen. An einer Gruppenausstellung im MoMA in New York hatte ich einige Jahre früher zum ersten Mal eine solche Skulptur von John Armleder gesehen.

Vier Tage vor der Ausstellung äußerte John Armleder den Wunsch, dass ein Hawaii-Orchester mit Tänzerin auftreten sollte. Eine Hommage an seine Kindheit sei dies und an Zeiten, als die Hippies von der pazifischen Küste aus noch ihre Utopien in die Welt getragen hätten. Da wir gelernt hatten, jeden Wunsch unserer Künstler aufzunehmen, fingen wir in der ganzen Schweiz mit dem Suchen einer „Band" mit Hawaiimusik an. Kein leichtes Unterfangen. Schlussendlich wurde Heidi Häfeli fündig: Nigel Kingsley and his Hawaiian Band waren bereit, am Eröffnungsabend aufzutreten.

Charmante jugendliche Tänzerinnen, die drei Töchter von Nigel Kingsley, hängten an der Vernissage den Gästen einen hawaiianischen Blumenkranz um den Hals und schenkten jeder Dame eine rote Rose. Das Orchester spielte während der ganzen Vernissage und auch beim Nachtessen Musik aus Hawaii. Kein Wunder, dass von Anfang an eine Bombenstimmung aufkam.

Thomas Schmidheiny hatte seinen Freund Mickey Federmann mitgebracht, der in Israel die älteste und renommierteste Hotelkette „The Dan Hotels" besitzt. Wir hatten auch dieses Mal viele prominente Gäste.

John Armleders sympathische Partnerin und sehr bekannte Künstlerin Sylvie Fleury war anwesend und hatte eines ihrer Bilder ebenfalls ausgestellt. Sie lernte 1990 John Armleder kennen und wurde dessen Assistentin. Im gleichen Jahr bezog sie mit Armleder die Villa Magica, ein großes altes Stadthaus am Rande von Genf, das sie jetzt allein bewohnt. Sie beschäftigt sich heute in ihren Inszenierungen mit der modernen Konsumwelt, der Mode, den Luxusgütern und dem Glamour. 1992 und 1993 erhielt sie das Eidgenössische Kunststipendium. 1993 nahm sie an der 45. Biennale von Venedig teil und stellt heute auf der ganzen Welt aus. Bea Emmenegger schrieb in der SonntagsZeitung (9.5.99): *„Eine halbe Stunde nach Vernissage-Beginn war das jährliche Holderbank-Treffen in vollem Gang. Charlotte Kerr etwa, Friedrich Dürrenmatts Witwe, kommt jedes Jahr von Neuenburg in den Aargau, weil ‚die Räume so toll sind und jede Ausstellung interessant ist'. Auch Architekt Theo Hotz, dem die Musik gefällt, ist jedes Jahr dabei, ebenso Peter Pakesch von der Kunsthalle Basel, der jedes Mal gespannt ist, ‚wie die Künstler auf den Raum reagieren', Bruno Weber, der sich als ‚Betonkünstler' bezeichnet und den regelmäßigen Trip in Schmidheinys Zementreich sinnvoll findet, oder Bice Curiger, Kuratorin am Kunsthaus Zürich, die als spektakulärste Holderbank-Ausstellung jene von Dieter Roth in Erinnerung hat."*

Die in der SonntagsZeitung erwähnte Charlotte Kerr war während vieler Jahre eine Art Stammgast an unseren Vernissagen. Die schlanke und elegante Dame lud mich einmal per Fax auf den 16.6.99 zu Tee und Kuchen in ihr Haus in Neuenburg ein. Sie zeigte mir das alte Haus von Friedrich Dürrenmatt und den eindrücklichen Neubau des Architekten Mario Botta. Ich nahm Fotos der Bauten und wollte auch die Dürrenmatt-Witwe fotografieren. Dies durfte ich jedoch nur aus einer Distanz von mindestens fünf Metern. Das architektonische Konzept von Botta schließt elegant das alte bescheidene Haus ein, das Friedrich.Dürrenmatt 1952 (in Vallon de l'Ermitage) oberhalb Neuenburg erworben hatte. Das Centre Dürrenmatt hat zum Ziel, das Bildwerk von Friedrich Dürrenmatt zu sammeln, zu erhalten und bekannt zu machen. Es finden regelmäßig Konzerte, Kolloquien, Vorträge und Veranstaltungen statt, die sich mit dem literarischen und malerischen Werk des großen Dramatikers befassen. Charlotte Kerr schrieb mir mit der Einladung auf einem Fax: „. . . *circa 1 Kilometer bergauf (bei Gabelung rechts) vorbei am botan. Garten und Baustelle bis zum roten Maserati, Nr. 76 (Chemin du Pertuis-de-Sault).* Zum Abschied schenkte sie mir mit einer Widmung noch ihr Buch „Die Frau im roten Mantel – Sieben Jahre mit Dürrenmatt". Das von ihr initiierte „Centre Dürrenmatt" wurde im Jahr 2000 eröffnet.

Im Jahr 1983 stirbt Dürrenmatts Frau Lotti, für den Schriftsteller ein großer Verlust. Die Journalistin Charlotte Kerr macht ein Filmporträt über ihn (vierstündiger Film mit dem Titel „Porträt eines Planeten"). Dürrenmatt und die Journalistin heiraten 1984.

In der SonntagsZeitung hieß es weiter: „*Diesmal kamen sie alle für John Armleders Ausstellung ‚at any speed'. Dem Genfer Hotelier-Sohn waren hawaiianische Musik, Papiergirlanden und von der Südsee inspirierte Drinks zu verdanken, er hatte sich das zur Vernissage gewünscht. Weshalb, wurde in der zweiten Halle klar, wo Armleder seinen begehbaren Turm aufgebaut hatte, auf dessen fünf Ebenen unter anderem Gettoblaster aufgebaut sind, aus denen hawaiianische Musik tönt. Hawaii habe ihn schon als Kind fasziniert, sagt Armleder, seit seine Eltern ihm von einer Reise dorthin erzählt hätten. Inzwischen war er selbst dort, ‚allerdings nur einmal'. Seine Frau Sylvie Fleury, ihrerseits Künstlerin, ging derweil mit dem Glas in der linken und der Videokamera in der rechten Hand durch die Räume, solange das noch möglich war. Souvenir oder Kunst im Entstehen? ‚Kommt drauf an, wie es herauskommt', meint sie. Fleury wurde von alt Staatssekretär Paul Jolles in ein Gespräch verwickelt. Er bezeichnet sich als ‚großen Kunstfreund': ‚Zeitgenössische Kunst hilft, bestehende Denkschemata zu verändern.' Jolles war nicht der einzige Politiker mit Flair für moderne Kunst.*

Die beiden Aargauer Regierungsräte Ulrich Siegrist und Peter Wertli machten nicht nur dem Steuerzahler Schmidheiny die Aufwartung, sondern zudem persönliche Interessen geltend. Auch Dieter Weber, Oberauditor der Armee, steht auf zeitgenössische Kunst. ‚Dies ist aber meine erste Begegnung mit John Armleder.' Nicht so für Bundesrichter Franz Nyffeler: ‚Im Kunsthaus Aarau waren schon öfter -Werke zu sehen.' Gar eines zu Hause hat Jana Caniga, seit einer Woche Verwalterin des Migros-Kulturprozents. ‚Ich höre viel zu', beschreibt sie ihren ersten Tag im Amt. Hier sei sie wegen Armleder und nicht, weil sie an jedem Kulturanlass aufkreuzen müsse. An jenem in Holderbank, ist anzunehmen, darf sie auch in Zukunft nicht fehlen."

Da der Küchenchef Ernst Gerber und seine Equipe inzwischen die Holderbank-Kantine nicht mehr betreuten, musste Heidi nach einem Catering Service Umschau halten: Mövenpick kam mit fünfzehn Kellnern und Kellerinnen angerückt und brachte das Essen gleich selber mit. Erstmals hatten wir uniformierte Bedienung in der großen Halle der Gipsunion. Was für ein Unterschied des Aufwands im Vergleich zu den früheren Ausstellungen und Vernissagen. Der Anlass war wiederum ein eindeutiger Erfolg, sodass über die Kosten glücklicherweise nicht mehr gesprochen wurde.

Gerhard Mack schrieb im Cash (21.5.99): *„Seit 1981 schafft der Zementkonzern mit hochkarätigen Ausstellungen etablierter Schweizer Künstler ein kultivierteres Image, als Zementstaub und Beton bieten können."*

Nachtrag: In der Schweizer Illustrierten 43 (2014) schrieb Caroline Micaela Hauger:

„Wer ist der 66-Jährige, der von den Experten zeitgenössischer Kunst anlässlich der diesjährigen Art Basel zum wichtigsten lebenden Schweizer Künstler 2014 gekürt wurde? Armleder – einst Hippie, Verleger, Galerist, Publizist – saß als Militärdienstverweigerer im Gefängnis …
Im Mai 2009 erkrankt er an einem Hirntumor. Wegen Kopfschmerzen wird er ins Spital eingeliefert. Man operiert den Tumor – er ist gutartig. Kaum entlassen, erleidet Armleder eine Hirnblutung. Fünf Jahre wird er ‚auf einen andern Planeten' katapultiert. Dreizehn Monate lebt er im Spital. ‚Das erste halbe Jahr plagten mich Albträume, in denen ich mein Leben reflektierte. Fiktion und Realität vermischten sich. Ich reiste um die Welt, immer hatte ich Pass oder Gepäck verloren, wurde verfolgt, man wollte mich umbringen.' Im Traum spaziert er mit seiner damaligen Partnerin, Künstlerin Mai-Thu Perret, auf einer Brücke in Japan. Sie sagt: ‚John, alles wird wieder gut.' In diesem

Moment zerplatzt – plopp! – wie im Comic eine Sprechblase. Die düsteren Filme in seinem Kopf lösen sich auf. Und kommen nicht wieder.

Die Kunst, sich zu gedulden, haben die letzten fünf Jahre geprägt. Armleders Genesungsgeheimnis nach dem Hirntumor? ‚Nicht panisch reagieren, auch wenn alles noch so schlimm erscheint.‘ Heute erinnert nur der schleppende Gang an das Drama. … ‚Ich freue mich auf alles, was noch vor mir liegt.‘"

Anthony Cragg an der Vernissage seiner
Ausstellung in Holderbank, 2000
© Leonardo Bezzola

ANTONY CRAGG

(*1949) – AUSSTELLUNG 2000 –
NR. 19 (VOM 17. JUNI BIS 13. AUGUST)

Begrüßung: Thomas Schmidheiny,
Einführung: Derrick Widmer; Roland Wäspe
Katalog: Anthony Cragg – „Sculptures in the shade", Holderbank

Anfangs 2000 war ich auf einer Geschäftsreise mit mehreren Kollegen nach Bratislava. Nachdem Holderbank auch eine Zementgesellschaft in der Slowakei gekauft hatte, befand sich der Sitz dieser neuen Gesellschaft in der schönen Stadt Bratislava, ungefähr eine Stunde von Wien entfernt.

Als wir beim Rückflug im Swissair-Flugzeug in Wien vorne Platz genommen hatten, sah ich plötzlich Harald Szeemann (1933–2005), den wohl berühmtesten Ausstellungsmacher der Welt, ins Flugzeug einsteigen und ziemlich weit hinten Platz nehmen. Da er mehrmals an Kunstausstellungen in Holderbank teilgenommen hatte, kannten wir uns. Ich konnte mich neben ihn setzen und mein Problem vortragen: Welchen qualitativ hochstehenden Künstler würde er mir empfehlen für eine Ausstellung in Holderbank? Spontan gab er mir freundlicherweise einige bekannte Namen an. Als sehr zuverlässig für das Organisieren einer Ausstellung bezeichnete er Anthony Cragg (1949). Harold Szeemann gab mir auch gleich die Adresse dieses Künstlers mit.

Heidi Häfeli kontaktierte den Künstler und sandte ihm Unterlagen über die bisher durchgeführten Ausstellungen in Holderbank. Mit Heidi traf ich ungefähr drei Monate vor der Ausstellung den englischen Künstler in Holderbank, und wir zeigten ihm die beiden Lager- beziehungsweise Kunsthallen. Damit war er sehr zufrieden. Die finanziellen und organisatorischen Aspekte konnten wir mit Crag blitzschnell erledigen. Anschließend luden wir ihn in das Restaurant Pinte in Dättwil zum Mittagessen ein. Wir erinnern uns nur noch daran, dass Tony Cragg – im Gegensatz zu allen Künstlern, die wir näher kennengelernt hatten – als Einziger keinen Wein trank.

Aufgrund seiner außerordentlich vielen Kunstausstellungen in berühmten Museen und Galerien auf der ganzen Welt verließ sich Cragg auf seinen Schweizer Galeristen Felix Buchmann, der die Organisation des delikaten Transports der Kunstwerke und das Platzieren der Werke in Eigenregie professionell vornahm, was meine persönlichen Kontakte zum Künstler etwas einschränkten.

Nach der herzlichen Begrüßung durch Thomas Schmidheiny hielt ich noch eine kurze Rückschau auf die Geschichte der 19. Kunstausstellung im Rahmen der letzten von mir als aktivem „Holderbänkler" organisierten Ausstellung. Dabei erklärte ich unter anderem: *„Ich bin überzeugt, dass der von mir geschätzte Freiraum (für Kunstausstellungen) so quasi ein fester Bestandteil der Kultur von Holderbank gewesen ist, und ich hoffe natürlich, dass es auch in Zukunft möglich sein wird, Initiativen auf Gebieten zu entwickeln, für die man eigentlich gar nicht zuständig ist. Dies setzt natürlich Vorgesetzte voraus, die eine solche Kultur der Eigeninitiative und Eigenverantwortung schätzen und unterstützen."*

Danach erteilte ich das Wort Roland Wäspe vom Kunstmuseum St. Gallen, der eine kompetente Einführung ins Werk von Anthony Cragg – einer der bekanntesten und meistgezeigten Künstler der Gegenwart – gab.

Im Vorwort zum Katalog (Rückschau) schrieben wir: *„Die bemerkenswerte Ausstellung mit neueren Werken von Anthony Cragg in „Holderbank" durfte nicht undokumentiert bleiben. Einen eigenen Katalog herauszugeben, hatten der Künstler und sein Schweizer Galerist Felix Buchmann nicht für sinnvoll gehalten, da erst kürzlich ein sehr umfangreicher Katalog über Anthony Craggs Ausstellungen in seiner Heimatstadt Liverpool erschienen war. Doch wünschten Cragg und Buchmann eine Rückschau. Es sollte ein Rückblick auf das Entstehen, die Eröffnung und die Ausstellung selbst sein. Schließlich gehört Craggs „Holderbank" Ausstellung zu den markantesten Auftritten des britischen Plastikers in der Schweiz. Wie schon in früheren Ausstellungen in den alten Lagerhallen bemerkten manche Kunstfreunde erst im Nachhinein, was da außerhalb der bekannten Museen stattgefunden hat und was sie verpasst haben. Damit lässt sich wohl auch erklären, weshalb manche Kataloge vergangener Kunstereignisse – obwohl längst vergriffen – noch heute gefragt sind.*

In diesem Sinne soll das vorliegende, in kleiner Auflage gedruckte Zeugnis einen Augenblick in der Karriere von Anthony Cragg festhalten, der abseits der Hauptstraßen in den ausgedienten Fabrikhallen eines stillgelegten Zementwerkes stattgefunden hat; zur

Freude derer, die dabei waren, und derer, die verhindert waren, die Ausstellung vom 18. Juni bis 13. August 2000 in Holderbank zu besuchen. … Auch der Galerie Buchmann, Köln und Lugano, gilt ein besonderer Dank für die zahlreichen Leihgaben, ohne die die Ausstellung nicht in dieser Form hätte durchgeführt werden können."

Dieser schöne und farbig bebilderte Katalog war aufwendig, aber sehr gut gelungen. Das Konzept und die Gestaltung machte Ernst Schadegg (Designer des Holcim Logos), die Fotos stammen von Leonardo Bezzola, Girogio Hoch und Niklaus Strauss. Die Texte von Klaus Kayatz, Roland Wäspe und Derrick Widmer.

Thomas Schmidheiny schrieb mir am 22.11.2000: *„Ganz herzlichen Dank für die Zusendung des Katalogs der letzten Kunstausstellung mit Anthony Cragg. Auch dieser Katalog hat wiederum seinen speziellen Charakter und ist ein würdiger Schlusspunkt unter der Serie von Ausstellungen, die du in Holderbank organisiert hast."*

Der 50-jährige in Wuppertal wohnende und in Düsseldorf unterrichtende Anthony Cragg ist einer der bekanntesten und meist gezeigten Künstler der Gegenwart. In den 80er-Jahren war er auf vielen bedeutenden internationalen Ausstellungen vertreten. So zum Beispiel an der documenta 7 und 8 in Kassel und auf fünf Biennalen in Venedig, Sao Paulo und Sydney. Mitte der 1980er-Jahre zeichnete sich erneut eine Wende in Tony Craggs Werk ab: Objekte der Plastik Ära werden durch raumgreifende Bronzeplastiken ersetzt. 1988 erhielt er den prestigeträchtigen Turner Preis. Seit Ende der 1980er-Jahre widmet sich Cragg auch der Zeichnung. An der Art Basel 2014 war er in einer Reihe von Galerien mit seinen Skulpturen vertreten. Die Preise für seine Werke sind wiederum stark gestiegen.

In meinen Unterlagen fand ich noch einen locker und recht amüsant geschriebenen Artikel der SonntagsZeitung vom 18.5.2000 mit dem großen Titel „Kulturtreff beim Zementbaron":

„Thomas Schmidheiny zementiert seine Rolle als Kunstmäzen und lässt in den alten Hallen seines Zementwerkes die Werke von Anthony Cragg ausstellen. Wie früher einst Könige, Päpste und Hochadel die Künstler unterstützten, so übernimmt heute der Geldadel diese Funktion. „Papst und Könige haben für Künstler ja kein Geld mehr, und deshalb müssen wir Unternehmer sie fördern", meint der sechs Milliarden Franken schwere Zementbaron, der diese Woche von der Zeitschrift ‚Forbes' als einer der reichsten Männer der Welt aufgelistet wurde.

Am liebsten würde Schmidheiny aber in die Rolle des Hofnarren schlüpfen. ‚Doch die Hofnarren unserer Zeit sitzen alle im Parlament, und am Schluss werden sie nicht mehr geköpft, sondern abgewählt.' Mit seiner Gattin Susu wandelt der Hodlersammler interessiert durch die Ausstellung. Doch schon bald muss er sich für längere Zeit ans Natel hängen. Ob der Anruf mit seinem Mega-Deal in Portugal zusammenhängt, ist nicht zu erfahren.

‚Da ist der größte Betonkünstler', ruft Schmidheiny und zeigt auf Bruno Weber, der ins Gespräch mit Unternehmer und Kunstsammler Franz Wassmer vertieft ist. „Mengenmäßig bin ich der Größte", kontert der Künstler bescheiden. Anthony Cragg hat im Gegensatz zu Bruno Weber noch nie mit Beton, aber schon mit Zement gearbeitet. Craggs originelle und eindrucksvolle Skulpturen, die er in Holderbank ausstellt, sind aus Bronze, Glas und Stein erschaffen. Der in Liverpool geborene und in Wuppertal lebende Künstler ist ganz froh, an diesem Samstagabend nicht bei seiner Familie zu weilen. Denn der Brite hätte daheim schwierigere Momente durchstehen müssen, weil seine Frau Deutsche ist und auch seine vier Kinder beim Match gegen England für Deutschland die Daumen drücken. Sein Herz schlägt aber nach wie vor für England.

Welche Muse küsste Cragg, und was inspirierte ihn zu seinen Skulpturen? Seine Glasskulptur mit all den vielen aufgetürmten Gläsern, Flaschen und Vasen sei ihm ‚als Albtraum beim Abwaschen erschienen', lacht er. Und zur Skulptur mit den 400'000 Würfeln meint er: ‚Meine Assistenten haben gewürfelt, wer abwaschen muss.' Ihm gefalle der Ausstellungsort in der Fabriklandschaft deshalb so gut, weil er nicht museal wirke.

‚Holderbank', in deren Hallen seit Langem kein Beton mehr gemischt wird, hat sich zu einem von der Fachwelt beachteten Kunstzentrum entwickelt. Hier hat schon Bernhard Luginbühl gearbeitet, haben Dieter Roth und Daniel Spoerri ausgestellt oder Christo und Jeanne-Claude verhüllt. Bereits findet die 20. Ausstellung in den großen und lichten Hallen statt. ‚An der heutigen Vernissage ist wirklich ein auserwähltes internationales und kaufkräftiges Publikum anzutreffen', sagt Maria Reinshagen, Leiterin von Christie's in Zürich und Vizepräsidentin von Christie's Europa. Sie bewundert zusammen mit ihrem Partner, dem Architekten Bruno Gerosa, und mit Hansjörg Heusser, dem Leiter des Instituts für Kunstwissenschaft, die stupenden Werke. In der Tat: Die gut betuchten Gäste müssen über viel Geld verfügen, um die Werke von Cragg zu kaufen, die bis zu einer halben Million Franken kosten. Rund dreihundertfünfzig illustre Gäste sind an diesem sonnigen Samstag vor der Sommerhitze geflohen und haben die ‚sculptures in the shade' aufgesucht.

*Anthony Cragg signiert an seiner Vernissage in Holderbank,
2000 © Leonardo Bezzola*

*Und was haben die WWF-Umwelt-Managerin Carol Franklin Engler und ihr Gatte
Ruedi Engler am Zementort verloren? ‚Wir wollen die Leute für den WWF gewinnen
und ihnen zeigen, dass wir nicht weit auseinanderliegen. Auch ich esse hie und da
Fleisch‘, gibt sie zu. Zement soll möglichst ökologisch produziert werden, der CO_2-Aus-
stoß sei riesig, aber ‚Holderbank setzt sich für Ökologie ein‘, betont sie, was fast wie ein
Werbespot für Holderbank tönt.*

*‚Ist das dort nicht Johanna Blanc aus der Fernsehserie „Lüthi und Blanc“?‘, fragt eine
Dame. Und wirklich: Es ist die Schauspielerin Linda Geiser, die in New York lebt, aber
gerade eine Folge der „Schoggiserie“ in der Schweiz abdreht. Sie ist interessiert an Kunst,
weil sie nicht nur in der TV-Serie, sondern auch im wahren Leben malt. Sie kam hauptsächlich, um ihren Jugendfreund Derrick Widmer zu treffen, den Organisator der Ausstellung, der heuer in Pension geht. Thomas Schmidheiny lobt den Abtretenden zum
Abschied mit deftigen Worten: ‚Keine seiner Ausstellungen ist in die Hosen gegangen.‘*

*Franziska Schläpfer schrieb in der Weltwoche (13.7.2000): ‚Zwischen Beton und Burgen
des aargauischen Holderbank ragt aus der Magerwiese Luginbühls „Holderbankding“,*

dreizehn Tonnen schwer, komponiert aus alten Ersatzteilen der Zementfabrik. Sie ist längstens stillgelegt. Statt Beton gemischt, wird hier das Kader aufgefrischt. Und mit zeitgenössischer Kunst in Form gebracht. Derrick Widmer, der Personalchef des Konzerns, verbindet Beruf mit Neigung. 1981 organisierte er die erste Ausstellung (Druckgrafik von Rolf Iseli) und erfüllte sich damit einen alten Traum. Das anfänglich interne Happening strahlte von Jahr zu Jahr weiter über die aargauische Grenze. Die Eröffnungsfeste sind legendär; die Pilgerfahrten in die ehemaligen Lagerhallen mal aufregend, mal anregend. 1984 zeigte Daniel Spoerri die polierten bronzenen Abgüsse seiner Plastiken: „Trompetengold kommt angerollt". Die Christos waren hier. Alfred Hofkunst. John M. Armleder. Dieter Roth wütete gar dreimal. Seinem Auftritt im Jahr 1992 widmete die Zeitschrift „du" eine ganze Nummer: „Wahn. Sinn. Kunst. Müll". Und jetzt der britische Bildhauer Tony Cragg, begehrter Gast internationaler Museen – Widmers letzte Ausstellung (er scheidet aus der HMB aus). Elf Skulpturen sind in Holderbank zu sehen, fast alle aus den Jahren 1999/2000; Fabrikhallen kämen seinen Arbeiten entgegen', meint Cragg: Der Kran sei schon da, der Boden stabil, die Eingänge weit.

Jetzt, in der Ausstellung, streicht ein Kind über die den grün glänzenden ,Connoisseur' aus plastifiziertem Stoff, der wie ein riesiges Schnabeltier daliegt. Es bestaunt das merkwürdig abweisende und elegante Ungetüm, das aus einer halben Million ganz normaler Spielwürfel aufgebaut ist, wundert sich über den riesigen weißen Kubus aus gestapelten Gläsern, Flaschen, Vasen. Das Kind denkt weder an Marcel Duchamp, noch an Moore, noch an Arp, Bill oder Brancusi. Es wandert vergnügt durch die geheimnisvolle biomorphe Formenwelt aus Bronze, Travertin, Glas, Polystyrol, in der das Leichte schwer wirkt und das Gewichtige leicht. Es werde immer notwendig sein, Dinge, die der Mensch produziert, zu zerlegen und neu zu komponieren, derart ,in ein neues Licht zu setzen, ihnen neue Qualitäten abzugewinnen', sagt Tony Cragg … Kein Wunder, dass er einer der bedeutenden Leitfiguren zeitgenössischer Plastik geworden ist."

Rosmarie Mehlin schrieb in der Aargauer Zeitung (19.6.2000) unter anderem: „In seiner Begrüßungsansprache gab Thomas Schmidheiny seiner Freude darüber Ausdruck, dass dieser Tage in einer in Zürich erscheinenden Wirtschaftszeitung ein Hinweis erschienen ist: ,Die Ausstellung strahlt also inzwischen klar in Richtung Agglomeration Zürich aus.'

Architekten und Professoren, Unternehmensberater und Galeristinnen, Rechtsanwälte und Kunstschaffende – sie standen smalltalkend im Sonnenschein und sonnten sich aber vorwiegend darin, dass sie dabei waren. Die Objekte des Künstlers – große Skulpturen

aus Bronze, Travertin, Glas, Polystyrol zu Preisen zwischen 48'000 und 400'000 Franken –
wurden mehr oder weniger gebührend bestaunt …

Es dominierten Grau- und Beigetöne bei Weiblein und Männlein. Erstere trugen vor-
wiegend Hosen jeglicher Form; die Männer waren mit und ohne Jackett und Krawatte
erschienen. Gastgeber Schmidheiny zum Beispiel trug eine dunkelbeige Hose und ein
fein kariertes weiß-beiges, kurzärmliges Hemd mit zwei Filzschreibern in der Brust-
tasche. Seine Frau Susu, die Mutter seiner drei Töchter und seines Sohnes – mit vierzehn
Jahren der Jüngste –, war in helles Senfgelb gekleidet: Hosen und ein Oberteil im Stil
traditioneller Herrenbekleidung auf dem indischen Subkontinent. Ungeschminkt, dafür
aschblondes, halblanges Haar simpel frisiert, wirkt Susu Schmidheiny sympathisch-
natürlich. Auf die Frage, was für sie das Wort ‚Kultur' bedeutet, kommt sie ins Sinnieren.
‚Tiefe des Lebens! Kultur hat auch mit Philosophie und Glauben zu tun. Ich zum Bei-
spiel habe durch Kulturschaffen eine tiefe Entwicklung durchgemacht.' Vorwiegend
Skulpturen schaffe sie; meist aus Ton. ‚Vor zehn Jahren haben meine Kinder und ich
hier in Holderbank unter dem Titel „Jeder Mensch ist ein Künstler" unsere Werke aus-
gestellt', sagt Susu Schmidheiny.

Derrick Widmer, Ausbildungsverantwortlicher bei der „Holderbank"-Gruppe, war der
Initiant der nunmehr seit 1981 alljährlich stattfindenden Ausstellungen im Werkgelände.
Ein Berner ist er, mit englischen Wurzeln, und dem ZDF seit Langem dankbar für die
Krimiserie mit Horst Tappert: ‚Dank Stefan Derrick wissen nun alle Leute, wie man meinen
Vornamen korrekt schreibt.' Ende des Jahres wird Widmer pensioniert; ob es weitergeht,
weiß auch Thomas Schmidheiny noch nicht. Für diese 20. Vernissage jedenfalls wünscht
er seinen Gästen einen recht schönen Abend. Der Duft von großen Güggeli-Grills und
‚Oklahoma-Jacks', in denen ganze Kalbsrücken, Rinderfilets und Lachse garten, wehte
verführerisch über den Apéro-Platz, wo die Geladenen zu Weißwein, Wasser oder Jus
je länger, desto größere Portionen ‚Salznüssli und -stängeli' knabberten.

Drinnen in der ehemaligen Lagerhalle wurden die Gäste an festlich weiß gedeckte
Tische gebeten: An Buffets konnten sie sich mit Fleischeslust, mit Salaten, Potatoes be-
dienen und sich mit ‚Perseus' oder ‚Helios' zuprosten – einem Pinot noir oder einem Ries-
ling, beide im Barrique gereift und beide vom Ostschweizer Weinberg ‚Schmidheiny'.
Natürlich fand weder eine Schlacht am kalten noch am heißen und auch nicht am
nachfolgenden Dessert-Buffet statt. Man war schließlich unter sich, und da weiß man,
was sich gehört. Das wissen Künstler wie etwa Bruno Weber, Pfuri Baldenweg oder
die Schauspielerin Linda Geiser, alias Johanna Blanc, die gegenwärtig mit den Dreh-

arbeiten zur zweiten Staffel der Soap „Lüthi und Blanc" beschäftigt ist. Das wissen selbstverständlich auch der Appenzeller Ständerat Merz, Vorort-Präsident Ramsauer oder WWF-Direktorin Carol Franklin Engler. Sie grübelte lange nach einer Antwort, was für sie Kultur bedeute. ,Sie ist ein Ausdruck von Zivilisationsentwicklung, etwas Ursprüngliches, vergleichbar mit Religion.' Thomas Schmidheinys Antwort hingegen kam zackig: ,Kultur ist die Entwicklung des Menschen, ohne dass er immer gleich ans Arbeiten denken muss.'"

Im bereits erwähnten farbigen Katalog schrieb Roland Wäspe, Direktor des Kunstmuseums St. Gallen, unter anderem: „Wer je Gelegenheit hatte, das Atelier von Tony Cragg in einem alten Fabrikhangar in Wuppertal zu besuchen, wird bestätigen, dass es kaum einen authentischeren Ort für seine Skulpturen geben kann als die Industriehalle in Holderbank. Die Ähnlichkeit des Ortes der Entstehung und der Präsentation schafft eine ganz eigene Atmosphäre. Zudem erlaubt die Größe des Gebäudes ein beeindruckendes Ensemble zu zeigen, das einen Überblick über die Vielgestaltigkeit von Anthony Craggs aktuellem Schaffen gibt. Die Ausstellung in Holderbank umfasst acht Werkezeichnungen und elf Skulpturen, die hauptsächlich in den Jahren 1999 und 2000 entstanden sind." ...

Klaus Kayatz hielt in diesem Katalog unter anderem fest: „Die hier vorgestellte Ausstellung einiger der jüngeren Werke von Anthony Cragg hat für ihren Organisator Widmer gleich mehrere Bedeutungen: Es ist die erste ,Holderbank'-Kunstausstellung im neuen Jahrhundert und die letzte der von ihm in den vergangenen zwei Jahrzehnten organisierten Ausstellungen mit großen, anfänglich vornehmlich Schweizern Künstlern der Gegenwart. Darüber hinaus markiert dieses Kunstereignis im Jahr seiner Pensionierung das große Finale einer Ausstellungstätigkeit, die von einer Leidenschaft für modernes Kunstschaffen getrieben war. Schließlich hat er mit Anthony Cragg den Trend zu großen, international bedeutenden Künstlern fortgesetzt und damit die Brücke zwischen den großen Schweizer Zeitgenossen und ihren international bekannten Kollegen geschlagen. Globalisierung – auch in der Kunst – könnte das Leitmotiv dafür sein, denn dieses Prinzip war Widmer während dreißig Jahren im Dienste des weltweit tätigen Konzerns ,Holderbank' zur Selbstverständlichkeit geworden."

Die Cragg-Ausstellung wurde in den Medien stark beachtet und entsprechend hatten wir auch nach der Eröffnung viele Besucher.

WIE KAM ES ZUR 20. KUNSTAUSSTELLUNG 2005?

Wie kam es fünf Jahre nach meiner Pensionierung überhaupt nochmals zu einer Kunstausstellung von Weltformat in Holderbank?

2004 rief mich der damalige CEO, Markus Akermann, an und erklärte mir, dass er in Holderbank weitere Kunstausstellungen durchführen möchte; er gab mir deshalb den Auftrag, wieder aktiv zu werden.

Ich freute mich gewaltig, hatte im Moment jedoch noch keine Idee, wie ich konkret vorgehen sollte. Ich überlegte mir ein vollständig neues Ausstellungskonzept und kam zum Schluss, zu versuchen, entweder zeitgenössische russische, chinesische oder indische Künstler zu zeigen, wobei ich mir vorstellte, die zwölf bekanntesten Künstler dieser Länder zu zeigen. Bei meinen vielen Reisen für Holderbank nach Russland in den 1990er-Jahren war ich von einigen zeitgenössischen russischen Künstlern beeindruckt. Jahrzehntelang war in der Sowjetunion nur die offizielle Kunst des sozialen Realismus geduldet. Dabei ging es primär um die Erziehung der Massen durch Bilder des Arbeitslebens, des sozialistischen Alltags und der Verherrlichung der Helden der Arbeit und des Krieges. In Russland wie in China war die Kunst jahrzehntelang der Zensur unterworfen. Künstler, die sich nicht daran hielten, erhielten Ausstellungsverbote und wurden verfolgt.

Staatssekretär und Kunstsammler Paul Jolles (1919–2000) hatte die Möglichkeit, bei seinen diplomatischen Missionen nach Moskau in den 70er- und 80er-Jahren die damals nicht legalen Avantgarde-Künstler in Estrichen zu besuchen. Er fing an, russische Kunstwerke dieser Künstler zu kaufen. Jolles hatte mir auch sein

Buch mit persönlicher Widmung zugestellt, in dem er im Detail seine Besuche in den 70er- und 80er-Jahren in Moskau bei Künstlern in Estrichen beschreibt – der damals nicht legalen Russischen Avantgarde. Meine Diskussionen mit Paul Jolles über moderne russische Kunst überzeugten mich in der Absicht, an der kommenden Ausstellung in Holderbank russische Kunst zu zeigen.

Mit einer Galerie in Erlach (René Steiner), die auch russische Künstler vertritt, hatte ich ebenfalls bereits Kontakt aufgenommen.

Als ersten Schritt rief ich deshalb 2005 Frau Erna Jolles, die Witwe von Paul Jolles, in Bern an und fragte sie, ob sie bereit wäre, ihre russischen Bilder mir für eine Ausstellung in Holderbank zu überlassen. Sie erklärte mir, dass dies möglich sei, wobei allerdings einige Bilder auf Holz von Jlya Kabakov kleinere Risse aufweisen würden, sodass der Transport heikel sei. In dieser Sammlung gab es auch Gemälde von Erik Bulatov. Sie habe noch andere Bilder von Freunden ihres verstorbenen Mannes wie Steinberg, Vassilov und so weiter. Dann erklärte sie mir plötzlich, ich müsse einen Moment am Telefon warten, da sie gerade einen Brief mit einer Einladung des Kunstmuseums Bern für eine Ausstellung anfangs Februar – möglicherweise russischer Kunst – erhalten habe. Sie kehrte ans Telefon zurück und erklärte mir, dass es sich bei der Einladung tatsächlich um russische Kunst eines in der Schweiz oder Deutschland ansässigen Paares aus Israel handle und die Vernissage im Kunstmuseum Bern demnächst stattfinden würde (diese fand unter dem Titel „Avantgarde im Untergrund", Bilder russischer Nonkonformisten aus der Sammlung Bar-Gera anfangs Februar 2005 statt). Damit war die Idee, russische Kunst in Holderbank zu zeigen, ins Wasser gefallen.

Plan B war, chinesische Kunst zu zeigen, da ich mit Hamburger Kunstfreunden auf dem Schloss Mauensee bereits einmal einen Teil der großartigen Sammlung von Uli Sigg gesehen hatte.

Plan C: Die moderne Kunst Indiens kannte ich einigermaßen, da ich sehr viel geschäftlich nach Indien reiste und zwischendurch auch Museen und Galerien besuchte; dazu kam, dass Indien für Holcim ab 2002 aufgrund bedeutender Investitionen in diesem Land sehr wichtig geworden war.

Am folgenden Tag nach dem Gespräch mit Frau Jolles rief ich Matthias Frehner Direktor des Kunstmuseums Bern, an und vereinbarte eine Besprechung mit ihm. Ich erklärte ihm dann im Museum das Problem und wollte seinen Ratschlag. Zu meiner Überraschung erklärte mir Frehner, ich komme wie gerufen; er habe nämlich für die Ausstellung der Sammlung Sigg ausnahmsweise 90 % seiner gesamten Ausstellungsfläche zur Verfügung gestellt. Für die großen Bilder, die museale Maßstäbe sprengten, hätten sie überhaupt keinen Platz. Wir einigten uns, dass Uli Sigg in den nächsten drei Tagen sich in Holderbank umsehen und uns sofort Bescheid geben würde, ob seine großformatigen Bilder dort gezeigt werden könnten. Sigg war sehr zufrieden mit den beiden Hallen, und die Aktion konnte nun beginnen. Mit Matthias Frehner und seinem Finanzchef wurden wir in einem Vertrag über die finanziellen und organisatorischen Aspekte und den von Holcim mitfinanzierten Katalog rasch einig.

Uli Sigg an der Eröffnung der Ausstellung
Mahjong, Holderbank, 2005
© Leonardo Bezzola

MAHJONG – CHINESISCHE GEGENWARTSKUNST AUS DER SAMMLUNG SIGG

20. Kunstausstellung 2005 in Holderbank mit großformatigen Werken

21.6.–28.8.2005. (Gleichzeitig fand im Kunstmuseum Bern vom 13.6–16.10.2005 eine große Ausstellung mit Sonderveranstaltungen statt.)

Begrüßung: Rolf Soiron
Einführung: Uli Sigg und Ai Weiwei

Katalog, herausgegeben vom Hatje Cantz Verlag (enthält neben einem Interview mit dem Sammler Essays der Kuratoren u. a. m.)

Fernsehbeitrag Tele M1 von Roy Oppenheim. Ausgestrahlt am 26. Juni 2005:

https://www.youtube.com/; dann eingeben: Ausstellung Mahjong 2005 oder sicherer Link.

Mahjong, der Titel der Ausstellung, ist ein chinesisches Nationalspiel, das in der Tradition tief verwurzelt ist und sich heute zu einem der populärsten Online-Games entwickelt hat. Die Ausstellung wie das Spiel regen zum Entdecken von Zusammenhängen an und ermöglichen den Zugang zu Kultur und Leben im modernen China.

Die Ausstellung gibt einen Überblick über ein Vierteljahrhundert chinesischer Avantgarde (1979–2004), die in dieser Dichte und Qualität alles bisher Gesehene bei Weitem übertraf.

Die Ausstellung im Kunstmuseum Bern und diejenige in Holderbank zeigten zum ersten Mal größere Werkgruppen aus der einzigartigen Sammlung Sigg. Sie bot einen faszinierenden Überblick über eine außergewöhnliche Kunstszene und eine lebendige Begegnung mit dem sich rasant entwickelnden Reich der Mitte. Vom internationalen Standpunkt aus betrachtet, war diese erstmalige Präsentation der Sammlung ein Meilenstein in der westlichen Auseinandersetzung mit zeitgenössischer chinesischer Kunst.

Vorgängig des Aufbaus der Ausstellung fand am 14.3.2005 eine Besichtigung der beiden Hallen mit Matthias Frehner (Direktor Kunstmuseum Bern) und Bernhard Fibicher (Kurator Kunstmuseum Bern), einem ausgewiesenen Kenner moderner chinesischer Kunst, statt. Holcim beteiligte sich an den Kosten des eindrücklichen Katalogs „Mahjong – Chinesische Gegenwartskunst aus der Sammlung Sigg" und war auch einer der Sponsoren der Ausstellung.

Kurz nach der Vertragsunterzeichnung zwischen dem Kunstmuseum Bern und Holderbank waren bereits die ersten Mitarbeiter der Firma von Josy Kraft in Basel vor Ort, das heißt in den beiden Lagerhallen, und packten schmale und lange Kisten aus; darin waren die großformatigen Bilder teilweise noch in Rollen deponiert, sodass sie zuerst mit Holzrahmen aufgespannt werden mussten. Unter der Oberaufsicht von Uli Sigg ging das Hängen der Gemälde, das Aufstellen der Plastiken und das Einrichten der Videos rasch und professionell vor sich. Sigg ist promovierter Jurist, früherer Wirtschaftsjournalist, Unternehmer und ehemaliger Botschafter der Schweiz in China.

Tatkräftig und höchst professionell beim Aufbau der Ausstellung mitgewirkt hat dabei Jérôme Szeemann, der Sohn von Harry Szeemann. Holcim stellte Pläne der beiden Hallen zur Verfügung, und in diesen wurde bereits im Voraus festgelegt, was wo und wie ausgestellt werden sollte. Da ich jeden Tag selber dabei war, konnte ich den ganzen spannenden Aufbau im Detail miterleben. Als alle Bilder bereits aufgehängt waren, stellte ich fest, dass an einer Betonwand nach meinem Empfinden eine viel zu große Lücke zwischen zwei Bildern bestand. Uli Sigg gab mir recht, jedenfalls holte er ein neues Bild in einem Lager oder bei sich zu Hause und ließ es in der mich störenden Lücke festmachen. Die Welt war wieder in Ordnung.

Erstaunlich ist, dass China, die bevölkerungsreichste Nation der Welt, damals über keine nennenswerte Sammlung, geschweige denn über ein entsprechendes Museum ihrer eigenen Gegenwartskunst verfügte.

Alt Botschafter Uli Sigg wurde zu einem Medienstar, seit bekannt ist, dass er Besitzer der weltweit größten Sammlung zeitgenössischer chinesischer Kunst ist. Von den damals eintausendzweihundert Werken (Gemälde, Fotografien, Plastiken und Videos von hundertachtzig Künstlerinnen und Künstlern) hat er rund ein Viertel ins Kunstmuseum Bern und in die Kunsthallen in Holderbank im Kanton Aargau ausgeliehen. Es ist allerdings nicht nur der Umfang der Kollektion, welche beeindruckt, sondern auch deren Qualität.

Uli Sigg ist ein profunder Kenner Chinas. Bereits 1980 gründete er als Vizepräsident der China Schindler Elevator Co. in Peking das erste Joint-Venture-Unternehmen zwischen China und dem Westen. Über seine damaligen Erfahrungen mit dem Joint-Venture fand 1981 ein Treffen mit ihm und Holderbank-Führungskräften in Zürich statt, an welchem ich ebenfalls teilnehmen durfte. Von 1995 bis 1998 war Uli Sigg Schweizer Botschafter in Peking. Er ist ferner Vizepräsident des Verwaltungsrates von Ringier.

Uli Sigg und seine Frau Rita leben mit dieser einmaligen Sammlung, oder zumindest mit einem Teil davon, mit der allergrößten Selbstverständlichkeit in den großen Räumen ihres stattlichen Anwesens in Mauensee. Die Kunst findet sich auch im Park und in den Wirtschaftsräumen. Zum Schloss gehört auch ein See mit einer lieblichen Umgebung von Büschen und Bäumen.

Die Künstler lernte Sigg – wie er einmal sagte – gewissermaßen im Schneeballverfahren kennen, wobei es weit über eintausend im Laufe der Jahre geworden sind. Einige der Künstler sind enge Freunde geworden, wie zum Beispiel Ai Weiwei, der im Sommer 2004 in der Kunsthalle in Bern ausstellte. Gemeinsam mit Sigg war Ai Weiwei als erfolgreicher Berater beim Architekturbüro Herzog & de Meuron für ihre Mitwirkung am Olympia-Stadionwettbewerb in Peking tätig.

Bernard Fibicher – heute Direktor des Kunstmuseums Lausanne – war zusammen mit Ai Weiwei Ko-Kurator der Ausstellungen in Bern und Holderbank.

Während der Vorbereitungsarbeiten lernte ich ungefähr zweieinhalb Wochen vor der Vernissage Ai Weiwei persönlich kennen; er kam für einige Tage aus China in die Schweiz. Ich selber war täglich mehrere Stunden in den Hallen anwesend. Ai ließ sich die bisherigen Vorbereitungsarbeiten im Detail zeigen. Er sah sich die bereits aufgestellten Kunstwerke zusammen mit Sigg und Fibicher ganz genau an und machte Kommentare zur bisherigen Arbeit. Ich stand gerade neben ihm, als er in der Holzhalle spontan die Idee äußerte, eine Art riesigen Vorhang mit Fotorollen, von mehr als drei Metern Länge und ungefähr eineinhalb Metern Breite, oben am Gebälk in der Holzhalle zu befestigen. Alle Fotorollen sollten eng nebeneinander aufgehängt werden, sodass eine eindrückliche Fotowand, eine sogenannte Paperwall, auf zwei der Längsseiten eines Teils der Halle bis zum Boden zu sehen wären. Er habe nämlich in elf chinesischen Städten mehrere Tausend Fotos vom Aufbau der Wohntürme und Abriss schöner alter Häuser gemacht. Er gehe jetzt nach China zurück, um diese Arbeit zu überwachen, und würde uns die Vergrößerungen in Form von Rollen per Flugzeug zurücksenden. Es sei wesentlich billiger, ein solches Unterfangen in China durchzuführen als in der teuren Schweiz.

Von der Kraft und dem selbstsicheren, jedoch überhaupt nicht arroganten Auftreten dieses Künstlers war ich beeindruckt. Mit dem Bentley-Coupé von Uli Sigg durfte ich einige Male zusammen mit Ai herumfahren. Dabei war es mir beinahe peinlich, dass der berühmte und nicht gerade schlanke Ai Weiwei hinten im etwas engen Coupé sitzen musste.

Ai Weiwei und der Autor, Holderbank 2005 © Hans J. Lehmann

In einem Artikel vom 20.3.2014 des ZEIT-Magazins steht: *„Ai Weiwei ist jetzt 56 Jahre alt. Er ist verheiratet, hat einen Sohn, er ist wohl der bekannteste lebende Chinese, er ist Künstler und politischer Aktivist, wobei das eine nicht vom andern zu trennen ist. Das liegt an seiner Familie. Sein Vater, der Dichter Ai Qing, Jahrgang 1910, ist bis heute ein berühmter Mann in China. Er gilt als Mitbegründer der modernen chinesischen Lyrik, war mit Mao befreundet, wurde dann, wie Hunderttausende andere Intellektuelle und Künstler, verstoßen und verbannt.*

Zwanzig Jahre lang musste er mit seiner Familie in der Wüste Chinas leben, die meiste Zeit in der Provinz Xinjiang ganz im Westen des Landes. Dort ist Ai Weiwei aufgewachsen, mit einem Vater, den das ganze Land verehrt hatte und der nun Publikationsverbot hatte und sein Geld mit dem Putzen von Toiletten verdienen musste. Erst in den Siebzigerjahren durfte der Vater wieder veröffentlichen und reisen. 1978 schrieb sich Ai Weiwei an der Filmakademie in Peking ein, gründete eine Künstlergruppe und zog Anfang der Achtzigerjahre nach New York. Dort blühte er auf, obwohl er kein Geld hatte. Er war frei und wollte frei bleiben. Sein Geld verdiente er unter anderem damit, dass er Kameras reparierte. Bis heute interessiert er sich dafür." …

Ai Weiwei, Holderbank, 2005 © Hans J. Lehmann

Im Zusammenhang mit der Ausstellung „Evidence" im Martin-Gropius-Bau in Berlin schrieb die NZZ am 27.8.2014 unter anderem: *„Ai Weiwei ist unumstritten der berühmteste chinesische zeitgenössische Künstler in Deutschland. Quer durch die deutsche Medienlandschaft haben Funk, Fernsehen, Print und Online alles über Ai berichtet, was zu berichten war: von seiner Kindheit, seinem berühmten Dichtervater Ai Quin, seiner Kopfverletzung und Notoperation in München, seinem fünfjährigen außerehelichen Sohn, seiner 81-tägigen Haft 2011, den unzähligen Überwachungskameras, mithilfe deren die chinesische Staatsmacht ihn auf Schritt und Tritt observieren lässt, seinen Ausstellungen im Ausland, ja sogar von seinen fast dreißig Katzen."*

Bei der Vorbereitung dieser Ausstellung und der Vernissage erhielt ich als (pensionierter) Kunstberater viel Unterstützung von Holcim. So kümmerte sich Thomas Küderli mit seinem Team um viele Logistikfragen, um die Organisation des hervorragenden Nachtessens unter der Leitung des bekannten Küchenchefs Jacky Donatz; ferner um die musikalische Unterhaltung während des Nachtessens, die Sicherheit des Anlasses sowie um einige kleinere, aber von den Kuratoren gewünschte Umbauten in den Kunst-Hallen. Nach den Aussagen von Küderli war Geld kein Thema mehr; die Zeiten hatten sich offensichtlich geändert. Die Sicherheit wurde ernst genommen: Bei der Parkplatzeinweisung gab es vier Personen, wobei zwei mit einem Tanklöschfahrzeug. Zwei Rettungssanitäter waren vor Ort. Drei Wachleute einer Sicherheitsfirma sorgten mit Hund für die Sicherung im äußeren Sicherheitsring. Für die innere Sicherheit sorgten zwei Sicherheitspersonen in Zivil. Es wurde ein professioneller Sicherheitsplan erstellt. Im Hinblick auf die angemeldete Prominenz war dies gerechtfertigt.

An der Vernissage sprach zuerst Rolf Soiron als Verwaltungsratspräsident der Holcim auf Deutsch, dann Ai Weiwei als Ko-Kurator auf Englisch. Soiron schaffte es mit Humor, die Leute selbst mit den üblichen Dankesworten bestens zu unterhalten, Werbung für Zement zu machen und den Namenswechsel von Holderbank zu Holcim zu erklären: „Bei Holderbank dachten alle, wir seien eine Bank, vielleicht nicht so unüblich bei einer Schweizer Firma."

Die Bläser des aargauischen Symphonieorchesters besorgten die musikalische Umrahmung beim Cocktail vor und nach den Vernissage-Reden. Nach der offiziellen Eröffnung der Ausstellung spielte Frau Lu Yue Yin die Pipa für die Gäste in einer der Ausstellungshallen: Die Pipa ist ein chinesisches Zupfinstrument, das der westlichen Laute ähnelt und seit etwa 2000 Jahren in China gebräuchlich ist.

Lu Yue Yin spielt die Pipa für die Gäste, Holderbank, 2005 © Leonardo Bezzola

Monika Fahmy schrieb in der SonntagsZeitung (19.6.2005) unter dem Titel **„Die einstige Zementfirma Holcim zeigt chinesische Avantgarde":**

„China boomt, China fasziniert, China verwirrt. ‚Es sind doppelt so viele Leute gekommen wie erwartet', frohlockte Rolf Soiron, VR-Präsident von Holcim. China und Uli Sigg sei Dank, die Vernissage von „Mahjong – Chinesische Gegenwartskunst" bringt dem ehemaligen Zementbauer über vierhundert zufriedene Gesichter, vom EDA-Staatssekretär Michael Ambühl über Präsenz-Schweiz-Botschafter Johannes Matyassi und Seco-Botschafter Al Reding bis zum Verleger Michael Ringier. China, das ist für Rolf Soiron ‚Bereitschaft, zu lernen, Arbeitsfleiß, den man hier nicht mehr kennt, und Familiensinn.' Bei seiner Begrüßungsansprache spricht der VR-Präsident denn auch von ‚Brücken bauen, um den Clash der Kulturen zu vermeiden'.

Aufbauen heißt aber auch zerstören, meint Ai Weiwei, 48. ‚Welches Land würde seine Tradition zerstören, um die Zukunft aufzubauen?', fragt der bekannteste chinesische Gegenwartskünstler und gibt die Antwort selbst: ‚Keines außer China.' Das gelte in der Politik, der Wirtschaft und in der Kunst. Für Ai ist China die ‚größte Baustelle der Welt'. Drei Jahre lang hat er chinesische Baustellen fotografiert. Die aneinandergereihten Bilder bilden heute ein überdimensioniertes Wallpaper in einer der Holcim-Lagerhallen. Im Nebenraum steht ein riesiges Ameisenskelett neben einem Ei, aus dem ein vergleichsweise winziges Menschenskelett schlüpft.

Seit dem Ende der Kulturrevolution hat sich Chinas Kunstszene innert knapp eines Vierteljahrhundert zu einem bedeutenden Familienmitglied in der Weltkunst gemausert. Warum China? ‚Diese Frage beschäftigt auch die Chinesen – weit über die Kunst hinaus', sagt Uli Sigg, 59. Sigg hat in den Neunzigerjahren angefangen, in seiner ‚zweiten Heimat' China Gegenwartskunst zu sammeln. Heute umfasst seine Sammlung 1200 Werke von 180 Künstlern. Nicht jedes Objekt gefällt ihm persönlich, doch Sigg sieht es als seine Aufgabe, die chinesische Avantgarde zu dokumentieren. ‚Eine Sammlung, um die ihn das offizielle China beneiden dürfte', meint Rolf Soiron.

Erstmals zeigte der verstorbene Harald Szeemann 1999 – auf Einladung von Sigg – Teile (Autor: zwanzig Werke) der Sammlung Sigg an der Biennale in Venedig. Das löste nach dem Wirtschaftsboom einen Kunstboom aus. ‚Die Ambition der Chinesen ist enorm', sagt Elisabeth Gerber, Gattin des Seco-Staatssekretärs Jean-Daniel Gerber, begeistert. „Das Land ist die Wirtschaftsmacht der Zukunft.'

Als ‚Alt-68er' hatte Georg Kohler, Philosophie-Professor an der Universität Zürich, wegen der Kulturrevolution lange ein eher negatives Bild von China. ‚Heute ist es eine Faszination. Und eine leichte Beunruhigung.' Zwecks ‚Zusammenarbeit in Bildung und Forschung' war Konrad Osterwalder, Rektor der ETH Zürich, schon etliche Male in China. Er findet Chinesen vor allem ‚fröhlich', aber es sei schwierig, ‚bei Verhandlungen schnell zu klaren Resultaten zu kommen'.

Ein Chinese steht vor der wolkenverhangenen Silhouette von Paris. Provozierend zeigt er den Stinkefinger. Kunst made in China. Aufmüpfig, ohne Tabus. Ein Bild, das noch heute in China kaum Abnehmer finden würde? Da wäre er sich nicht so sicher, meint Uli Sigg. ‚Diese Geste kennt man in China nicht. Noch nicht.'

An der Vernissage wurden auch Banker Martin Ebner („… ich bin kein Sammler, aber die Kunst und die asiatischen Finanzmärkte interessieren mich …"), Thomas Knecht, Chef McKinsey Schweiz, und Urs Rinderknecht, Präsident der UBS Kulturstiftung, sowie Wirtschaftsanwalt Peter Nobel gesichtet. Mit der Videokammer unterwegs war Roy Oppenheim, der Exdirektor von SF DRS 2 und Schweizer Radio International. Er drehte für Tele M1. Auch der Schweizer Nobelpreisträger für Physik 1986, Professor Heinrich Rohrer, war anwesend. Willi Walser, der ehemalige Schulungsleiter des Holderbank-Konzerns, war mit Rohrer seit der Studentenzeit befreundet. Heinrich Rohrer hatte an einer Ausbildungsveranstaltung bei Holderbank in den 1990er-Jahren einen Vortrag über Kreativität und Teamwork gehalten.

Uli Sigg war für chinesische Künstler eine Wunder-Erscheinung, erzählte **Ai Weiwei:** ‚Wir dachten, alle Schweizer seien tough und reich wie Uli Sigg und alle Schweizerinnen schön und freundlich wie Rita Sigg'.

Als Plakat zum Werben für potenzielle Besucher der Ausstellung wurde durch Vermittlung des Kunstmuseums Bern ein Bild von **Qi Zhilongs** Porträt einer jungen Frau in der Uniform eines Rotgardisten weit herum verteilt und vielerorts aufgestellt. Das Bild steht nicht nur für die Schönheit der Jugend, es beinhaltet auch eine Kritik am Uniformierungszwang während der Kulturrevolution und ist zugleich ein kritischer Kommentar zur aktuellen Uniformität, welche die aufblühende Konsumgesellschaft dem Land beschert. Die Auseinandersetzungen mit der Tradition, auch der vorrevolutionären, sowie die aktuelle gesellschaftliche Situation des Landes, die Umwälzungen, die es seit 1979 durchmacht, sind zentrale Themen der chinesischen Gegenwartskunst. Die Sammlung und die Ausstellungen im Sommer 2005 sollten auch einem breiten Publikum einen Zugang zu China eröffnen, zu einem Land, das nicht abseits der Welt liegt, sondern in der internationalen Politik, Wirtschaft und Kultur eine zunehmend wichtige Rolle spielt.

Ein viel kritischeres Werk an der Ausstellung in Holderbank war eine Videoinstallation, „Migrant Worker" von **Jin Jiangbo**, die auf eindrückliche Art symbolisch das Schicksal der über 100 Millionen Wanderarbeiter darstellte. Wir mussten zu diesem Zweck eine viereckige Öffnung im Betonboden zwischen den beiden Hallen aufspitzen, die inzwischen mit einem Gang und Türen verbunden waren. Eine ziemlich aufwendige Angelegenheit. Die Videoinstallation wurde mit einer Glasplatte überdeckt. Das Video begann zu laufen, wenn man den Fuß auf die dicke Glasplatte setzte. Schrecklich war dann der Anblick dieses sich quälenden Wanderarbeiters im dunklen Loch auch deshalb, weil er seine Hände gegen die Glasplatte zu stemmen begann und ein schmerzhaftes Gesicht zeigte, als wollte er sich aus seiner trostlosen gefangenen Lage befreien.

In einem Interview im Katalog Mahjong äußerte sich Uli Sigg im Jahr 2004 wie folgt:

„Für mich war es folgerichtig, mich mit der zeitgenössischen Kunst Chinas zu beschäftigen, wenn sie sich auch zunächst im Versteckten ereignete. Die von Deng Xiaoping verordnete Öffnung war zugleich deren Geburtsstunde. So bin ich ihr bis heute gefolgt – vergleichbar vielleicht mit dem Paris der Jahrhundertwende, wo einer die ganze Genese der Moderne miterleben konnte.'

Im erwähnten Katalog schrieben Rolf Soiron und Markus Akermann unter anderem im „sponsor's foreword": *„Es freut uns ganz besonders, dass ein Teil der Bilder und Skulpturen von Uli Sigg in den Lagerhallen der ehemaligen Zementfabrik Holderbank präsentiert werden kann. Dies aus mehreren Gründen: Die 1912 gegründete ‚Cementi' ist das Stammwerk des heute weltumspannenden Zement- und Baustoffkonzerns Holcim. Mit dieser Ausstellung lebt in Holderbank eine langjährige Tradition wieder auf. Von 1981 bis ins Jahr 2000 fand in diesen Lagerhallen jedes Jahr eine große Kunstausstellung statt. Und schließlich bestehen enge Bande zwischen Holcim und China. Im Jahr 1995 fasste Holcim erstmals Fuß im Reich der Mitte. Heute sind wir an der Huaxin Cement beteiligt – einer der großen modernen Zementhersteller des Landes mit mehreren Produktionsstandorten entlang des Jiantse-Flusses und einer Jahreskapazität von rund 15 Millionen Tonnen."* –

„China ist eine der ältesten Kulturen überhaupt. Das Land besitzt ein eindrückliches Erbe in Architektur, Kunst und Wissenschaft. Mit den tief greifenden wirtschaftlichen und sozialen Veränderungen seit 1979 haben sich auch im Kunstbereich ganz neue Strömungen entwickelt; sie suchen nun ihren Platz auf dem internationalen Kunstmarkt."

Im bereits zitierten Katalog erklärte Sigg ebenfalls Folgendes: „In den allerersten Jahren ab 1979 habe ich nur Bildmaterial ansehen können, ich konnte mit Insidern sprechen, so konnte ich mir einen leidlichen Überblick verschaffen. Aber Künstler in ihren Ateliers oder Wohnungen aufzusuchen war mir zu riskant. Ich hätte damit meine berufliche Existenz in China wie überhaupt das Gelingen der von mir geführten Geschäfte (Autor: für die Aufzugsfirma Schindler) aufs Spiel gesetzt. Ich war ab 1980 Vizepräsident des ersten Gemeinschaftsunternehmens zwischen China und dem Westen. Ich wurde rund um die Uhr begleitet oder beobachtet. Dieses Joint Venture wurde zum Modell für China. Es sollte dem Westen dokumentieren, was heute selbstverständlich ist, damals aber aus westlicher Sicht als Tollerei galt: dass eine westliche Firma gefahrlos in China investieren und gar neueste Technologie transferieren konnte. Das war für beide Seiten von großer Bedeutung, und dies durch meine persönliche Passion für chinesische zeitgenössische Kunst aufs Spiel zu setzen, wäre schlicht töricht gewesen. Anfang der 80er-Jahre war das Klima völlig anders als heute, als Ausländer fiel man überall auf. Bereits in den 90er-Jahren konnte ich mich dann aber völlig frei bewegen."

Ulrike Münter schrieb in „VR Kunst" – artnet 2005-08-19 – unter anderem: „Im Rückblick auf die Auswahlkriterien der Kuratoren Bernhard Fibicher und Ai Weiwei erweist sich das chinesische Nationalspiel Mahjong als ‚perfekte Metapher', kam ihnen doch die schwere Aufgabe zu, aus der 1200 Werke umfassenden Sammlung Uli Siggs 340 für das Kunstmuseum Bern und 25 großformatige für Holderbank auszuwählen.

Ein kurzer Blick noch ins pittoreske Holderbank, eine Zugstunde von Bern entfernt. Dort werden in den lichten Lagerhallen des Zement- und Baustoffkonzerns Holcim die großformatigen Werke der Mahjong-Ausstellung gezeigt. Wer jetzt kommt, wird nicht mehr die Sinnenpein der Vernissage-Besucher empfinden: Das Stuhlpolster der Installation von Gu Dexin ist eigentlich aus Fleisch, wie man den Titelschildchen entnehmen kann. Bei den sommerlichen Temperaturen musste man sich verständlicherweise sehr schnell davon verabschieden. (Autor: Wir hatten tatsächlich an der Vernissage das Stuhlpolster aus Fleisch.)

Yue Minjuns Armee Lachender Klone, Holderbank, 2005 © Leonardo Bezzola

Die strenge Architektur der Holcim-Hallen und der Luxus immens hoher Decken verleiht jedem Werk seine Wirkungssphäre. So ruft der riesige Holzschnitt **Fang Lijungs** in schreienden Farben die Schrecken der SARS-Zeit zurück. Eine Halle weiter werden wir von **Yue Minjuns** Armee Lachender verlacht. Dieser Künstler ist bekannt für seine hysterisch grinsenden Klone (25 Figuren aus bemaltem Polyester – je 186 × 60 × 46 cm). In einer Blackbox nehmen wir über die Videoinstallation von **Wang Jianwei** an der Tristesse des zwangsverordneten Frühsports chinesischer Schüler teil.

Jeder Versuch, aus dieser Ausstellung nur einigermaßen repräsentative Werke vorzustellen, ist eine weitere Runde Mahjong-Spiel. Dass nun die internationale Presse fast ausschließlich dem Disput über das Werk Ruan von **Xiao Yu** die Bühne bereitet, sagt allerdings weniger über die Ausstellung denn über die Kurzsichtigkeit und Unangemessenheit dieser Art von Berichterstattung. Bereits auf der Venedig-Biennale 1999 hatten Tausende von Besuchern die in Formaldehyd eingelegten Wesen Xiao Yus gesehen. Weniger die aus zusammengenähten Teilen von Tieren bestehenden Objekte als speziell das Werk Ruan riefen moralische Entrüstung auf den Plan, denn der Künstler hatte einen tatsächlichen Embryokopf mit Kaninchenaugen versehen und an einen Taubenkörper transplantiert. Auf die sich häufenden Irritationsbekundungen reagierte Museumsdirektor Matthias Frehner besonnen.

Ein Symposium mit Fachleuten aus Ethik, Kunst, Medizin und Theologie ist für den 22. August 2005 angekündigt.

Die Sammlung Sigg wird im Frühherbst in leicht veränderter Form in der Hamburger Kunsthalle gezeigt."

Die Installation von **Gu Dexin** besteht aus einem Bild, einem roten Teppich und einem Stuhl, der ursprünglich mit rohem Fleisch gepolstert war (wie oben von Ulrike Münter erwähnt). Gu Dexin gehört zu den wenigen Künstlern in China, die keine akademische Ausbildung genossen haben.

„International Faces Series" von **Meng Huang**. Diese Serie besteht aus Schwarz-Weiß-Bildern, die verschiedene Menschen mit dem „Downsyndrom" zeigen. Da Personen, die an dieser Krankheit leiden, unabhängig von ihrer ethnischen Herkunft ähnliche Gesichtszüge tragen, werden sie in der chinesischen Umgangssprache „internationale Gesichter" genannt. Bei uns werden sie umgangssprachlich als „Mongoloide" bezeichnet.

Die Glatzköpfe von **Fang Lijun**: Die Welle des „Mao-Pop", die damals, Ende der Achtzigerjahre, rasche Erfolge feierte, ging spurlos an ihm vorbei. Er ist bekannt für seine Glatzköpfe. In Holderbank wurde ein Riesenbild (zusammensetzbare Holzschnitte) mit farbig angezogenen Glatzköpfen gezeigt. Wenn die Einbeziehung westlicher Techniken für Fang auch so etwas wie eine Zuwendung zu einer Art „Weltkunst" brachte, bedeutete dies für ihn keine Abwendung von der chinesischen Tradition. Ganz im Gegenteil, seine neueren Arbeiten greifen wieder auf althergebrachtes chinesisches Material wie Reispapier und die Technik des Holzschnittes zurück, wenn auch in Verbindung mit „modernen" Arbeitsmethoden.

In einem Artikel in der „Weltwoche" (5.4.2001) war zu lesen: *„Mit der wachsenden Bedeutung von Fang Lijun im Westen sowie in Japan und Taiwan schwand sein Einfluss im heimischen Kunstgeschehen – offizielle Stellen verhinderten seine Ausstellungen. Fang war freilich nie Dissident, wurde von den Behörden nicht verfolgt und konnte zwar frei arbeiten; seine Arbeiten zwischen 1993 und 1999 durfte er in der Volksrepublik aber nicht öffentlich zeigen. Die dortige Wende vollzog sich mit seiner bei den offiziellen Stellen umstrittenen Teilnahme an der Biennale, die bis Anfang dieses Jahres in Shanghai stattfand, auf der er seine Riesenholzschnitte mit den gar nicht mehr lächelnden (ertrinkenden?) Glatzköpfen zeigte."*

Zhang Xiaogangs Porträt einer Familie ist nicht ein faszinierendes Bild, weil es dem Betrachter die Wunden vermittelt, welche die Ein-Kind-Politik der Kulturrevolution bei vielen Chinesen hinterlassen hat, sondern weil es uns die Vereinsamung im Privaten auf eine Weise näherbringt, von der wir nicht wussten, dass wir dafür empfänglich sind.

In der Zeitung „International Herald Tribune" (5.9.2005) stand Folgendes: *„Much of Zhang's acclaim stems from a series, called ‚Bloodline: Big Family', of largely black-and-white oil paintings inspired by formal family photographs of the 1960s and '70s. Zhang's rendering of these portraits – the figures often devoid of emotion, seemingly trapped in a time that still defies explanation – has become his trademark. Few other Chinese artists' works are so easily identifiable here, or so popular.*

At a time when China's contemporary art scene is sizzling, with dozens of galleries opening in Beijing and other cities and works being auctioned for record prices, few artists are as celebrated as Zhang, whose paintings can now fetch as much as $ 200'000 each. ‚You can't even get his works right now', says Weng Ling, director of the Shanghai Gallery of Art. ‚He's that popular. There is a long waiting list even to show his works.' But for such a highly sought-after artist, Zhang has an unassuming manner. He dismisses talk of fame.

In early 1976, like so many youngsters in China, he was sent to a farm in the countryside. But after Mao died later that year and the Cultural Revolution drew to a close, colleges around the country began reopening and Zhang enrolled at Sichuan Academy of Art. He studied Soviet-style socialist realism but says he gravitated towards Western art, particularly the works of van Gogh, Gauguin and Dali. After college, he became part of a group of avantgarde painters, who came to prominence in the 1980s. But after the 1989 military crackdown on the demonstrations in Beijing's Tiananmen Square, many of these artists went underground or abroad.
Zhang's works were not the most controversials then, but like others they were seen as breaking sharply with tradition. As a result, they were often barred from being shown in Chinese galleries and were mostly acquired by foreigners ..."

Zhangs „Familienporträts" gehören zu den am teuersten gehandelten Werken eines lebenden chinesischen Künstlers.

Zu sehen war in Holderbank auch ein riesiges, bis ins Detail ausgearbeitetes Modell Pekings von **Lu Hao** und Mitarbeitern, das die gewaltige Entwicklung der

Stadt, ebenso wie darin gelebtes Leben aufzeigt (Beijing Welcomes You 2000 – Verschiedene Materialien 800 × 1000 cm).

Ai Weiwei bemalte seine berühmte neolithische Vase mit einem Coca-Cola-Logo.

Nach wie vor tabu ist in China die Verfremdung offizieller Mao-Bilder.
Ulrike Münter schreibt in ihrem kunstkritischen Artikel ferner: *„In 12 Kapiteln – mit Titeln wie ‚Ikonen der 70er vs. Ikonen der 80er‘, ‚Mao und die Kulturrevolution‘ oder ‚Westliche Kunst aus chinesischer Sicht‘ – wird der Besucher durch solch unterschiedliche Kunstkonzeptionen geführt, dass ihm nie wieder eine Aussage über das typisch Chinesische von chinesischer Kunst über die Lippen geht."*

Im Vertrag zwischen dem Kunstmuseum Bern und Holcim hatten wir abgemacht, dass Bernhard Fibicher nach der Vernissage drei Mal eine Führung durch die Ausstellung für Besuchergruppen in Holderbank machen würde. Ich schloss mich jeweils diesen hervorragenden Führungen an, um dabei zu lernen und mich in die Lage zu versetzen, selber sieben weitere Führungen durchführen zu können. Da ich bis zum Schluss mit den chinesischen Namen Mühe hatte, machte ich mir Notizen der Namen und der Kommentare aus dem Katalog Mahjong. So hatte ich mit der Zeit den (falschen) Eindruck, selber ein Kenner chinesischer Kunst zu sein.

Was ich rasch lernte, war, dass man zwischen zwei Arten von Kunstwerken unterscheiden muss: solchen, die dem westlichen Auge unmittelbar zugänglich sind, und solchen, die sich erst durch Kontextwissen erschließen. Bei diesen muss man wissen, auf welchen Vorgaben der offiziellen Bilderpolitik sie beruhen oder welches historische Ereignis sie zitieren, aber auch unter welchen Bedingungen sie entstanden sind (Tages-Anzeiger 12.4.2005).

Was für eine freudige Überraschung, als Uli Sigg gegen Ende der Ausstellung mir mitteilte, dass Ai Wewei mir zwei Rollen Fotos aus der Serie „Paperwalls" geschenkt habe, die ich noch von den nicht bereits reservierten Fotostreifen auslesen könne.

Die Sammlung Sigg geht jetzt als Schenkung nach Hongkong an das künftige **Museum „M+",** dessen Direktor Lars Nittve, Gründungsdirektor des Tate Modern in London, gewesen ist. Grundstock des neuen Museums wird die Sammlung mit 1463 Werken von 350 Künstlern sein. Weitere 47 Stücke kaufen die Hongkonger mit einem Schätzungswert von USD 17,2 Millionen (Das Magazin vom 13.6.2014).

Das Museum M+ ist keine neue Migros-Filiale, sondern ein Museum für visuelle Kultur (Kunst, Design, Architektur und bewegte Bilder des 20. und 21. Jahrhunderts). Herzog & de Meuron aus Basel haben den Wettbewerb gewonnen. Es soll so beeindruckend werden wie das New Yorker MoMA und doppelt so groß wie die Londoner Tate Modern und mehr als zweitausend seit den 1950er-Jahren entstandene Werke ausstellen.

Es ist offensichtlich, dass sich Hongkong als asiatische Kulturmetropole neu positionieren will. Im „West Kowloon Cultural District" entsteht ein gewaltiger Veranstaltungskomplex mit Museen, Musikhallen, Theatern und Kinos. Insgesamt siebzehn Kultureinrichtungen sollen auf dem 14 Hektar großen Areal vereint und ab 2015 eröffnet werden. Zur Förderung des Hongkonger Kulturlebens und des Tourismus ein sehr willkommenes Geschenk. Kunst ist tatsächlich auch zu einem Wirtschaftsfaktor der Tourismusbranche geworden.
Seit reiche Chinesen Kunst als Anlageobjekte entdeckt haben, haben sich viele Galerien in Hongkong installiert. Große Namen wie White Cube und Gagosian haben sich ebenfalls hier niedergelassen. Die Stadtregierung erleichtert den Kunsthändlern das Geschäft, indem sie auf Kunstkäufe keine Mehrwertsteuer erhebt und erlaubt, Werke für die Messen zollfrei ein- und auszuführen.

Wurde der Kunstmarkt für Gegenwartskunst in China früher durch Ausländer gemacht, sind es heute chinesische Käufer, die den Markt bestimmen. Shanghai hat kürzlich das erste offizielle Museum in China – „Power Station of Art" – für Gegenwartskunst eröffnet. Das Museum befindet sich in einer umgebauten ehemaligen Power Station.

China repräsentiert 90 % des asiatischen Marktes (alle Perioden zusammengenommen). In den letzten Jahren war China der Motor des weltweiten Kunstmarktes, angetrieben durch die neuen milliardenschweren Kunstsammler, durch die Multiplikation der Investmentfonds, durch ein Verhalten des ostentativen zur Schau-Stellens, wo die Fähigkeit, teure Kunstwerke zu kaufen, auch ein Zeugnis von Prestige ist (artprice.com/Der Markt für zeitgenössische Kunst 2013).

Gemäß artprice/Der Markt für zeitgenössische Kunst 2014 werden in China ebenso viele Werke versteigert wie in den Vereinigten Staaten, Großbritannien und Frankreich zusammen. Von dieser einzigartigen Kauflust profitiert der gesamte asiatische Raum. **Zeng Fanzhi**, der momentan erfolgreichste Künstler der chinesischen zeitgenössischen Szene, erzielte 2014 einen Umsatz von 60 Millionen Euro mit der Versteigerung seiner Werke (nur der Amerikaner Christopher Wool erzielte zwei Millionen mehr).

Anzumerken ist noch, dass eine größere Anzahl der ausstellenden chinesischen Künstler an einem Sonntag von der Ausstellung in Bern direkt an diejenige in Holderbank kamen; dadurch hatten wir Gelegenheit, uns mit den englisch sprechenden chinesischen Künstlern und Künstlerinnen zu unterhalten. Jetzt war es möglich, bei einigen der ausgestellten Kunstwerke auch den Urheber des Werkes im geistigen Auge dahinter zu sehen.

Wie bereits erwähnt, war für den kulinarischen Teil der Vernissage ein berühmter Zürcher Chefkoch verantwortlich; daneben war ebenfalls ein erstklassisches chinesisches Kochteam aufgeboten, sodass die über vierhundert illustren Gäste die Wahl der Qual zwischen den leckeren Speisen hatten. Im Hintergrund spielte bis in die frühen Morgenstunden ein Orchester zur Unterhaltung der Vernissage-Besucher.

RÜCKBLICK

Es stimmt, dass ich vor jeder Vernissage sehr nervös war, wohl wissend, dass immer etwas schieflaufen kann. Zum Glück sind alle Vernissagen und die danach beginnenden Ausstellungen während mehrerer Wochen für ein breiteres Publikum immer gut abgelaufen und die Zeitungsberichte darüber stets positiv ausgefallen.

Viel Spannendes findet aber vor einer Vernissage statt; in dieser Phase geht stets etwas schief und die Missgeschicke müssen schnellsten behoben werden. In dieser Vorbereitungsphase waren vor allem die persönlichen Kontakte mit den Künstlern prägende Erlebnisse, die vertieften Einblick in ihre Kunst und Denkweise vermittelten. Viele Gespräche mit den Künstlern bleiben unvergesslich; sie haben wesentlich zum besseren Verständnis des Künstlers und seiner Kunst beigetragen und das Auge für Gegenwartskunst geschärft. Ohne Zweifel eine echte Bereicherung des Alltags eines Managers der grauen Zementwelt. Dadurch bin ich interessanten Menschen begegnet, die ich sonst nie getroffen hätte. Die Zusammenarbeit mit den Kunstschaffenden gehört natürlich zu den interessantesten und bereicherndsten Facetten meiner Arbeit. Ich erlebte diese berühmten Menschen und ihr Schaffen aus einer Nähe und Perspektive, die mir als Erfahrung in meinem Leben sehr viel bedeuten. Aber auch sonst bin ich bei der Vorbereitung der Ausstellungen mit interessanten Persönlichkeiten aus dem kulturellen Bereich in Kontakt und zum Gedankenaustausch gekommen. Dass der Austausch zwischen Wirtschaft und Kultur wichtig ist, wird heute ja stark thematisiert. Das habe ich persönlich erfahren. Trotz der damit verbundenen zusätzlichen Arbeit und der manchmal unvermeidlichen psychischen Anspannung gaben mir diese Ausstellungen ein hohes Maß an Befriedigung, denn ich habe meinen alten Traum erfüllen können. Die Erfahrung und das Erfolgserlebnis, selbst große Ausstellungen gemacht zu haben, möchte ich keinesfalls missen.

In diesem Sinn hatte ich es sehr geschätzt, dass ich während so langer Zeit Kunstausstellungen durchführen durfte, ohne dass sich jemand eingemischt hat. Man hat mich gewähren lassen in einer Aktivität, für die ich letztlich gar nicht vorgesehen war. Wahrlich ein einzigartiges Privileg, das ich als Kunstinteressierter während zwei Jahrzehnten bemerkenswerte Ausstellungen in Holderbank durchführen durfte.

Es begann alles mit dem neuen Schulungszentrum. Unsere erklärten Schulungsziele waren neben der fachtechnischen Management-Schulung bereits 1981 bei der ersten Ausstellung mit Rolf Iseli: laterales Denken, Kreativität und Ausbrechen aus gewohnten Denkbahnen. Und was konnte diesen Zielen besser dienen als die Auseinandersetzung mit den Werken moderner Kunst?

Einzig im Jahr 1986 fand keine Kunstausstellung statt. Ich wollte eine Ausstellung mit dem von mir bewunderten Berner Künstler Markus Raetz (1941) – einem der renommiertesten Schweizer Gegenwartskünstler – durchführen. Ein alter Freund von mir kannte ihn persönlich und setzte sich für dieses Unterfangen ein. Es sah anfänglich alles positiv aus, und ich freute mich bereits auf diese Ausstellung. Leider schrieb mir Markus Raetz einige Zeit später, dass er selber fast keine Kunstwerke mehr habe und mir deshalb absagen müsse. Da ich um diese Zeit viel auf Geschäftsreisen und im Militär war, hatte ich nicht genügend Zeit, einen valablen Ersatz zu finden, und musste deshalb die Ausstellung 1986 ausfallen lassen.

1997 hatte ich mir in den Kopf gesetzt, Mario Merz (1925–2003) in Holderbank zu zeigen. Ich war seit Jahren fasziniert von seinen Kunstwerken. Eindrücklich fand und finde ich noch heute sein großes Kunstwerk mit Neonröhren ganz oben im Zürcher Hauptbahnhof: Er benützt als Leitbild die Entdeckung des mittelalterlichen Mathematikers und Philosophen Leonardo Fibonacci, der mittels arabischer Ziffern eine Zahlenreihe zur Berechnung von Spiralen erfand: die Addition der vorausgegangenen Zahl mit der folgenden bis schließlich ins Unendliche. Die roten Neonspiralen seines Werkes bedeuten die Lebenslinie des Bahnhofs, Dynamik und Bewegung. Die Tiere stellen das Kommen und Gehen im Bahnhof dar. Merz ist der Hauptvertreter der „Arte Povera" (räumliche Installationen aus „armen", das heißt alltäglichen Materialien wie Erde, Glassplitter, Holz, Bindfaden und so weiter). Berühmt sind seine Iglus aus Glas, Weiden und so weiter.

Dank der Vermittlung durch den Zürcher Architekten und Kunstsammler Theo Hotz kam ich 1997 in persönlichen Kontakt mit Mario Merz. Er sollte nämlich für ein neu erstelltes Gebäude (1995) von Hotz bei ABB in Baden ein Kunstwerk erschaffen. Mit meinem damaligen Assistenten, Piero Corpina – er hat italienische Wurzeln – konnten wir ihn in Baden treffen, als er sich das neu erstellte ABB-Gebäude näher ansah, um die Kunst am Bau zu gestalten. Da Theo Hotz selber nicht kommen konnte und Mario Merz verspätet eintraf, beschlossen wir uns im neuen Gebäude erst mal etwas umzusehen. Kaum waren wir im Gebäude ohne Badge, kam ein Sicherheitsbeamter und wollte uns gleich wieder rauswerfen. Nach längeren Erklärungen landeten wir dann beim Chef des Gebäudes im Büro und konnten dort auf Mario Merz warten. Merz hatte bereits einen Plan bei sich, wie er die Fassade des Gebäudes gestalten könnte. Uns gab dieser erste persönliche Kontakt mit Mario Merz wiederum die Möglichkeit, erste Gespräche über Kunst in Holderbank zu führen. Tatsächlich konnten wir ihn einige Zeit später auch für einen persönlichen Besuch in Holderbank gewinnen, bei welchem wir ihm die Hallen zeigten. Nachdem wir von seiner Vorliebe für Speis und Trank wussten, luden wir ihn bei dieser Gelegenheit in das bekannte Restaurant „Pinte" in der Nähe von Baden ein und bestellten seinen Lieblingswein, einen italienischen „Barolo". Obwohl er die Gastfreundschaft und das Interesse an seiner Person sichtlich genoss, hatten mein Assistent und ich zu keinem Zeitpunkt das Gefühl, echtes Interesse an einer Zusammenarbeit geweckt zu haben, dennoch wollten wir nicht aufgeben. Auch der anschließende, in italienischer Sprache geführte Briefwechsel und der Kontakt mit seiner Frau, der italienischen Künstlerin Marisa Merz (* 1931), gab uns das Gefühl, dass wir auf dem richtigen Weg waren. Positive Signale des Künstlers trafen nicht ein. Aus diesem Grund entschied ich einige Wochen später schließlich schweren Herzens, meine Anstrengungen einzustellen und eine Alternative für die anstehende Ausstellung zu finden. Rückblickend mag ich mich nicht erinnern, dass wir für das „Herlocken" eines namhaften Künstlers nach Holderbank so viel Aufwand betrieben haben, wir waren uns bis zuletzt fast sicher, dass Mario Merz uns mit seiner Kunst beehren würde.

Als Verantwortlicher für die Human Resources des Konzerns – und zusätzliche Aufgaben – hatte ich ganz andere Betätigungsfelder und Schwerpunkte; Kunst war in der vorwiegend technisch orientierten Zementindustrie in den frühen

1980er-Jahren ein totaler Fremdkörper. Doch ich erkannte, dass die Kunst in den Schulungs- und Pausenräumen ein wohltuendes Element in die Atmosphäre des Trainingszentrums brachte. Die Farben, Formen, Verfremdungen und künstlerischen Experimente relativierten das methodische, logische und erfolgsorientierte Training der Kursbesucher; nicht zuletzt, wenn Diskussionen darüber ausgelöst wurden, ob das Gezeigte Kunst sei. So traf sich dann mein persönliches Engagement für Kunst mit der Erkenntnis der Nützlichkeit solcher Ausstellungen. Es war mir klar, um Kunst zur HMB und in den Konzern zu bringen, brauchte es eine gewisse Kontinuität. Das wurde ganz offensichtlich, als die mittlerweile vertrauten Bilder jeweils nach der Finissage abgehängt wurden und die kahlen Wände quasi nach Farben verlangten.

Die Ausstellungen waren anfänglich eine interne Sache, geschätzt von der Mitarbeiterschaft und Gästen, bei manchen fast mehr wegen der Eröffnungsfeste und -bankette als wegen der Begegnung mit der Kunst. Später interessierten sich auch Kunstkreise außerhalb des Konzerns und der „Holderbank" Management und Beratung AG für die Ausstellungen. Diese waren zu einem begehrten Kunstereignis geworden mit Gästen und Besuchern aus der ganzen Schweiz, ja sogar aus dem Ausland. Es kam zu den allseitig geschätzten informellen Begegnungen zwischen Angehörigen und Gästen des Konzerns sowie Kunstsammlern, Kunstkritikern und Kunstvermittlern. Während der letzten Jahre hatten wir die Ausstellungen auch durch Anzeigen in Tageszeitungen und Kunstzeitschriften bekannt gemacht, was zur Steigerung der Besucherzahl und zu einem breiteren und qualitativ höher stehenden Medienecho führte. Holderbank liegt aber doch etwas abseits, sodass nur wirklich Interessierte den Umweg machten und die Ausstellung besuchten. Als erfreulich ist zu erwähnen, dass viele Schulklassen und Gruppen von Kunstschulen und Vereinen die Ausstellung besucht haben.

Wie ich bereits im Kunstbuch „Holderbank"/2 festgehalten habe, wäre es schönfärberisch, wenn ich behaupten würde, diese Ausstellungen hätten die Mitarbeiterinnen und Mitarbeiter der HMB, die Gäste aus dem Konzern und die Besucher des Ausbildungszentrums grundsätzlich für zeitgenössisches Kunstschaffen sensibilisiert. Trotzdem, vielen Besuchern der Vernissagen und der Ausstellungen sind diese außergewöhnlichen Kunstveranstaltungen doch wichtig geworden. Es kam wiederholt zu Begegnungen von Menschen innerhalb und außerhalb des Konzerns, die ohne diese Ausstellungen nicht in so freier und stimulierender Atmosphäre passiert wären. Das ist wertvoll.

Es gibt noch eine andere Wirkung: In unserer viersprachig erscheinenden „Holderbank"-News, die als Konzernzeitschrift die Pflege der Konzernkultur zum Thema hat, wurden die Ausstellungen und die Kunstschaffenden alljährlich vorgestellt. Solche Berichte fanden in vielen unserer Gesellschaften weltweit Aufmerksamkeit, wovon ich mich selbst bei meinen Reisen ins Ausland überzeugen konnte. Es ist festzustellen, dass viele Gesellschaften inzwischen ihre eigenen kulturellen Veranstaltungen haben und sogar über ihre Aktivitäten in der „Holderbank"-News berichten. Nicht dass ich mein Wirken bei „Holderbank" als einzige Ursache solcher Entwicklungen gesehen haben möchte, aber vielleicht habe ich dadurch punktuell doch Impulse gegeben, die andere Menschen zu eigener künstlerischer Initiative ermutigen. Darüber hinaus bin ich überzeugt, dass derartige kunstorientierte Aktivitäten durchaus einen sehr positiven Einfluss auf die Reputation eines Unternehmens haben. Sie zeigen der Öffentlichkeit: „Holderbank" ist nicht nur Zement und Beton.

Leider haben alle diese Aktivitäten nach meiner Pensionierung im Jahr 2000 – mit Ausnahme der bereits beschriebenen grossen chinesischen Ausstellung 2005 – vollständig aufgehört. In den letzten fünfzehn Jahren wurde ich immer wieder von ehemaligen an Kunst interessierten Besuchern persönlich angesprochen, ob und warum es diese Kunstereignisse in Holderbank nicht mehr gebe. So hat mir zuletzt noch 2014 der bekannte Galerist, Kunstsammler und Auktionator Eberhard Kornfeld in Bern diese Frage gestellt. Ich konnte ihm keine befriedigende Antwort geben. Vielleicht waren die Ausstellungen zu stark mit meiner Person verknüpft; wahrscheinlicher ist jedoch, dass mit dem Rücktritt von Thomas Schmidheiny als Konzernleiter 2001 vermutlich andere Interessen beim Thema der „Corporate Social Responsibility" wichtiger waren und das Geld für solche Zwecke entsprechend anders verwendet wurde. So waren die – anfangs des neuen Jahrhunderts leicht umgebauten und renovierten – schönen Kunst-Hallen jahrelang leer und wurden meines Wissens – mit einer Ausnahme – praktisch nicht mehr für Kunst verwendet.

Im Jahr 2001 erhielt ich eine Karte der Holcim Group Support Ltd. zugestellt, auf der man in Grau die Betonlagerhalle erkennen konnte. Darauf waren in kleiner roter Schrift alphabetisch in Dreierkolonnen alle achtundvierzig Künstler aufgeführt, die wir je in Holderbank gezeigt hatten. Hinten auf der Karte stand in großer Schrift in Grau:

„Kunst-Pause" und der folgende Text: „Liebe Kunstfreunde – Eine Reihe großer Namen ist bisher bei uns in Holderbank ausgestellt worden. Spannende, begeisternde und

kontroverse Werke konnten gezeigt werden. Die Überraschung war ein Teil des Aus-
stellungskonzepts. Dieses Konzept wollen wir überdenken. Wir nehmen uns Zeit dazu. In
2002 werden wir Sie orientieren und freuen uns, Sie in unseren ,Kunst-Hallen' in Holder-
bank wiederum begrüßen zu können. Noch ein kleiner Hinweis, damit Sie diese und
die kommenden Informationen richtig einzuordnen wissen: Seit dem 21.5.2001 heißt
unser Konzern nicht mehr ,Holderbank', sondern Holcim. – Thomas Schmidheiny."

Im Jahr 2005 fand eine überraschende Wende – ein ganz kurzes Aufflackern
der Kunstaktivitäten – statt, fast so etwas wie eine kurze Renaissance. Diese
habe ich bereits im vorangehenden Kapitel dargestellt, nämlich die chinesische
Gegenwartskunst aus der Sammlung Sigg. Danach war bei Holcim von Kunstausstellungen in Holderbank nicht mehr die Rede. Dies ist insofern erstaunlich,
als heute bei vielen Firmen ein Kulturengagement als gesellschaftlicher Beitrag
im Sinne von „good corporate citizenship" gilt.

NACHWORT

Mahjong – Chinesische Gegenwartskunst aus der Sammlung Sigg im Jahr 2005 war die zwanzigste Ausstellung und gleichzeitig die letzte von mir in Holderbank für Holcim organisierte. Danach fanden nie mehr Kunstausstellungen an diesem Ort statt.

Thomas Schmidheiny (*1945) war von 1978 bis 2001 Konzernleiter (CEO) und von 1984 bis 2003 Präsident des Verwaltungsrates.

Sein Interesse an den beschriebenen kulturellen Veranstaltungen mit dem Ziel, die Gäste aus Wirtschaft, Politik und Kultur in ungewohnter, jedoch angenehmer Art und Weise informell zusammenzubringen und diese und die Mitarbeiter mit moderner Kunst zu stimulieren, haben die zwanzig Jahre Kunstaktivitäten in Holderbank ermöglicht.

Das vorliegende Zeitdokument wäre ohne die Unterstützung meiner langjährigen Holderbank-Weggefährten Willi Walser, Klaus Kayatz, Heidi Nietlispach und Charles Meier nur schwierig zu realisieren gewesen; erwähnen möchte ich ebenfalls Paul Fink und Barbara Wien, die das Manuskript kritisch gelesen haben. Alle diese Persönlichkeiten halfen tatkräftig mit, meine Erinnerungen aufzufrischen und Ergänzungen vorzunehmen; ferner ermunterten sie mich, mit dem Schreiben nicht aufzuhören. Auch ihnen gehört mein aufrichtiger Dank.

Dem Fotografen Leonardo Bezzola, der das Fotokonzept des Buchs entwarf und die meisten Bilder beisteuerte, möchte ich ebenfalls danken; ferner André Kamber, der mir einige wichtige Hinweise gab und bereits 1994 und 2000 zusammen mit Bezzola bei der Erstellung der beiden großen Fotobücher „Kunstausstellungen ‚Holderbank'" 1 und 2 einen bedeutenden Beitrag leistete.

Der Autor

Derrick Widmer studierte Rechtswissenschaften
an der Universität Bern, an der University of
Chicago Law School, Universität von Mexico D. F.
und an der Harvard Business School, Cambridge,
USA. Er ist ehemaliger Direktor bei Holcim Group
Support, Oberst der Militärjustiz a.D., Gründer und
langjähriger Präsident der Swiss-Indian Chamber
of Commerce, Honorarkonsul der Republik
Kasachstan, Präsident von educationsuisse
(17 Schweizer Schulen im Ausland) und Vorstands-
mitglied von Stiftungen für Entwicklungsarbeit in
Lateinamerika. „Kunst in Holderbank" ist die dritte
Veröffentlichung des Autors im novum Verlag.

Der Verlag

*Wer aufhört
besser zu werden,
hat aufgehört
gut zu sein!*

Basierend auf diesem Motto ist es dem novum Verlag
ein Anliegen neue Manuskripte aufzuspüren, zu veröffentlichen und deren Autoren langfristig zu fördern.
Mittlerweile gilt der 1997 gegründete und mehrfach
prämierte Verlag als Spezialist für Neuautoren in
Deutschland, Österreich und der Schweiz.

**Für jedes neue Manuskript wird innerhalb
weniger Wochen eine kostenfreie, unverbind-
liche Lektorats-Prüfung erstellt.**

Weitere Informationen zum Verlag und
seinen Büchern finden Sie im Internet unter:

w w w . n o v u m v e r l a g . c o m

Derrick Widmer

The Merry Mad Monks of the DMZ

ISBN 978-3-99003-757-7
318 Seiten

Nach dem heute fast vergessenen grausamen Koreakrieg (1950–1953) beschließt die Schweizer Regierung 1953 eine Delegation von Armeeangehörigen als Maßnahme zur Überwachung des Waffenstillstandsvertrags nach Korea zu schicken. Derrick Widmer ist einer von ihnen. Die persönlichen Erlebnisse und Beobachtungen des Autors und seine authentischen Briefe an seine Eltern machen das Buch zu einem lebendigen Zeitdokument.

Derrick Widmer

Abenteuerlicher „Russland-Feldzug" in den 1990er-Jahren

ISBN 978-3-99026-605-2
186 Seiten

15 Monate nach dem Untergang der Sowjetunion im Dezember 1991 reist Derrick Widmer mit seinem Assistenten auf Einladung des Alfa Investmentfonds nach Moskau. Das politische und wirtschaftliche Klima ist zerrüttet, die Bevölkerung verarmt. In Russland besteht aber eine einmalige Chance für furchtlose Geschäftsleute („Bisnessmeni"). Derrick Widmer erlebt als Zeitzeuge die wilden Jahre der nachsowjetischen „Transformationsökonomie" mit einer Privatisierungs-Schocktherapie der frühen 1990er-Jahre in Russland und gibt in seinem Buch faszinierende Einblicke in Begegnungen mit Behörden, Mafia, Oligarchen, Roten Direktoren und Arbeitern.

Bewerten
Sie dieses Buch
auf unserer
Homepage!